本成果为吉林省社会科学基金项目"促进初中生批判性思维发展在线学习活动设计研究"(编号:2019B109)的研究成果

感谢吉林师范大学学术著作出版基金的资助

技术促进学生批判性思维发展的教学研究

TEACHING RESEARCH ON
TECHNOLOGY PROMOTING THE DEVELOPMENT OF
STUDENTS' CRITICAL THINKING

毕景刚 ◎著

中国社会科学出版社

图书在版编目（CIP）数据

技术促进学生批判性思维发展的教学研究／毕景刚著. —北京：中国社会科学出版社，2021.11

ISBN 978-7-5203-9697-4

Ⅰ.①技… Ⅱ.①毕… Ⅲ.①议论文—写作—教学研究—初中 Ⅳ.①G633.342

中国版本图书馆 CIP 数据核字（2022）第 022608 号

出 版 人	赵剑英
责任编辑	张 林
责任校对	赵雪姣
责任印制	戴 宽

出　　版	中国社会科学出版社
社　　址	北京鼓楼西大街甲 158 号
邮　　编	100720
网　　址	http://www.csspw.cn
发 行 部	010-84083685
门 市 部	010-84029450
经　　销	新华书店及其他书店
印　　刷	北京明恒达印务有限公司
装　　订	廊坊市广阳区广增装订厂
版　　次	2021 年 11 月第 1 版
印　　次	2021 年 11 月第 1 次印刷
开　　本	710×1000　1/16
印　　张	17.25
字　　数	268 千字
定　　价	99.00 元

凡购买中国社会科学出版社图书，如有质量问题请与本社营销中心联系调换
电话：010-84083683
版权所有　侵权必究

序

技术改善学习是教育技术学研究的核心问题，因为改善学习是没有止境的，而技术本身就是学习的要素之一，这就为技术参与学习的设计与应用提供了广阔平台。

十多年前，我们团队开始进行相关研究，并具备了一定的研究基础。经过长期的实践和思考，我们对技术改善学习的研究有了自己的认识和发现。我们提出了"在文化的视域下，将技术与学习者、学习内容相统合"的教育技术范式，并且我主张解决教学问题应走进学科、深入课堂开展实证研究，这样的研究才接地气，才能直面问题并有效解决。

毕景刚博士的选题是结合团队的整体研究计划而确定的，之前研究主要集中在运用技术改善学业水平方面，批判性思维作为核心素养和综合素质典型要素，本研究也是我们团队涉足技术改善学习的第三重境界（综合素质）的一次尝试。作者选题关注初中生的批判性思维发展问题，批判性思维作为创新人才必备的思维能力和品质，从落实国家的创新型人才培养战略视角看，本研究具有较高的社会意义和教育价值。

值得肯定的是，作者能够在技术日益丰富的环境下，走进真实的学科课堂开展批判性思维教学研究，采用对比教学实验的方法来发现技术对批判性思维发展的促进作用，并用归纳的方式对技术促进批判性发展的教学机理与路径进行分析和总结，这既保证了教学研究的真实性和科学性，也提高了理论成果指导教学实践的有效性。作者发现，思维导图和虚拟在线交流学习平台能够促进学生在问题解决过程中的分析、综合及评价能力，有助于学生思维的显性化、结构化及反思的系统化，且思维导图和虚拟在线交流平台和融合使用效果优于单独使用的效果。上述研究发现，着实对批判性思维教学具有推动作用，特别是对技术环境下的批判性思维教学具有借鉴意义。

毕景刚博士在读期间表现出了勤奋刻苦的学术热情、坚忍不拔的学习耐力和客观严谨的治学风格，经过系统的学术规范训练和学术视野开拓，在洞察问题的敏锐性、分析问题的深入性、解决问题的系统性及观点论证的严谨性等方面均得到了显著提升。在博士论文即将出版之际，深感欣慰，愿他能够以此为新的工作起点，在未来学术探究的道路上收获更多的学习、快乐和幸福。

董玉琦

辛丑年深秋於沪上

目　　录

第一章　研究背景及意义 …………………………………………… (1)
　第一节　研究背景 …………………………………………………… (2)
　　一　信息社会人才发展需要 ……………………………………… (2)
　　二　学习文化变革发展的需要 …………………………………… (4)
　　三　数字化学习技术发展的推动 ………………………………… (6)
　第二节　问题的提出 ………………………………………………… (8)
　第三节　研究对象 …………………………………………………… (9)
　第四节　研究内容 …………………………………………………… (10)
　　一　调查分析初中生批判性思维发展及教学实施现状 ………… (10)
　　二　研制促进初中生批判性思维发展的在线学习活动模型 …… (11)
　　三　开展技术促进初中生批判性思维发展的教学实践研究 …… (11)
　　四　总结提出技术促进学生批判性思维发展的教学机理 ……… (11)
　第五节　研究思路与方法 …………………………………………… (12)
　　一　研究思路 ……………………………………………………… (12)
　　二　研究方法 ……………………………………………………… (12)
　第六节　研究框架 …………………………………………………… (14)
　第七节　研究价值与创新 …………………………………………… (15)
　　一　理论价值 ……………………………………………………… (15)
　　二　实践价值 ……………………………………………………… (15)
　　三　方法与技术创新 ……………………………………………… (16)

第二章 概念界定与文献梳理 …… (17)

第一节 相关概念的界定 …… (17)
一 技术 …… (17)
二 学习技术 …… (18)
三 议论文 …… (19)
四 作文教学 …… (20)
五 批判性思维 …… (21)
六 批判性思维教学 …… (26)

第二节 批判性思维的要素及相关关系梳理 …… (27)
一 批判性思维的构成要素 …… (27)
二 批判性思维与核心素养的关系 …… (30)
三 批判性思维与创新思维的关系 …… (39)
四 批判性思维与问题解决的关系 …… (41)
五 初中生思维发展水平及学习文化建设现状 …… (45)

第三节 作文写作与批判性思维发展的关系探讨 …… (46)
一 作文写作活动促进学生批判性思维发展 …… (46)
二 论证式学习有力于发展学生批判性思维发展水平 …… (47)
三 母语写作学习活动促进学生批判性思维发展 …… (47)

第四节 批判性思维教学实践研究的现状 …… (48)
一 开展批判性思维教学的可行性研究 …… (48)
二 批判性思维测查量表的开发与应用研究 …… (51)
三 批判性思维教学的学科及人群 …… (52)
四 批判性思维教学的过程和方法 …… (53)

第五节 技术手段在批判性思维教学中应用 …… (54)
一 批判性思维教学中技术的选择与应用 …… (54)
二 思维导图在批判性思维教学中的应用研究 …… (55)
三 在线交流在批判性思维教学中的应用研究 …… (56)

第三章　面向初中阶段写作教学及学生批判性思维发展水平的调查……(58)

第一节　调查设计……(58)
- 一　调查时间……(59)
- 二　调查内容……(60)
- 三　调查对象及样本选择……(60)
- 四　调查方法……(61)
- 五　调查工具……(61)

第二节　数据分析……(67)
- 一　初中生批判性思维发展水平……(67)
- 二　初中生作文教学现状调查……(74)

第三节　调查结论……(93)
- 一　初中生批判性思维整体水平不高且差异显著……(93)
- 二　初中生批判性思维发展的短板十分明显……(93)
- 三　初中生的批判性思维意识不强……(94)
- 四　初中生在作文写作时缺少独立思考……(94)
- 五　初中写作教学中缺少必要的交流和学习支架……(94)
- 六　初中写作教学中对技术手段的应用……(95)

第四章　基于技术的批判性思维教学实践的理论基础……(96)

第一节　学习技术研究范式（CTCL）理论：研究的指导思想……(97)
- 一　产生背景……(97)
- 二　要素及特征……(97)
- 三　关注的研究命题……(98)
- 四　实践应用情况……(99)
- 五　特质与评价……(100)
- 六　选择学习技术研究范式理论的缘由……(100)

第二节　基于问题的学习理论（PBL）：学习活动设计的遵循……(101)

一　基于问题的学习理论的由来 …………………………（101）
　　二　基于问题的学习的内涵 ………………………………（102）
　　三　基于问题的学习的要素及特征 ………………………（104）
　　四　选择基于问题学习的缘由 ……………………………（106）
　　五　基于问题学习的实施环节 ……………………………（108）
　　六　小结 ……………………………………………………（111）
　第三节　小组合作学习理论：学生的组织形式 ………………（111）
　　一　合作学习的概念意涵 …………………………………（111）
　　二　合作学习的基本特征 …………………………………（113）
　　三　选择合作学习的缘由 …………………………………（115）
　　四　合作学习的要素及实施流程 …………………………（116）
　　五　小结 ……………………………………………………（118）
　第四节　论证式教学理论：学生学习活动的样态 ……………（118）
　　一　论证式教学的概念意涵 ………………………………（118）
　　二　论证式教学本质特征 …………………………………（119）
　　三　论证式教学与批判性思维发展的关系 ………………（120）
　　四　论证式教学的策略与模式 ……………………………（122）
　　五　小结 ……………………………………………………（126）
　第五节　混合式学习理论：学习环境与技术应用的方式 ……（126）
　　一　混合式学习的基本概念 ………………………………（127）
　　二　混合式学习的基本内涵 ………………………………（129）
　　三　混合式学习的支撑理论 ………………………………（130）
　　四　混合式学习的应用模式 ………………………………（131）
　　五　小结 ……………………………………………………（135）

第五章　基于技术的批判性思维教学活动模型的建构与验证 ……（136）
　第一节　基于技术的批判性思维教学活动模型的理论构建 ……（136）
　　一　模型建构的理论基础 …………………………………（138）
　　二　模型要素与流程的确定和设计 ………………………（140）
　第二节　基于线下学习环境的模型验证及技术探索 …………（143）

一　基于写作课程开展批判性思维教学的研究现状 ………… (143)
　　二　基于活动模型的议论写作评改学习活动设计探索 ……… (144)
　　三　思维导图式学习支架应用于批判性思维教学的
　　　　实验探索 …………………………………………………… (157)
　　四　验证结论 ………………………………………………… (181)
　第三节　基于在线学习环境的模型验证及技术探索 ………… (183)
　　一　通过在线学习交流促进学习者批判性思维发展的
　　　　相关研究 …………………………………………………… (183)
　　二　实验活动的设计 ………………………………………… (184)
　　三　教学实验实例 …………………………………………… (187)
　　四　活动过程发现 …………………………………………… (190)
　　五　实验数据统计分析 ……………………………………… (191)
　　六　验证结论 ………………………………………………… (195)
　第四节　小结 …………………………………………………… (196)

第六章　基于技术的批判性思维教学实验研究 ………………… (199)
　第一节　研究设计 ……………………………………………… (199)
　　一　研究问题 ………………………………………………… (199)
　　二　指导思想 ………………………………………………… (199)
　　三　总体设计 ………………………………………………… (200)
　　四　研究方法 ………………………………………………… (201)
　　五　详细设计 ………………………………………………… (202)
　第二节　具体实施 ……………………………………………… (205)
　　一　实验对象 ………………………………………………… (205)
　　二　实验分组 ………………………………………………… (205)
　　三　实验时间 ………………………………………………… (206)
　　四　实验内容 ………………………………………………… (206)
　　五　实施过程 ………………………………………………… (206)
　第三节　数据分析和讨论 ……………………………………… (211)
　　一　教学前、后测的基本统计量 …………………………… (211)

二　学生作文成绩的相关分析 …………………………………（212）
　　三　学生批判性思维水平的相关分析 …………………………（213）
　　四　批判性思维各要素的变化情况分析 ………………………（216）
　　五　作文成绩与批判性思维能力相关性的分析 ………………（218）
第四节　小结 ……………………………………………………………（218）

第七章　基于技术的批判性思维教学机理与实践路径 ……………（221）
　第一节　基于技术的批判性思维教学机理 ……………………………（221）
　　一　教学实践中技术的应用效果分析 …………………………（221）
　　二　技术促进批判性思维发展的教学机理阐释 ………………（222）
　　三　关于教学机理的总结和概括 ………………………………（226）
　第二节　基于技术的批判性思维教学实践路径 ………………………（228）
　　一　创设问题学习情境 …………………………………………（229）
　　二　确定个体思维的系统表达方式 ……………………………（229）
　　三　为促进学生质疑批判搭建交流平台 ………………………（230）
　　四　营造质疑、多元、协同的学习氛围 ………………………（230）
　　五　鼓励学生进行学习反思 ……………………………………（231）
　第三节　基于技术的批判性思维教学建议 ……………………………（231）
　　一　搭建技术平台，促进学生的深度交流 ……………………（231）
　　二　加强教师培训，普及信息技术的应用 ……………………（232）
　　三　重视资源开发，满足信息化教学需要 ……………………（233）
　　四　打造教学案例，深化批判性思维教学 ……………………（233）
　　五　完善评价工具，推动评价工具本土化 ……………………（234）

第八章　研究总结 ………………………………………………………（235）
　　一　研究的结论 …………………………………………………（235）
　　二　研究的创新之处 ……………………………………………（236）
　　三　研究的不足 …………………………………………………（237）
　　四　研究的展望 …………………………………………………（237）

参考文献 …………………………………………………… (239)

后　　记 …………………………………………………… (257)

图 目 录

图 1 - 1　全人发展教育目标分层模型 …………………………（4）
图 1 - 2　研究框架 ………………………………………………（14）
图 2 - 1　核心素养的三层结构 …………………………………（32）
图 2 - 2　中国学生发展的核心素养示意图 ……………………（38）
图 3 - 1　《X 阶段康奈尔批判性思维量表》封面一 ……………（62）
图 3 - 2　《X 阶段康奈尔批判性思维量表》封面二 ……………（62）
图 3 - 3　CT-APP 安装文件 ……………………………………（64）
图 3 - 4　CT-APP 安装文件二维码 ……………………………（64）
图 3 - 5　CT-APP 手机程序应用界面 …………………………（65）
图 3 - 6　CT-APP 量表的起始界面 ……………………………（65）
图 3 - 7　CT-APP 量表的选项交互界面 ………………………（65）
图 3 - 8　CT-APP 量表测试的结束界面 ………………………（65）
图 3 - 9　CT-APP 题项统计界面 ………………………………（66）
图 3 - 10　CT-APP 分数统计界面 ………………………………（66）
图 3 - 11　碎石图 …………………………………………………（70）
图 3 - 12　直方图 …………………………………………………（71）
图 3 - 13　学生在批判性思维测试中各维度得分率 ……………（73）
图 3 - 14　学生喜欢作文课程度的占比 …………………………（76）
图 3 - 15　学生各种写作目的的比例分配 ………………………（77）
图 3 - 16　学生擅长写作文章类型的比例分布 …………………（78）
图 3 - 17　学生存在的写作困难种类占比 ………………………（79）
图 3 - 18　教师作文教学对学生的帮助程度 ……………………（80）

图 3-19　对待评改后作文的处理方式 …………………………（80）
图 3-20　学生希望教师提供帮助种类的汇总分析 ……………（81）
图 3-21　学生喜欢的作文评改方式汇总 ………………………（81）
图 3-22　学生希望教师提供的技术手段汇总 …………………（82）
图 3-23　学生认同的提高作文写作能力的方法或途径 ………（83）
图 3-24　学生给教师提出的建议 ………………………………（84）
图 3-25　教师认为作文教学的重点内容统计 …………………（85）
图 3-26　教师在作文教学中遇到的困难统计 …………………（85）
图 3-27　教师对批判性思维能力与作文写作能力
　　　　 之间关系的认识程度统计 ……………………………（86）
图 3-28　编排作文教学内容的常用方法统计 …………………（87）
图 3-29　学期内教师开展作文教学次数的统计 ………………（88）
图 3-30　教师注重学生在作文课堂上的表现方面 ……………（88）
图 3-31　教师认为自己在学生心目中的形象 …………………（89）
图 3-32　学生在写作中存在的问题 ……………………………（90）
图 3-33　教师布置作文任务的方式 ……………………………（91）
图 3-34　教师对写作评改环节作用的认识情况统计 …………（91）
图 3-35　教师希望获得的培训内容 ……………………………（92）
图 4-1　CTCL 研究范式的八个命题 …………………………（98）
图 4-2　基于问题的学习的实施环节 …………………………（109）
图 4-3　骨骼型论证模式 ………………………………………（125）
图 4-4　增强型论证模式 ………………………………………（125）
图 4-5　详尽型论证模式 ………………………………………（126）
图 4-6　乔希·贝尔辛的四环节模式图 ………………………（132）
图 4-7　李克东的八环节模式图 ………………………………（133）
图 4-8　黄荣怀的三环节模式图 ………………………………（134）
图 5-1　人类活动的结构图 ……………………………………（140）
图 5-2　促进学生 CT 发展的在线学习活动结构图 …………（141）
图 5-3　促进学生 CT 发展的问题活动流程图 ………………（141）
图 5-4　基于技术的批判性思维教学活动模型 ………………（142）

图 5 – 5	吐尔敏论证模型	(163)
图 5 – 6	议论文写作评改支架	(164)
图 5 – 7	教学实验前测场景	(167)
图 5 – 8	教学实验后测场景	(167)
图 5 – 9	写作评改案例一：《揣着诚实上路》	(168)
图 5 – 10	写作评改案例二：《诚者，为上者》	(170)
图 5 – 11	写作评改案例三：《守住你的金矿》	(171)
图 5 – 12	写作评改案例四：《"诚信"无价》	(172)
图 5 – 13	写作评改案例五：《诚信为人之本》	(174)
图 5 – 14	写作评改案例六：《穷有信》	(175)
图 5 – 15	UMU在线交流平台应用界面首页	(186)
图 5 – 16	UMU在线交流平台课程界面首页	(186)
图 5 – 17	UMU在线交流平台学员名单界面	(187)
图 5 – 18	纸质评改记录	(189)
图 5 – 19	网络评改记录	(190)
图 6 – 1	教学实验研究的整体设计流程图	(201)
图 6 – 2	议论文写作教学的初稿写作	(208)
图 6 – 3	议论文写作评改的指导材料	(208)
图 6 – 4	议论文写作评改活动中全班评改的教师指导	(208)
图 6 – 5	议论文写作评改活动中全班评改的学生交流	(209)
图 6 – 6	UMU平台上议论文写作评改课程首页界面	(209)
图 6 – 7	学生在线学习表现的积分排名	(209)
图 6 – 8	学生在线提交作文文本	(210)
图 6 – 9	学生在线对他人作文的修订式评改	(210)
图 6 – 10	学生个人课程积分详细记录	(210)
图 6 – 11	学生对他人作文的批注式评改	(210)
图 7 – 1	教学机理示意图	(228)
图 7 – 2	批判性思维教学的实践路径示意图	(229)

表 目 录

表 2-1　批判性思维技能的构成要素……………………………………（29）
表 2-2　批判性思维倾向的构成要素……………………………………（29）
表 2-3　OECD 核心素养及能力指标……………………………………（32）
表 2-4　UNESCO 五大学习支柱及内涵…………………………………（33）
表 2-5　UNESCO 全球学习领域框架及指标……………………………（34）
表 2-6　美国 21 世纪核心素养框架………………………………………（36）
表 2-7　批判性思维与问题解决技能的观测指标………………………（37）
表 2-8　中国学生发展的核心素养框架…………………………………（39）
表 3-1　调查学生人数统计情况…………………………………………（60）
表 3-2　X 阶段康奈尔批判性思维量表的构成情况……………………（63）
表 3-3　可靠性统计量……………………………………………………（67）
表 3-4　KML 和 Bartlett 的检验…………………………………………（67）
表 3-5　公因子方差………………………………………………………（68）
表 3-6　解释的总方差……………………………………………………（68）
表 3-7　单样本 Kolmogorov-Smirnov 检验………………………………（70）
表 3-8　量表各维度间相关性分析………………………………………（72）
表 3-9　量表验证性因素分析（CFA）…………………………………（72）
表 3-10　各校学生得分的分布统计情况…………………………………（72）
表 3-11　可靠性统计量……………………………………………………（75）
表 3-12　效度检验专家情况（n=9）……………………………………（75）
表 3-13　问卷效度检验结果（n=9）……………………………………（75）
表 4-1　小组合作学习与传统教学的比较………………………………（114）

表 5 – 1	学生访谈信息汇总	（154）
表 5 – 2	两个班作文成绩前、后测统计量	（177）
表 5 – 3	两个班前、后测作文成绩成对样本 T 检验	（177）
表 5 – 4	两个班学生 CT 测试的数据统计量	（178）
表 5 – 5	前、后测实验班与对照班之间 CT 测试的数据比较	（179）
表 5 – 6	对照、实验班前后测之间 CT 测试的数据比较	（180）
表 5 – 7	批判性思维能力与写作能力相关性分析	（181）
表 5 – 8	作文成绩前、后测组统计量	（192）
表 5 – 9	两个班前、后测作文成绩成对样本 T 检验	（192）
表 5 – 10	单样本 Kolmogorov-Smirnov 检验	（192）
表 5 – 11	CT 值前、后测组统计量	（193）
表 5 – 12	前、后测实验班与对照班之间数据比较	（193）
表 5 – 13	对照班、实验班前后测数据比较	（194）
表 5 – 14	批判性思维能力与写作能力相关性分析	（195）
表 6 – 1	教学实验分组情况说明	（204）
表 6 – 2	实验统计量	（211）
表 6 – 3	前测与后测不同组别之间作文成绩的比较分析	（212）
表 6 – 4	各组前、后测作文成绩成对 T 检验	（213）
表 6 – 5	学生的 CT 值变化情况分析	（213）
表 6 – 6	前测与后测不同组别之间 CT 值的比较分析	（215）
表 6 – 7	各组前、后测 CT 值成对样本 T 检验	（216）
表 6 – 8	各组前、后测 CT 要素及总分分值成对样本 T 检验	（217）
表 6 – 9	批判性思维能力与写作能力相关性分析	（218）
表 7 – 1	学习流程、任务、技术与 CT 的关系梳理	（222）
表 7 – 2	技术促进批判性发展的本质概括	（226）

第 一 章

研究背景及意义

人何以为人？这是哲学领域的一个永恒话题。苏格拉底作为西方哲学的奠基者，在他看来，人之所以为人，不仅因为人有感觉和欲望，而是人有灵魂和思想。概言之，人之所以为人，是因为人能思维、更趋于理性。笛卡尔认为人具有"理性"和"自然性"两大本质属性，并且理性是人成为人的根据所在。[①] 同样，石中英认为：人的内在本质特征即为理性。[②] 理性的前提是要对事物进行价值衡量，价值衡量的实质是思维判断，思维判断的主要依托就是批判性思维。批判性思维的本质是科学思维、理性思维，是个体能够客观、辩证、审慎、系统地对待事物和处理问题的前提和保证，由此可知，一个人是否具备一定的批判性思维能力和倾向，便是普通之人与智慧之人的主要区别。在一般情况下，批判性思维使人具有社会性、自主性、能动性和创造性。[③] 可以说，思维是人性所需，更是人类繁衍生息、发展创新的依托。然而，从教育的宗旨和本质来看，其目的并不局限于将人培养成人，而是将自然人培养成社会人，也可以说是要将人培养成智慧的人。所以从这一角度分析，培养学生的批判性思维便成了教育的应有之意。

[①] 黄剑：《基于批判性思维的高中议论文写作教学研究》，硕士学位论文，南京师范大学，2017年，第3页。
[②] 石中英：《教育哲学》，北京师范大学出版社2007年版，第80页。
[③] 王道俊、郭文安：《主体教育论》，人民教育出版社2005年版，第73—77页。

第一节 研究背景

一 信息社会人才发展需要

（一）信息社会发展需要

伴随人类社会信息化程度的不断提高，信息科技手段已经对人们生活的各个方面产生了影响，人们生活在信息的海洋之中，每天都要面对形式各样、纷繁复杂、真假混乱的信息，信息的辨别、加工和利用已然成为信息时代社会公民必备的基本素质。人们若想准确辨别信息的真伪，需要个体具备较强的批判性思维能力来对信息加以辨别和判断。所以说，批判性思维是信息社会人们加工和处理信息的必备素养和能力，是信息社会公民生存发展和改善生活的必备品格。

（二）创新型国家战略需求

2018年3月，国务院总理李克强在政府工作报告中强调，为加快创新型国家建设、深入实施创新驱动发展战略，明确指出我国应围绕"加快国家创新体系建设、落实和完善创新激励政策和促进大众创业、万众创新上水平"来加以落实和深化。创新型国家战略的实施及创新创业工作的开展，均需要依靠创新型人才这一主体来加以落实和完成，显然创新型人才培养成为这一国家战略的突破口和着力点。创新型人才所拥有的最明显的特质即为创新精神和创新能力，无论是创新精神还是创新能力，都离不开批判性思维这一思维意识和能力的基本前提。所以，发展青少年的批判性思维已经成为实施创新型国家发展战略的前提和必需。

（三）立德树人根本任务的要求

2014年教育部印发了《关于全面深化课程改革 落实立德树人根本任务的意见》，该《意见》深刻阐述了关于深化课程改革和落实立德树人根本任务的必要性和紧迫感。党的十九大报告指出"要全面贯彻党的教育方针，落实立德树人根本任务，发展素质教育，推进教育公平，培养德智体美全面发展的社会主义建设者和接班人"，是对"培养什么样的人、如何培养人和为谁培养人"的基本回答，既为我国基础教育教学改革指明了方向，也为改革提供了行动指南。道德是人类实践产生的结果和人类实践精神的升华，立德的重要作用就是能使人的实践活动向真、向善、向美，如何才能辨别事物的真、善、美，其根本依据要依靠批判性思维这一认识工具，来对周围事物的表象进行去伪存真、剖析本质，确保实践活动有益于人类文明的传承与发展。可见，发展学生的批判性思维是落实我国"立德树人"工作的内在要求。

（四）核心素养目标关注

在借鉴国际教育经验和结合我国教育发展实际需求的基础上，核心素养的提出是对"为什么而教"的进一步回答。核心素养即为学生应具备的适应终身发展和社会发展需要的必备品格和关键能力[1]，核心素养具有较强的品格特质和时代特征，是世界上各个国际组织、国家和地区在信息时代学习文化不断变革的社会背景下对人才素质和能力提出的具体要求，目的是促进人的全面发展。世界经济合作与发展组织（OECD）于1997年较早开启了21世纪核心素养的研制工作，2005首次公布了《素养的界定与遴选》报告，并于2009年、2013年和2015年开展后续研究工作[2]，2006年欧盟组织（EU）发布了《核心素养：欧洲参考框架》，2013年联合国教科文组织（UNESCO）发布了《走向终身学习——每位儿童需要学什么》，2000年我国香港地区出台了《教育制度改革建议》并提出了九大共通能力，2002年美国制定了《21世纪学习框架》提出了4C能力，并于2007年对其进行了更新，2010年新加坡的《21世纪素养框架》，2016年我国颁布出台了《中国学生发展核心素养框架》，2017年北京师范大学中国教育创新研究院、美国21世纪人才标准联盟联合完成了《21世纪核心素养5C模型研究报告》，上述核心素养框架均将批判性思维列为重要的构成要素，可见批判性思维已经成为国际普遍重视的人才培养目标。

（五）全人发展教育目标的需要

以往教育目标分类学多基于信息加工理论、从横向视角对教育目标

---

[1] 中华人民共和国教育部：《教育部关于全面深化课程改革落实立德树人根本任务的意见》，2017年1月9日。

[2] 张广林：《揭秘学生发展核心素养的全球经验》，《现代教育报》2016年9月27日。

进行人为的割裂，如布鲁姆和加涅的教育目标分类等，通常将教育目标划分为认知领域、情感领域和动作技能领域等。李艺等针对上述分类方法中存在的不足，结合皮亚杰的发生认识论对教育目标进行纵向分段，并提出了"全人发展教育目标分层模型"，该模型在纵向维度上总共划分为三层，从下至上依次为知识、过程和思维。① 皮亚杰认为知识是包含指向物理范畴和指向逻辑数学范畴共同运行所产生的一些知识；过程是学习者内部发生的逻辑的运行和演进过程，即思维的运行过程。从全人发展的三层模型可以看出，思维是全人发展高级目标要求，批判性思维作为思维体系中典型的高阶思维，自然是全人发展的目标追求。从"全人发展教育目标分层模型"可以看出，在获得知识、能力、方法的基础上，通过具体过程性训练和演进，才能获得思维水平的发展和提升，这也为批判性思维的教学提供了参考和指南。

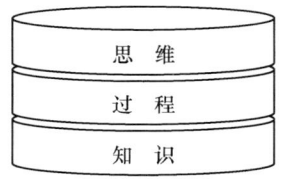

图1-1　全人发展教育目标分层模型②

二　学习文化变革发展的需要

学习文化作为人类整体文化的一个重要组成部分，是一种学习取向的特定文化，是学习者在学习活动中产生与凝结成的为群体所普遍认同的稳定的存在与发展方式，其生成与变化，受技术、制度及其他文化等因素的影响与推动，反过来学习文化也会影响这些因素的存在形态③。

---

①　李艺、冯友梅：《支持素养教育的"全人发展"教育目标描述模型设计——基于皮亚杰发生认识论哲学内核的演绎》，《电化教育研究》2018年第12期，第5—12页。
②　李艺、冯友梅：《支持素养教育的"全人发展"教育目标描述模型设计——基于皮亚杰发生认识论哲学内核的演绎》，《电化教育研究》2018年第12期，第5—12页。
③　曾文婕：《我国学习文化研究二十年：成就与展望》，《现代远程教育研究》2016年第5期，第50—60页。

(一)"思维型学习文化"的提出

钟启泉认为课堂教学总是存在于具体的学习文化之中,教师和学生都存在着一定程度的"文化适应",并将学习文化分为传统和新型两种。传统的学习文化是"记忆型学习文化",这一学习文化背景下的教师和学生分别是信息的传递者和接收存储者,学生处于被动学习状态;新型学习文化是"思维型学习文化",这一学习文化鼓励学生进行合理的怀疑,激发学生在学习过程中提出问题、探究假设、检验合理性等。① 开展促进初中生批判性思维发展的教学符合"思维型学习文化"的需要。

(二)"为思维而教"教育理念的确定

国内心理学界的朱智贤和林崇德等人通过实验研究证明,教育是促进思维发展的决定性因素,科学合理的教育活动能够同时促进学习者思维的发展和学习效果的改善。② 郅庭瑾在借鉴国内外儿童哲学和心理学领域研究的基础上,总结出思维既基于知识,又超越知识,并肯定地认为思维是可以通过训练来教会的,且鲜明地提出"为思维而教"和"为智慧而教"学习文化和教育理念。③④

(三)数字化学习文化的推动

随着多媒体技术和网络技术的更新和发展,促进了资源的获取服务和远程交流合作,为学习者打破在时间、空间因素上的限制提供了技术支持,信息技术的发展已经从"技术应用"取向转向"用户参与"与"集体智慧"取向。目前信息化背景下的教学更加关注对学习者在问题分析、解决能力、沟通协作能力方面的培养。国内有学者将数字化学习文化较传统学习文化的变化之处概括为:从被动接受到主动参与、从消极观察到积极实践、从接受者到资源开发者、从既定性到生成性。⑤

---

① 钟启泉:《"批判性思维"及其教学》,《全球教育展望》2001年第1期,第34—38页。
② 朱智贤、林崇德:《思维发展心理学》,北京师范大学出版社1986年版,第178页。
③ 郅庭瑾:《为思维而教》,《教育研究》2007年第10期,第44—48页。
④ 郅庭瑾:《为智慧而教——超越知识与思维之争》,《全球教育展望》2007年第7期,第12—16页。
⑤ 徐锦霞、钱小龙:《数字化学习的新进展:学习文化与学习范式的双重变革》,《远程教育杂志》2013年第5期,第58—64页。

三 数字化学习技术发展的推动

(一) 混合式学习方式的普及

随着数字化学习技术的不断发展和普及,人们已经体会和认识到数字化学习技术给学与教活动中的教师和学生带来了方便,数字化学习技术已经改变了传统的学习方式并促进了学习者学业水平和综合素质的提升。基于此,国际上教育技术学领域的专家学者普遍关注将数字化学习技术与传统学习技术进行有效整合,以此来充分发挥新兴技术与传统技术的优势来改善学与教的质量。国内教育技术学领域资深专家何克抗(2004)认为,混合式学习即把传统学习和网络化学习两种学习方式的优势进行结合,从而既发挥教师在引导、启发、监控教学过程中的主导作用,又体现学生在学习过程中的主动性、积极性和创造性。[①] Singh & Reed 认为,混合式学习是在时间的选择、学习技术的运用、学习者的学习风格、知识能力等方面做到适当,从而取得最优化的学习效果的学习方式。[②] 当前混合式学习方式已经得到普及,学生的日常学习几乎都是在传统与现代相结合的混合式学习方式下进行的。如何运用混合式学习这一常态化的学习方式来开展促进批判性思维发展的学习,已经被列为当前日常教学研究的重要内容。

(二) 数字化学习技术的发展

随着信息技术的发展和在教育教学领域的推广应用,数字化的学习技术手段发展迅速,新的学习媒体手段层出不穷,打破了传统单一的学习方式,丰富了学习媒体环境,改变了传统的课程学习样态。近年来,超媒体、云计算、大数据、AR、VR、物联网、可穿戴技术等已经成为教育教学研究领域关注的热点,并促使传统教学的环境、资源和方式发生了改变。在数字化学习环境方面,基于信息技术支持的多媒体化、智能化、虚拟化的学习环境越来越丰富,为学习活动提供了更为逼真的学习

---

① 何克抗:《从 Blending Learning 看教育技术理论的新发展》,《中小学信息技术教育》2004 年第 4 期,第 21—31 页。

② Singh, H. & Reed, C., A White Paper: Achieving Success with Blended Learning [DB/OL]. http://www.centra.com/download/whitepapers/blendedlearning.pdf, 2001.

环境；在数字化学习资源方面，通过互联网等在线交互形式能够共享视频、音频、图像、文本等学习资源，不仅丰富了资源的形式和数量，同时也逐步形成共建共享的资源开发与建设模式；在数字化学习方式方面，打破了学生学习在时间、空间上的局限，学生可以根据个人的需要和兴趣，自己制定学习进度、选择时空条件，满足了学生的个性化学习需求。数字化学习技术已经影响学与教的各个方面，如何影响学生的批判性思维发展引起了广大教育教学人员的研究兴趣。

（三）学习技术研究范式（CTCL）的提出

学习技术研究范式（CTCL）是继媒体应用范式、课程整合范式之后由国内教育技术学研究领域专家董玉琦提出的教育技术研究新范式，是在总结和反思媒体应用范式和课程整合范式的基础上构建提出的。媒体应用范式强调媒体技术应用于教育教学的优势和作用，强调通过媒体技术的普遍应用实现教育教学过程和效果优化的一种研究范式；该范式只考虑媒体具有某种技术特性，研究者由于对媒体的过度关注而削弱了对教育活动主体的关注——"只见技术不见人"，而且研究往往缺乏整体性和延续性。课程整合范式是站在课程的高度上，突破以往的单纯强调技术或者媒体教育应用的局限，全面而系统地审视技术的作用，强调技术对于课程各要素的影响，强调技术与课程的双向互动，强调深入学科。但课程整合范式存在着重方式轻基础的倾向，未能充分体现学习者地位。学习技术研究范式即研究者在文化（Culture，C）视野下，将技术（Technology，T）、学习内容（Content，C）、学习者（Learner，L）相统合。[①] CTCL 这一教育技术学研究新范式提倡在文化视野下，以一种跨学科的综合视角去研究教育，其研究取向在于教育实践问题的解决。CTCL 范式是以新的学习文化指导，关注学习者在学习活动中的主体地位，并强调学习技术的选择和应用要与学习者和学习内容相契合，进而体现学习技术选择和应用的适切性。CTCL 范式的研究目标不仅关注学习技术对学习者学习方式的改变和学业水平的影响，更加关注学习技术促进学习

---

① 董玉琦、包正委等：《CTCL：教育技术学研究的新范式（2）》，《远程教育杂志》2013年第2期，第3—12页。

者综合素质的提升。

第二节 问题的提出

通过前面的梳理和分析，已经认识到批判性思维是当前青少年发展所必备的思维倾向和思维技能，并且已经上升到了核心素养的高度，可以说是信息社会对未来公民提出的一种人格品质要求。教育作为一种培养人的特殊活动，如何通过教育活动及学习技术运用来发展青少年的批判性思维，已经成为课程与教学和教育技术学研究领域关注的热点问题。随着问题研究的深入，已经从理论研究逐步转向了教学实践研究，为了有效开展促进初中生批判性思维发展的教学实践研究工作，有必要厘清以下几个问题。

一是初中生批判性思维水平及教学现状如何？

面向初中生开展促进批判性思维发展的教学实践研究，设计学习活动是开展教学实践的基础。根据教学设计理论，我们在设计具体的学习活动时，在确定教学目标和教学需要之前要明确学习者已有的知识和能力水平，本书关注初中生批判性思维发展情况，故测查初中生批判性思维发展水平现状开展教学实践的基础性研究工作。同时，针对目前的批判性思维教学现状开展调查，查找当前批判性思维教学中存在的不足，便于在教学实践时进行有针对性的教学设计。

二是促进初中生批判性思维发展的学习活动应如何设计与实施？

学习活动是开展促进初中生批判性思维发展教学实践研究的依托和载体，学习活动设计与实施的质量决定着教学实践后的教学效果，直接影响初中生批判性思维水平的发展程度。如何有效地设计和实施学习活动来促进初中生批判性思维发展是本书的工作重点，从中总结经验并提出有效策略，以此来丰富批判性思维教学理论，同时也可以为后续的实践研究提供借鉴和参考。

三是在促进初中生批判性思维发展的学习活动中如何选择和运用学习技术？

在信息技术日益丰富的学习背景下，学习技术变得愈加多元、复杂，混合式学习方式成为当前学校教学的常态。在混合式学习环境中，如何选择和运用学习技术来促进学生批判性思维的发展，是开展教学实践活动前应回答的教学媒体选择和技术手段问题，该问题同样影响教学实践效果，恰当选择和运用学习技术能够起到事半功倍的作用。

四是在促进批判性思维发展的教学活动中技术所起到的作用是什么？

开展技术促进学生批判性思维发展的教学实践的根本目的是探究技术在教学实践中作用有哪些、作用是如何发挥的，这是有效运用技术手段来开展批判性思维教学的前提和基础。本书将以 CTCL 范式理论为指导，通过教学实践来梳理和总结"技术"在批判性思维学习活动中与"学习内容""学习者"之间的关系及作用的发挥，为构建促进初中生批判性思维发展的教学模型和总结教学机理奠定基础。

第三节　研究对象

本书主要以初中教育阶段的在校学生为研究对象，关注初中生批判性思维水平现状，并尝试通过教学实践活动来促进初中生批判性思维发展水平的提升。

初中生是在校生中一类重要的学生群体，从《2018 年全国教育事业发展统计公报》的数据中得知，2018 年全国共有各级各类学历教育在校生 2.76 亿人，其中义务教育阶段在校生 1.50 亿人，且初中生有 4652.59 万人[①]，分别占义务教育阶段和各级各类学历教育在校生总数的 31.02%和 16.53%，从数值上分析，初中生在数量上占有较高的比重。

初中生主要集中在 12—16 岁这一年龄阶段，正处于身体发育的第二次高峰期，在身高、体重和骨骼等方面发展迅速，特别是脑的重量非常接近成人，脑神经纤维变粗、增长、分支增多、神经纤维髓鞘化，脑神经细胞的分化机能达到了成人水平。初中生阶段的青少年能够建立起暂

---

① 教育部：《2018 年全国教育事业发展统计公报》，http://www.moe.gov.cn/jyb_sjzl/sjzl_fztjgb/201807/t20180719_343508.html，2019 年 7 月 19 日，2019 - 8 - 26.

时神经联系系统，此时身体的第二信号系统起到了主导作用，是初中生抽象逻辑思维发展的生理基础。

初中生由于身体的日渐成熟，便认为自己已经发展成熟，希望别人能将自己与成人等同看待，更渴望别人的认可与尊重；其实初中生距离个体在生理与心理等方面的真正成熟还有差距，主要原因是心理方面的成熟速度滞后于生理方面，亦可以将初中生的这种成熟阶段称之为"伪成熟阶段"。初中生正处于从幼稚到成熟的过渡阶段，正在形成个体独特的世界观、人生观和价值观，其思维发展正由形象思维转向抽象思维，但抽象思维的水平还较低，对概念、判断和推理等抽象要素的驾驭能力亟待发展和提高，基本处于萌芽和初始状态，初中生进行抽象思维活动时仍需以形象思维为基础和支撑。

初中生与小学生相比较，其思维在日常学习生活中主要表现为：一是不满足于教师传授和书本知识所得，敢于发问、提出异议，求异思维明显，善于发出不同的声音。二是自我意识增强，开始关注自身的身体、思想和行为等，除关注与之联系密切的学习和生活外，还将注意的范围扩大到社会热点现象和问题，并喜欢针对关注的对象和内容与他人分享和交流个人的观点。三是对观察和接触的事物不是和盘接受，特别是开始习惯于对他人的思想和观点进行评判和质疑，已经表现出明显的批判性思维意识。

第四节　研究内容

本书是在学习技术日益丰富教育背景下，通过开展教学实践活动来促进学生批判性思维的发展。围绕前面提出的五个问题，在回答前述问题的基础上，可概括出研究的主要内容为以下几点。

一　调查分析初中生批判性思维发展及教学实施现状

调查分析初中生批判性思维发展及教学实施现状，掌握初中生批判性思维发展水平现状，进而把握初中生批判性思维的特征，为教学实践研究中的教学设计提供参考和依据；掌握教学实施现状，发现当前教学活动对学生批判性思维发展产生的影响和不足，为教学实践的方法和技术的选择运用提供参考和对照。

二 研制促进初中生批判性思维发展的在线学习活动模型

由于目前初中教师普遍缺少促进批判性思维发展的教学理论与实践经验，特别是在数字化学习环境下，如何设计具体的学科教学活动来开展促进初中生的批判性思维发展，更是缺少模型参考。研制"促进初中生批判性思维发展的在线学习活动模型"可以为开展教学实践研究提供模型工具，便于教师设计促进初中生批判性思维发展的在线学习活动。

三 开展技术促进初中生批判性思维发展的教学实践研究

开展促进初中生批判性思维发展的教学实践研究是本书的关键，在日益丰富且技术支持的学习背景下，如何通过具体的学科教学来改善学生的学习质量、促进学生的批判性思维发展是教学实践环节需要关注和解决的主要问题，也是研究的目标和宗旨所在。通过教学实践可以对理论研究进行实践检验，也为后面的教学机理总结和理论提升提供教学案例和实践数据。

四 总结提出技术促进学生批判性思维发展的教学机理

通过前面的活动模型构建和教学实践研究，已经完成关于技术促进初中生批判性思维发展的模型建构与实践研究工作，总结和发现技术促进学生批判性思维发展的教学机理属于研究工作的理论提升环节，也是系统研究的重中之重。通过系统的反思和总结，概括出技术促进学生批判性思维发展的教学机理，尝试打开批判性思维教学黑箱，为进一步推进批判性思维教学提供理论基础，也为开展基于技术支持的批判性思维教学提供借鉴和参考。

第五节 研究思路与方法

一 研究思路

本书的目的是通过教学实践来促进初中生批判性思维发展水平的提高，是一项涉及教学实践的前期准备到具体教学实践、再到总结反思的系统工程，可以细化为多个具体细节，具体研究思路可以概括为以下几个方面。

首先，文献梳理。在明晰批判性思维的概念与内涵的前提下，进一步厘清批判性思维的要素构成，明确初中生批判性思维表征方式，进而开展目标明确的教学实践，以此来促进初中生批判性思维发展。

其次，教学实践的准备。在教学实践之前，了解当前初中生批判性思维发展水平和批判性思维教学现状，总结分析目前批判性思维教学中存在的问题，进行有针对性的教学设计并进行教学实践。

再次，教学实践研究。教学实践是本书的重中之重，在这一环节面向初中生开展具体的批判性思维教学研究，寻求运用合适的学习技术与策略来实现教学目标，使初中生批判性思维水平得到显著提升。

最后，实践总结与反思。在教学实践之后，对整个研究进行系统的总结和反思，提出促进初中生批判性思维发展的有效策略，发现已有研究中存在的不足，为后续的研究奠定基础。

二 研究方法

（一）文献研究法

文献研究法是指根据研究目的，搜集整理相关文献资料，从而能够正确且系统地了解所要研究问题的一种研究方法。本书中运用文献研究法来对批判性思维的概念及构成要素、批判性思维教学的研究现状等相关文件进行搜集和整理，明确研究中的核心概念和内涵，了解和掌握批判性思维研究现状，寻求可行的研究空间和创新点，为后面的研究奠定基础。

(二) 调查研究法

调查研究法是科学研究中的一种典型方法，指通过调查了解客观实际来获得相关资料数据，然后对这些数据资料进行整理分析，从而得出观点和结论。本书中运用调查研究法来测查当前初中生的批判性思维发展水平、了解初中阶段批判性思维教学的现状以及当前教学中存在的不足，为后面的教学设计提供数据参考。

(三) 教育行动研究法

教育行动研究法突破传统教育研究所秉持的"理论"与"实践"决然分立的观念，不以产出理论为旨趣，而以改善教育实践为目的，反对"研究—开发—推广"的传统研究功能的模式，虽然不简单排斥"理论"的价值，但强调"实践"的情境性、特殊性和复杂性。它是一种行动研究理论与实践相结合，在于资料收集、合作探讨、自我反省、多方总结最后解决问题的方法，教育行动研究者通常采用"计划—实施—观察—反思"的研究模式。本书运用教育行动研究法来指导笔者设计和实施批判性思维教学研究活动，持续对教学过程和结果进行观察和监测，及时发现问题并对教学设计方案进行调整，通过教学反思来对教学实践工作进行系统归纳和总结，形成促进初中生批判性思维发展的教学方案和策略。

(四) 准实验研究法

准实验研究法是社会科学研究的一种方法。相对于真正的实验研究而言，采用一定的操控程序，利用自然场景，灵活地控制实验对象。与真正的实验设计不同之处在于，没有随机分配实验对象到实验组和控制组，优点在于所要求的条件灵活，在无法控制所有可能影响实验结果的无关变量时，具有广泛的应用性。本书运用教学实验法来开展对比教学准实验研究，通过控制学习技术这一变量，观察学生批判性思维发展水平的变化情况，发现学习技术与初中生批判性思维水平发展之间的关系，进而总结出促进初中生批判性思维发展的教学策略。

第六节 研究框架

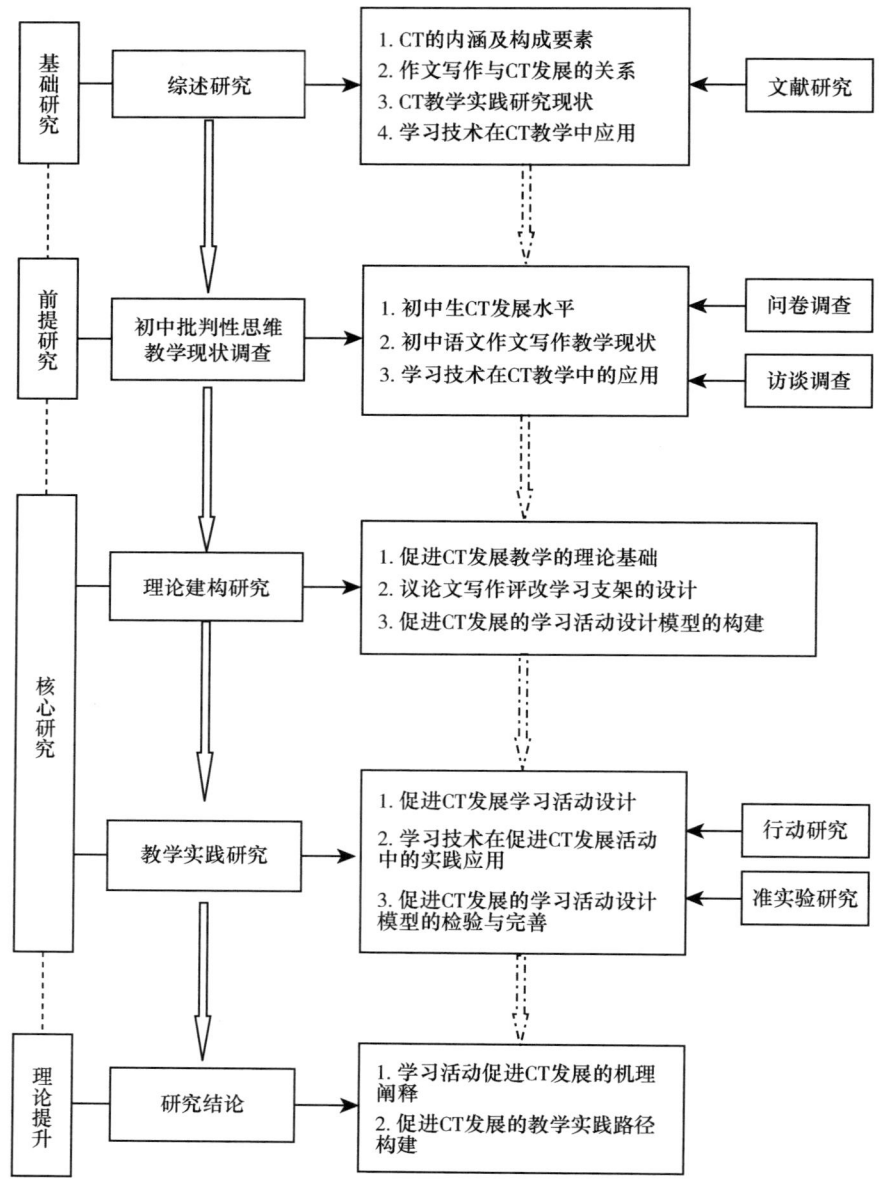

图1-2 研究框架

第七节　研究价值与创新

美国等西方发达国家较早将发展学生的批判性思维列为青少年培养目标，并深入开展了理论与实践研究，并对其他国家的教育教学研究产生了影响，后来陆续有包括我国在内的国家和地区参与面向青少年批判性思维发展的研究中，并取得了系列研究成果。但目前研究主要在批判性思维概念意涵、要素构成、教学方法、测评技术等领域，结合学校教学开展实践研究的比例较小，并且在少量的教学实践研究中主要以在校的大学生为研究对象，很少有针对初中生的批判性思维发展来开展教学实践研究活动。本书以初中作文的写作与评改活动为承载，通过虚拟在线交流平台和传统课堂等学习空间来面向学生开展混合式学习活动，以此来促进初中生的作文写作能力提升和批判性思维水平发展，其理论价值、实践价值、方法技术的创新之处具体体现如下。

一　理论价值

通过教学实践，尝试对教学活动促进初中生批判性思维发展的内在机理做出解释，争取打开学习技术促进初中生批判性思维发展的理论黑箱；同时在反思和总结教学实践的基础上构建出促进初中生批判性发展的在线学习活动设计的理论模型，为有效开展促进初中生批判性思维发展提供理论模型支持。

二　实践价值

将促进批判性思维发展的教学从高等教育延伸到初中教育阶段，为基础教育阶段开展批判性思维教学进行了有意义的尝试。实践中结合初中议论文写作评改教学活动开展，在提升学生议论文写作水平的同时，实现对学生批判性思维发展水平的显著提升，可供初中阶段基于学科教学来发展学生批判性思维以借鉴。同时，本书也为有效开展批判性思维的教学实践研究提供案例参考，在一定程度上能够加快初中生核心素养目标的落实和推进基础教育课程改革的深化。

三 方法与技术创新

由于目前关于初中阶段批判性思维教学实践的研究刚刚起步,特别是技术促进学生批判性思维发展的教学黑箱还尚未打开,急需广大师生和教学研究人员结合教学活动设计深入开展研究来加以探索和实践,教育行动研究是比较适合的一种研究方法。同时,CTCL范式理论是本书的指导核心,意在为有效开展初中批判性思维教学实践寻找合适的学习内容,探索满足学生学习所需的学习技术与方法策略;研究中对以思维导图为代表的思维可视化技术和以UMU平台为代表的虚拟在线交流平台进行了教学应用研究,并有意识地在传统与数字化相混合(Blend-Learning)的教学环境下,将这两种技术策略进行融合(Integration Technology)使用,打破了以往实验研究将被试封闭在实验室内的局限,使研究被试在日常学习环境中参与研究,为研究成果的推广应用奠定了基础。

第 二 章

概念界定与文献梳理

本章对技术促进学生批判性思维发展的教学实践研究的相关文献进行了梳理和研究。首先从厘清核心概念入手，分别对技术、议论文和批判性思维进行概念界定；其次对批判性思维要素及相关关系，以及作文写作与批判性思维发展的关系进行探讨；最后对批判性思维教学实践研究现状，特别是对技术手段在批判性思维教学中应用的情况进行了整理研究。通过文献综述的整理，对技术促进学生批判性思维发展教学实践研究的研究现状、目前存在问题及未来研究发展空间有了基本了解和掌握，为后面开展批判性思维教学实践研究奠定了基础。

第一节　相关概念的界定

一　技术

由于技术关系到多重的决定因素（Papp，1986）[①]，并且在不同领域发挥着不同的作用，哲学家、社会学家、医学家、工程技术专家等都结合各自的学科领域对"技术"进行了不同的理解和阐释。但是为了研究需要，人们还是尝试从广义视角对其进行了诠释，刘美凤（2003）认为技术是人类为了满足自己生存发展的需要，利用自己的智慧和自然规律所产生的一切物质手段、经验方法和技能的总和[②]；颜士刚（2007）认为

[①] ［德］拉普：《技术哲学导论》，辽宁科学技术出版社1986年版，第20页。
[②] 刘美凤：《广义教育技术定位点确立》，《中国电化教育》2003年第6期，第9—15页。

技术是人类在改造自然、改造社会和改造人本身的全部活动中，所应用的一切手段和方法的总和。①

基于上面的分析和考虑，本书中的"技术"是在教育教学领域范畴提出的，所以本书中的"技术"是指教育领域的技术，或称为教育技术。顾明远（1992）曾将教育技术定义为人类在教育活动中所采用一切技术手段的总和②，在谢新观组织编撰的《远距离开放教育词典》中沿用了顾明远先生的定义和观点，并对教育技术进行了细化，认为教育技术主要分为有形的物化形态和无形的智能化形态两类；物化形态技术是指有形物体中的科学知识，其中包括传统教具黑板到计算机、卫星通信、信息网络等一切用于教育的器材、设施、设备及相应的软件；智能形态技术是指以抽象形式表现出来的，如系统方法等，随着各种教学媒体的发展与利用，一种用来设计、实施和评估教与学总过程的系统方法成为教育技术的构成，使教育技术内容更为丰富。③

就本书而言，这里的"技术"是指教学实践中应用到的技术，属于教育技术范畴。进一步讲，本书中的"技术"是指在开展促进初中生批判性思维发展的教学实践活动中，所应用的粉笔、黑板、基础教学设施等传统技术，以及多媒体计算机、信息网络、应用软件等现代数字化学习技术，还包括教育教学中所应用到的教育教学理念，以及教学活动设计的方法或策略等。概言之，就是在教学实践中所涉及的一切智能化技术和物化技术的综合。

二 学习技术

关于学习技术，英国的学习技术协会（Association Learning Technology，ALT，2005）将其界定为系统地应用一种整体性知识（a Body of

---

① 颜士刚：《技术的教育价值的实现与创造研究》，博士学位论文，南京师范大学，2007年。
② 顾明远：《我对电化教育的认识》，《电化教育研究》1992年第6期，第3—6页。
③ 谢新观：《远距离开放教育词典》，中央广播电视大学出版社1999年版。

Knowledge）来设计、执行、管理和评价教与学（陈琳，2009）[①]；学习技术不仅仅是指用于教育目的的交流和信息技术的应用，同时还包括为这些应用提供合理的理论基础（教学法）。[②]

国内学者马宪春（2004）认为，学习技术是学习者利用相应的学习工具作用于学习对象之上实现特定学习目标的能力。[③] 也有学者认为，学习技术是被应用于支持学与教活动的沟通、信息和相关的技术，甚至可简单地理解为在学习过程中运用或体现的任何技术。

在本书中，学习技术是指学生在学习交流活动中所应用到的信息技术和教学方法等，即学生在促进批判性思维发展学习活动中，为满足思维交流和表达需要所应用到的媒体平台、信息技术及学习方式或方法等。

三　议论文

议论文是文章类别和体裁的一种，该体裁的文章主要通过议论的方式来论证或阐明某种观点或主张，有时也被称为"论说文""说理文"或"论理文"等。议论文通常运用概念、判断、推理的逻辑方法分析问题、明辨事理、直接阐明事物的本质和规律，以此来表明作者观点和态度。[④] 就议论文本身而言，是一种逻辑思维结果的呈现和表达。

人们认识事物的一般规律是从感性认识上升到理性认识，经过归纳总结和抽象概括进而得出一般性的概念与结论，就成为个人的观点、意见或主张。为了表述这种观点或主张，需要对其进行必要的论证和分析，阐明观点之所以能够成立的理由和根据，这一过程和形式就是议论，将议论的结果撰写成文章即为"议论文"。议论文以揭示事物的本质、规律为目的，以逻辑性与说服力为文章质量的标准。[⑤]

[①] 陈琳：《学习技术及其在程序设计课程中的应用研究》，硕士学位论文，扬州大学，2009年。
[②] 陈琳：《学习技术及其在程序设计课程中的应用研究》，硕士学位论文，扬州大学，2009年。
[③] 马宪春：《学习技术系统设计》，博士学位论文，华东师范大学，2004年。
[④] 阎景翰：《写作艺术大辞典》，陕西人民出版社1990年版。
[⑤] 陈孝彬：《教师百科辞典》，社会科学文献出版社1987年版。

论点、论据、论证是议论文不可或缺的三要素。论点也可称为论题，议论文写作的首要步骤就是明确写作的论点，中心论点要集中、深刻、新鲜，要注意立论角度的选择，尽量把论述的范围收束、集中；为实现这一目标，就要做好基础准备工作，例如选择什么材料，必须有针对性，然后从实际出发，发现和提出问题，并作出正确且有说服力的判断。论据一定要能充分、圆满地证明论点，证明观点时需要组织多少论据材料，主要看论证的具体情况，以是否能充分、圆满地证明论点来决定多寡或增删，论据单薄会使论点树立不牢固或缺乏说服力。在具备了论点和论据的基础上，更为关键的是要进一步对论点和论据进行系统的分析和论证，做到有叙有议、叙议结合，才能开拓思路、增加析理的深度。①

议论文作为一种特殊的文体，其写作与评改应该满足以下四点要求：一是要选择有论证价值的论题，提出、回答和解决人们普遍关注和迫切需要回答、解决的问题；二是要确立正确、深刻的论点，有独到见解，能给读者以新的启发；三是要选择使用真实、典型、充分、说服力强的论据；四是要灵活运用多种论证方法，在论点与论据的结合中展开富有逻辑的推理论证，使读者明于事理，信服、接受作者的观点和主张，从而受到教育和启发。

四 作文教学

"作文教学"一词在《教育辞典》中被解释为"是中学语文教学的重要组成部分，是识字写字、用词造句、布局谋篇、运用语言文字表达思想感情的一种综合性训练"②。可见，"作文教学"是一种综合训练活动，说明了作文教学涉及教学内容的复杂性，同时也凸显了其在语文教学中的地位。

本书中的作文教学，是指由教师组织和设计的一种特殊教学活动，这种教学活动以发展学生的作文写作能力为目的，具体内容包括作文立意、整体构思、修改润色方法，以及教师对学生写出的文本给予的批改、

---

① 许嘉璐：《中国中学教学百科全书（语文卷）》，沈阳出版社1990年版。
② 张焕庭：《教育辞典》，江苏教育出版社1989年版，第1394页。

评语、讲评等系统的指导。

五 批判性思维

（一）"批判"的词源解析

批判性思维是由 Critical Thinking 翻译而来的，从词源角度分析，Critical 源于希腊文字 Kriticos 和 Kriterion，分别具有明辨、判断和标准之意。综合考量，批判性思维是指能够辨别是非、透过现象探究本质。[①]"批"的本义即用手打、劈、刮、削，后被引申为判定是非、优劣、可否和揭露某个思想行为或某种现象的错误，故"批"有质疑和否定之意，但并不意味着全盘否定或彻底抛弃。"批"作为一种思维方式，应被界定：评判对象、区分好坏、去其糟粕、取其精华。"判"从会意角度分析，左边是"半"，右边是"刂"，其本义为："用刀把个体一分为二"。"判"作为一种思维方式，其内涵本质是深入对象思想内部，对其进行认真仔细的分析、辨别。综上所述，"批判"的含义可概括为：分析判别、评论好坏、明辨问题、否弃错误。[②]

（二）国外对"批判性思维"的阐释

杜威（John Dewey）作为批判性思维的先驱者之一，在其1909年出版的《我们怎样思维》一书中系统地论述了批判性思维，并认为批判性思维即反省思维，主要指不轻易接受他人的观点，深入思考是教授的前提；对概念相关事实依据进行分析，梳理明晰假设、条件和结论三者间的关系、厘清信息背后的真正含义，而不迷信或盲从权威。[③] 20世纪30年代，杜威将批判性思维等同于科学的方法，视其为问题解决的过程，并将批判性思维的基本要素确定为概念、分析、综合、判断、理解、推

[①] 武宏志：《论批判性思维》，《广西大学学报》（社会科学版）2004年第11期，第10—16页。

[②] 陈君华：《"批判"的核心究竟是什么？》，http://blog.sina.com.cn/s/blog_6555b94-b0102uz04.html，2014.7.21. 浏览时间：2017年4月21日。

[③] 郭炯、郭雨涵：《技术支持的批判性思维培养模型研究》，《电化教育研究》2014年第7期，第41—47、65页。

理、假设、检验八个方面。①

美国批判性思维运动的开拓者恩尼斯（Ennis）在发展其批判性思维技能理论时继承了杜威的理论观点，认为反省思维是批判性思维的重要组成部分。恩尼斯认为批判性思维是对陈述的合理评判且过程是演绎的，于1962年对批判性思维进行了新的阐释：批判性思维是为决定相信什么或做什么而进行的合理的、反省的思维；同时，还明确提出了批判性思维的六种典型技能，分别是注视（Focus）、推理（Reasons）、推论（Inference）、情境（Situation）、澄清（Clarity）、总的评价（Overview），习惯上被称为 FRISCO 技能②。恩尼斯后期对批判性思维倾向进行了重新审视补充，具体将批判性思维倾向概括为12个方面：（1）重视厘清表述交流的意义；（2）对结论和问题加以注意；（3）结合系统情境；（4）探索并提出理由；（5）尝试检索更多的信息；（6）查找替代物；（7）依据情境限定来加以精确；（8）对个人已有信念的反省；（9）积极开放地考虑他人的观点；（10）根据证据来改变观点；（11）根据证据拒绝判断；（12）使用个人的批判性思维技能。③

李普曼（Lipman）作为儿童哲学的创始人，于20世纪60年代从儿童哲学的视角对批判性思维提出了自己的理解，认为批判性思维是一种熟练且可靠的思考，该思考对于问题背景具有较强的敏感性，依赖于有效的判断标准，并根据问题情境的变化等自动调整，所以有助于形成有效的判断。④

美国批判性思维研究中心主任保罗（Paul）1995年提出批判性思维是积极地、熟练地解析、应用、分析、综合、评估支配信念和行为的那

---

① 罗清旭：《批判性思维理论及其测评技术研究》，博士学位论文，南京师范大学，2002年。
② 罗清旭：《批判性思维理论及其测评技术研究》，博士学位论文，南京师范大学，2002年。
③ 罗清旭：《批判性思维理论及其测评技术研究》，博士学位论文，南京师范大学，2002年。
④ 鲍梦玲：《促进批判性思维的儿童哲学课程》，硕士学位论文，华东师范大学，2015年。

些信息的过程。① 保罗认为思维具有八个基本构成要素②，一是思考时总有一定的目的，即我的目的是什么；二是我关于问题持什么观点，即观点是什么；三是我推理的假设是什么；四是我推理带来的意义是什么；五是回答问题时我需要哪些信息；六是我得到的推论和结论是什么；七是这个问题中最基本的概念是什么；八是我想要回答的关键问题是什么。同时在其个人对思维总结概括的"清晰性、准确性、精确性、相关性、深度、广度、逻辑性、重要性和公正性"的基础上③，提出了批判性思维的八个元素，分别是目的、悬而未决的问题、解释和推理、概念、假设、结果和意义、观点。④ 保罗与埃尔德（Elder）于2006年提出了由思维元素、标准和智力特征构成的批判性思维三元结构模型。⑤

彼得·法乔恩（Peter Facione）受美国哲学学会委托，于1987年通过德尔菲法将批判性思维解释为：有目的且自我调控的判断。这种判断表现为解释、分析、评价、推断以及判断赖以存在的论据、概念、方法、标准或语境的说明。⑥ 科尔曼（Kelman）认为批判性思维是对信息和观点的理性判断。⑦ 格尔森（Garrison）认为批判性思维是为获得洞察和观念上的解放而将多种推理技能整合在一起的过程。⑧

---

① Paul, R. W., *Critical thinking: How to prepare students for a rapidly changing world*, Santa Rosa. CA: Foundation for Critical Thinking, 1995.
② ［美］理查德·保罗、琳达·埃尔德：《批判性思维工具》，侯玉波、姜巧琳等译，机械工业出版社2013年版，第50页。
③ ［美］理查德·保罗、琳达·埃尔德：《批判性思维工具》，侯玉波、姜巧琳等译，机械工业出版社2013年版，第72页。
④ ［美］理查德·保罗、琳达·埃尔德：《批判性思维工具》，侯玉波、姜巧琳等译，机械工业出版社2013年版，第52页。
⑤ 黄芳：《大学生批判性思维能力培养方式实践探索》，博士学位论文，上海外国语大学，2013年。
⑥ 黄芳：《大学生批判性思维能力培养方式实践探索》，博士学位论文，上海外国语大学，2013年。
⑦ Douglas, L. Holton. Constructivism + Embodied Cognition = Enactivism: Theoretical and Practical Implications for Conceptual Change. AERA Conference, 2010.
⑧ Garrison. D. R., Critical Thinking and Adult Education: A Conceptual Model for Developing Critical Thinking in Adult Learners, *International Journal of Lifelong Education*, Vol. 10, No. 4, 1991, pp. 287–303.

(三) 国内对"批判性思维"的理解

"批判性思维"一词是舶来品,由欧美最早提出而后被翻译和传播到我国,国内对"批判性思维"这一译法的认可度最高。此外,关于Critical Thinking 还有不同的翻译,中国教育学会外语教学专业委员会理事长龚亚夫主张翻译为"评判性思维",在美华裔宋国明主张翻译为"审辩式思维",香港教育评议会副主席何汉权主张翻译为"明辨性思维",香港保安局前局长叶刘淑仪则主张翻译为"严谨的思考"[①]。

虽然批判性思维这一词汇称谓引自于国外,但我国自古就有批判性思考的习惯和传统。先秦时期的墨家被视为中国批判性思维的开创者,墨家在与儒家、道家等其他学派进行辩论时,对各学派的主张思想进行理性审查,对他们的论证进行分析和评估,由此形成了墨家的批判性思维。墨家批判性思维主要聚焦于对以下三个批判性问题的思考和回答:一是理由是什么;二是哪些词句的意义模糊不清;三是类比是否贴切中肯。[②] 其他学派也在一定程度上体现着批判性思维,儒家经典著作《礼记·中庸》里提出了"博学、慎思、明辨、笃行"的治学之道,强调学习不应满足于广泛的涉猎,更重要的是应该对学习内容进行审慎的思考和明确的辨析,进而加以实践验证。孔子的"疑是思之始,学之端"、朱熹的"读书无疑者须教有疑,有疑,却要无疑,到这里方是长进"、陆九渊的"为学患无疑,疑则有进,小疑则小进,大疑则大进"等名言均体现了诸位智者对反思质疑的重视和倡导。可见,我国早期的批判性思维就有了理性思维和对事物进行系统分析评估的反思、质疑特点,这与今天人们对批判性思维的理解十分接近。

由于我国经历了"文化大革命"这一特殊历史时期,"批斗""批判大会"俨然成为这一时期的典型事件。然而我国自古以来就有"尊师重教"的优良传统,如"亲其师信其道""师道尊严""圣贤书"等都是这一传统精神的具体体现,上述因素经常导致人们对批判性思维的字面理

---

① 谢小庆:《审辩式思维在创造力发展中的重要性》,http://blog.sina.com.cn/s/blog_4cce63730102fwzc.html,2014年6月8日。浏览时间:2017年6月20日。

② 关兴丽:《论墨家的批判性思维》,《社会科学辑刊》2001年第2期,第31—36页。

解和借鉴的过程中容易出现某些偏差或误区。鉴于此，董毓和陈君华分别就国内对批判性思维存在的认识误区进行了分析，并提出自己的概念阐释。董毓（2012）从三个方面对批判性思维误解进行了辨析，批判性思维不等于否定，而是审慎反思和创造；批判性思维不等于论证逻辑，而是辩证认知过程；批判性思维不等于技巧，而是美德和技巧的结合。① 陈君华（2014）认为，批判性思维不是否定、不是反驳、不是纠错，其内涵是全面深入地考察被研究对象、寻找对象内在的问题或错误、指出其问题错误究竟在哪里、分析它为什么是问题或错误、如何改正或预防这样的错误，概言之就是从理解、找错、点错、析错到纠错的问题分析与解决的系统过程。②

国内心理学家林崇德（2006）认为，思维是智力的核心，提出了思维品质决定了人与人之间思维与智力的差异，并将思维品质的要素概括为批判性、深刻性、概括性、独创性、敏捷性五个方面，认为思维的批判性是思维过程中自我意识作用的结果，与心理学中的反思、自我监控、元认知有交叉和重叠之处。③ 林先生还在思维的目的、过程、材料、品质、自我监控和非认知因素的六元素基础上率先构建了"思维的三棱结构"，为后来的思维研究奠定了理论基础。刘儒德（2000）认为，批判性思维是对所学东西的真实性、精确性、性质与价值进行个人的判断，从而对做什么和相信什么做出合理决策，还将批判性思维的构成成分确定为批判性思维技能和批判性思维倾向两部分，并将批判性思维的要素确定为独立思考、充满自信、乐于思考、不迷信权威、头脑开放和尊重他人六个方面。④ 刘教授还对批判性思维与智力、信息、逻辑思维之间的关系进行了梳理和分析，认为批判性思维以智力为前提，但不等同与智

---

① 董毓：《批判性思维三大误解辨析》，《高等教育研究》2012年第11期，第64—70页。
② 陈君华：《"批判"的核心究竟是什么?》，http://blog.sina.com.cn/s/blog_6555b94b0102uz04.html，2014年7月21日，浏览时间：2017年4月21日。
③ 林崇德：《思维心理学研究的几点回顾》，《北京师范大学学报》（社会科学版）2006年第5期，第35—42页。
④ 刘儒德：《论批判性思维的意义与内涵》，《高等师范教育研究》2000年第1期，第56—61页。

力；批判性思维总是以一定的思想观点为参考框架；批判性思维是高出普通逻辑思维的一种思维，更关注思维的真实性、精确性、意义和价值。[①]

综上所述，尽管国度之间有着明显的民族文化差异，但关于批判性思维内涵的理解大体保持一致，当前更多学者认同恩尼斯提出的"批判性思维即决定相信什么或做什么而进行的合理的、反省的思维"这一定义，并基本达成批判性思维具有"客观、理性、审慎、求真"的特质这一共识。

六 批判性思维教学

批判性思维教学是教师的教和学生的学所组成的一种人类特有的人才培养活动。这种教学活动是以发展学生的批判性思维水平为目标的教学活动，这样的教学活动是有计划、有组织地引导学生学习和掌握批判性思维倾向和技能，促进学生批判性思维发展水平提升，进而提高学生整体的思维品质，成为创新型国家的建设者和主力军。

结合当前初中阶段的学科教学实际，考虑到基础教育阶段的学科设置、师资配备、学时安排、学生学业负担等多方面的因素，无法专门增设批判性思维学科课程，只能结合目前初中阶段的已有学科教学来发展学生批判性思维水平。这种批判性思维教学方式，是将发展学生批判性思维水平这一目标蕴含于具体学科教学活动之中，在不影响学科教学质量的基础上来实现发展学生批判性思维水平的目标，学界将这种教学方式称为沉浸式批判性思维教学。

在本书中，批判性思维教学是结合初中八年级的议论文写作课程来设计和实施的。在议论文写作评改教学活动中，同时设定了两个教学目标，一个是学科本体性的目标，即训练和发展学生的议论文写作能力；另一个是批判性思维教学目标，及发展学生的批判性思维水平。

---

① 刘儒德：《论批判性思维的意义与内涵》，《高等师范教育研究》2000年第1期，第56—61页。

第二节 批判性思维的要素及相关关系梳理

一 批判性思维的构成要素

杜威在 20 世纪 30 年代，较早提出批判性思维即反省思维，将反省思维要素确定为概念、分析、综合、判断、理解、推理、假设、检验八个要素，将反省思维态度划分为虚心、专心和责任心三个方面，有时成为反省思维的习惯特征；杜威认为反省思维存在以下几个特点：一是反省思维具有目的性、二是反省思维是连续且有规则的过程、三是反省思维是人脑逻辑能力的体现。①

恩尼斯认为理想的批判性思维者应该具有关心信念的真假、关心诚实、关心每个人的尊严和价值等思维倾向，同时提出了六种典型的批判性思维技能，分别是注视（Focus）、推理（Reasons）、推论（Inference）、情境（Situation）、澄清（Clarity）、总的评价（Overview），习惯上称之为FRISCO 技能；后来恩尼斯对这六种技能进一步加以阐释，具体是：（1）能够以问题为中心；（2）对论据进行分析；（3）对需要解决的问题加以探究；（4）对信息来源进行信度判断；（5）观察且判断观察；（6）演绎并判断演绎；（7）归纳并判断归纳；（8）估计价值并对之判断；（9）定义术语并对之判断；（10）对陈述假设的态度；（11）判断前提、理由、假设、立场和其他的主张的一致性并查找可疑点，避免影响思维；（12）结合其他能力及倾向做出决策并为之辩护；（13）基于情境解决问题；（14）敏锐感知知识水平和他人的强词夺理的程度；（15）运用适当的修辞来表达交流以及应对谬误。②

加利福尼亚批判性思维倾向问卷（CCTDI）将关于批判性思维倾向划分为寻求真理性（Truth-Seeking）、思想开放性（Open-Mindedness）、分析性（Analyticity）、系统性（Systematicity）、自信性（Self-confi-

---

① 罗清旭：《批判性思维及其测评技术研究》，博士学位论文，南京师范大学，2002 年。
② 罗清旭：《批判性思维及其测评技术研究》，博士学位论文，南京师范大学，2002 年。

dence)、好询问性（Inquisitiveness）和成熟性（Maturity）七个维度。①加利福尼亚批判性思维测验（CCTST）将批判性认知技能分成阐明（interpretation）、分析（analysis）、推论（inference）、评价（evaluation）、解析（explanation）和自我调节（self-regulation）六个方面。②

霍尔普恩（HalpernDF）分别对批判性思维倾向和批判性思维技能进行分类，将批判性思维倾向分为：（1）具有进行批判性思维的积极意愿和解决问题的决心；（2）善于活动计划并掌控冲突；（3）思想灵活开放；（4）愿意排除非优化方案并能自我纠正；（5）敏锐感知社会现实并善于将想法付诸行动；将批判性思维技能划分为：（1）语言推理技能；（2）论题分析技能；（3）假设检验的技能；（4）概率和统计技能；（5）决策和问题解决技能；（6）认知监控技能等六个方面。③

费舍恩等人（Facione P A，Facioen N C）也对批判性思维的技能和倾向进行了划分，将批判性思维技能划分为阐明（interpretation）、分析（analysis）、推论（inference）、评价（evaluation）、解析（explanation）和自我调节（Self-regulation）六种技能；将批判性思维倾向划分为寻求真理性（Truth-Seeking）、思维开放性（open-Mindedness）、分析性（Analyticity）、系统性（Systematicity）、自信性（Self-Confidence）、好询问性（Inquisitiveness）和成熟性（Maturity）七个维度。④

国内学者武志宏根据美国哲学学会的"德尔菲报告"对批判性思维技能和批判性思维倾向的要素进行了整理，将批判性思维技能划分为解释、分析、评估、推论、说明、自我校准六个要素，如表2-1所示；将批判性思维倾向划分为求真、思想开放、分析性、系统性、自信、好奇

---

① 罗清旭、杨鑫辉：《〈加利福尼亚批判性思维倾向问卷〉中文版的初步修订》，《心理发展与教育》2001年第9期，第47—51页。
② 罗清旭、杨鑫辉：《〈加利福尼亚批判性思维技能测验〉的初步修订》，《心理科学》2002年第2期，第740—741页。
③ 罗清旭：《批判性思维及其测评技术研究》，博士学位论文，南京师范大学，2002年。
④ 罗清旭：《批判性思维及其测评技术研究》，博士学位论文，南京师范大学，2002年。

性、明智七个要素①，如表 2-2 所示。

表 2-1　　批判性思维技能的构成要素

解释	归类
	理解意义
	澄清含义
分析	审查观念
	识别论证
	分析论证
评估	评价主张
	评价论证
推论	质疑证据
	推测不同可能
	得出结论
说明	陈述结果
	证明程序的正当性
自我校准	表达论证
	自我审查
	自我校正

表 2-2　　批判性思维倾向的构成要素

求真	渴望求真
	勇于提问
	诚实客观地探究
思想开放	容忍不同意见
	理解他人见解
	考虑自己可能有偏见

---

① 武志宏：《批判性思维：多视角定义及其共识》，《延安大学学报》（社会科学版）2012年第 2 期，第 5—10 页。

续表

分析性	对潜在问题的机敏
	预见后果
	重视理由及证据的运用
系统性	有序处理复杂问题
	勤于寻找相关信息
	注意力集中于当前问题
自信	对自己推理能力的自信
好奇性	广泛的好奇心
	消息灵通
明智	评价推理的公正性
	改变判断的审慎性
	达到允许的精确性

尽管上述专家学者的观点不尽相同，但还是可以发现一些共同之处。首先是均同意将批判性思维划分成批判性思维技能和批判性思维倾向；其次对批判性思维技能划分时都含有"澄清意义""分析论证""评估证据""判断推理的准确性""得出可靠结论"等技能；再次是对批判性思维倾向都含有"思想开放""心态公正""探求证据""尽量深入了解""关注他人观点及理由""观点与证据匹配程度""寻找替代方案并对观点修正"等思维习惯和态度。① 将批判性思维技能联系到具体问题解决时，其构成要素主要可划分为问题情境、问题确定、因素分析、厘清要素、提出方案和系统评估等能力。

二 批判性思维与核心素养的关系

核心素养是学生适应个体终身发展和未来社会发展所需要的必备品格和关键能力（姜宇、辛涛等，2016）[2]，核心素养的提出旨在推进人才

---

① 戴维·希契柯克：《批判性思维教育理念》，《高等教育研究》2012 年第 11 期，第 54—63 页。

② 姜宇、辛涛等：《基于核心素养的教育改革实践途径与策略》，《中国教育学刊》2016 年第 6 期，第 29—33 页。

培养改革的进一步深化和落实，更是对"培养什么样的人"的有力回答。"素养"一词是人类社会从工业社会发展到信息社会后，传统的"能力""技能"已经不能很好地诠释今天的人才培养规格，人们开始尝试运用意涵范畴更为宽泛的"素养"一词来替代。"核心素养"是指众多素养中最为核心的部分，是适应人才发展满足未来社会需要和个体终身发展的关键。核心素养反应的是具体历史时期社会对人才培养规格的具体需求，所以核心素养具有鲜明的时代性。以农业经济为主的农耕时代，重视对人才道德品格的培养；以工业经济为主的工业时代，重视对人才技术能力的培养；以信息经济、知识经济为主的信息时代，重视对人才核心素养的培养，是促进国民素质提高和推动社会发展的时代需求。①

李艺和钟柏昌从基础教育视角对核心素养的构成进行了分析，不仅将核心素养与传统的基础教育目标建立联系，还将核心素养的终极目标指向了科学思维，明确地把思维培养视为基础教育阶段的最高追求。两位专家学者一致认为，可以将核心素养划分为三个层次，底层为"双基"层、中间层为"问题解决层"、顶层为"学科思维层"，表示基础教育阶段让学生通过系统学习而逐渐形成相对稳定的问题解决的思维和价值判断，也可理解为培养学生认识世界和改造世界的初级世界观和方法论。②从图2-1这一核心素养的"三层结构"的示意可以看出，思维的培养源于基础知识和基本技能，只有具备了坚实的基础知识与基本技能才有可能发展个人的科学思维，并且科学思维的训练和培养离不开问题解决，正是鼓励学生参与具体问题的分析和解决，实现了对其思维的发展和提高。批判性思维作为科学思维的重要构成要素，自然是核心素养目标所关注的重点，理应成为基础教育领域教育教学的主要目标，并从问题解决的视角给出批判性思维的教学实践路径。

当前，世界上各个国际组织、国家（地区）纷纷参与到以构建学生发展核心素养的教育改革热潮之中，由于民族传统和文化特色各异，导

---

① 辛涛、姜宇等：《论学生发展核心素养的内涵特征及框架定位》，《中国教育学刊》2016年第6期，第3—7页。

② 李艺、钟柏昌：《谈"核心素养"》，《教育研究》2015年第9期，第17—23页。

致各国际组织、国家（地区）的核心素养内涵不尽相同，但值得强调的是，批判性思维几乎被所有的核心素养框架涉猎，足以证明批判性思维已经成为 21 世纪学生发展核心素养的必备要素。

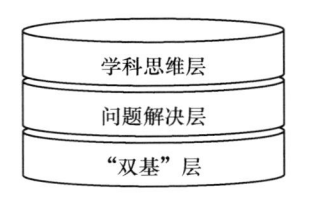

图 2-1　核心素养的三层结构①

世界经济合作与发展组织（OECD）的 DeSeCo 项目团队长期致力于核心素养研究工作，通过出版论文集《确定与选择核心素养》（2001）、发表报告《指向成功生活和健全社会的核心素养》（2003）和《核心素养的确定与选择：执行概要》（2005），较早地提出了 OECD 核心素养及能力指标，如表 2-3 所示。

表 2-3　　　　　　　OECD 核心素养及能力指标

核心素养	能力指标
1. 互动地运用工具	1.1 互动地运用语言、符号与文本的能力
	1.2 互动地运用知识与信息的能力
	1.3 互动地运用技术的能力
2. 与异质群体互动	2.1 与他人和谐相处的能力
	2.2 与他人合作的能力
	2.3 管理与解决冲突的能力
3. 自主行动	3.1 处在更大的情境中的行为能力
	3.2 制订和执行生活计划和个人项目的能力
	3.3 维护权利、利益、界限与需求的能力

同时 DeSeCo 项目还明确提出：素养不只是知识与技能，它是在特定情境中，通过使用和调动心理社会资源以满足复杂需求的能力。同时还

---

① 李艺、钟柏昌：《谈"核心素养"》，《教育研究》2015 年第 9 期，第 17—23 页。

概括出了核心素养的三个基本特征，即超越所教的知识与技能、核心素养的本质是反思性、在变化的情境中各个核心素养是联结在一起发挥作用的。① 将反思性确定为核心素养的本质，反思的核心是批判性思维，可见 OECD 组织率先鲜明地将批判性思维列为核心素养的特质提出，具有一定示范作用。

联合国教科文组织（UNESCO）于 2003 年发布了《终身学习五大支柱》的框架和具体指标，五大支柱分别为学会求知、学会做事、学会共处、学会生存、学会改变（具体指标详见表 2-4②）。2004 年出版了《发展教育的核心素养：来自一些国际和国家的经验和教训》一书，书中将核心素养理解为学习者个体为了实现个人想要的生活及社会良好运行所需的素养。③ 2010 年该组织启动了基础教育质量分析框架项目（简称 GEQAF），并将素养框架作为其中的重要组成部分，并公布了《全球学习领域框架中的指标体系》，从身体健康、社会和情感、文化和艺术、语言和交流、学习方法和认知、算数和数学、科学和技术七个方面（见表 2-5），将批判性思维列为贯穿学前阶段、小学阶段、小学后阶段三个阶段的重要指标，在学前阶段的指标是早期批判性思维技能，小学阶段的指标是批判性思维，小学后阶段的指标是批判性的决策制定，由此可见批判性思维是贯穿个体终身的。

表 2-4　　　　　　　　　UNESCO 五大学习支柱及内涵

五大支柱	内涵
学会求知 （Learning to know）	它超越了从学校教科书和课堂教学中汲取人类的知识，包括在个体社会化过程中了解各种社会关系，习得民族文化价值观念、学会遵守社会行为规范，培养学生追求真理的科学精神

---

① 崔允漷：《追问"核心素养"》，《全球教育展望》2016 年第 6 期，第 3—10、20 页。
② 张娜：《联合国教科文组织的核心素养研究及其启示》，《教育导刊》2015 年第 7 期，第 93—96 页。
③ 张娜：《联合国教科文组织的核心素养研究及其启示》，《教育导刊》2015 年第 7 期，第 93—96 页。

续表

五大支柱	内涵
学会做事 (Learning to do)	不但意味着所学知识的应用和职业技能的养成,而且还强调为适应"智力化"知识经济而学习适应劳动世界变化的综合能力(包括合作精神、创新精神、交流能力),强调从工作实践和人际交往中培养社会行为技能
学会共处 (Learning to live together)	意味着学习和了解自身发展并尊重他人、他国、他种文化,学会关心、学会分享;学会平等对话以及用协商的方法解决多种矛盾或冲突的态度,在人的思想中构筑"和平的屏障";学会在参与目标一致的社会活动中获得实际的合作经验
学会生存 (Learning to be)	体现了教育和学习的根本目标,它超越了单纯的道德、伦理意义上的"为人处世",而包括了适合个人和社会需要的情感、精神、交际、合作、审美、体能、想象、创造、批判性精神诸方面相对全面而充分的发展,因此,它体现了教育质量的实质和目标就是促进每个学生个体和社会全体的全面而有个性的发展
学会改变 (Learning to change)	指个人不仅要学会接受及适应改变,也要展开行动成为积极改变的主体,并且主动引领改变以促进人类的发展。学习不仅可以适应改变,也能创造改变;学习是一种适应的机制,但也具有引发改变的能力

表2–5　　　　UNESCO全球学习领域框架及指标

一级指标	二级指标		
	学前阶段	小学阶段	小学后阶段
身体健康	身体健康和营养	身体健康和卫生	健康和卫生
	健康知识和实践	食物和营养	性和生殖健康
	安全知识和实践	身体活动	疾病预防
	粗、细,知觉运动	性健康	
社会和情感	自我调解	社会和团体价值观	社会意识
	情感意识	公民价值观	领导力
	自我概念和自我效能	心理健康和幸福	公民参与
	移情		积极看待自己和他人
	社会关系和行为		心理弹性
	冲突解决		
	道德价值观		

续表

一级指标	二级指标		
	学前阶段	小学阶段	小学后阶段
文化和艺术	创造性的艺术	创造性的艺术	创造性的艺术
	自我和社会认同	文化知识	文化研究
	尊重多样性的意识		
语言和交流	接受性语言	口语流利	听说
	表达性语言	口语理解	读
	词汇	阅读流利	写
	对印刷文字的认识	阅读理解	
		接受性词汇	
		表达性词汇	
		书面表达	
学习方法和认知	好奇心和参与度	专注力和坚韧性	合作
	专注力和坚韧性	合作	自我导向
	自主性和主动性	自主	学习目标
	合作	知识	坚韧性
	创造性	理解	问题解决
	推理和问题解决	应用	批判性的决策制定
	早期批判性思维技能	批判性思维	灵活性
	符号表达		创造性
算数和数学	数感和运算	数的概念和运算	数字
	空间感和几何	几何与图形	代数
	模式和分类	数学的应用	几何
	测量和比较		日常计算
			个人理财
			知情的消费者
			数据和统计
科学和技术	探究技能	科学探究	生物
	对自然和物理世界的认识	生命科学	化学
	对技术的认识	地理科学	物理
		地球科学	地球科学
		了解和使用数字技术	科学方法

续表

一级指标	二级指标		
	学前阶段	小学阶段	小学后阶段
科学和技术			环境意识
			数字化学习

美国于 2002 年成立了"21 世纪技能合作组织（P21）"，该组织将 21 世纪公民应具备的技能进行归纳整理，形成了《21 世纪核心素养框架》，2007 年对该框架进行更新并向世界公布。美国的《21 世纪核心素养框架》共有 3 个一级指标、11 个二级指标、25 个三级指标和 74 个观测点。一级指标分别是"学习与创新技能""信息、媒体与技术技能"和"职业与生活技能"三个方面，"学习与创新技能"又分成 3 个二级指标，分别是"创造力与创新技能""批判性思维与问题解决技能""交际与协作技能"，如表 2－6 所示；同时又将"批判性思维与问题解决技能"划分为"进行有效论证""运用系统性思维""做出判断和决策"和"问题的解决"4 个三级指标和 9 个观测点①，如表 2－7 所示。

表 2－6　　　　　　　　美国 21 世纪核心素养框架

一级指标	二级指标	三级指标
学习与创新技能	创造力与创新技能	……
	批判性思维与问题解决技能	进行有效论证
		运用系统性思维
		做出判断和决策
		问题的解决
	交际与协作技能	……
信息、媒体与技术技能	……	……
职业与生活技能	……	……

---

① 王巍萍、南潮：《美国"21 世纪技能"评估指标解读及启示》，《湖北师范大学学报》（哲学社会科学版）2017 年第 6 期，第 131—135 页。

表 2-7　　批判性思维与问题解决技能的观测指标

进行有效论证	根据实际情况选择适用的论证方式
系统性思维的运用	分析系统要素如何交互，以及要素如何构成系统
做出判断和决策	对证据、论据、主张及信念进行有效分析和评估
	对重要的可替代的看法进行分析和评估
	善于将信息与争论进行综合并能在其间建立联系
	阐明信息并基于缜密分析推论出结果
	重点关注学习的经验与过程
问题的解决	用于解决各种新问题的方式要兼顾常规与创新
	发现并提出能够阐明各种观点以及能够得出较好解决方案的关键性问题

新加坡教育部于 2010 年颁布了"新加坡学生 21 世纪素养"框架，立足为 21 世纪培养出"充满自信、能主动学习、积极奉献、心系祖国"公民的宗旨，将素养框架分为"批判性与创造性思维""社交与情绪管理技能""交流、合作与信息技能"和"公民素养、全球意识和跨文化交流技能"，"批判性与创造性思维"技能领域包括合理的推理与决策、反思性思维、好奇心与创造力、处理复杂性和模糊性。[①]

中国香港地区在 2014 年颁布的《基础教育课程指引——聚焦·深化·持续》中明确指出，"共通能力主要是帮助学生学会掌握知识、建构知识和应用所学知识的技巧、能力和特质"。共通能力以及价值观和态度与学生发展核心素养实质上都是指向人的全面发展、终身发展，是学生步入社会必备的特质，可以说是共同诉求的不同表述。九种必要的共通能力包括协作能力、沟通能力、创造力、批判性思考能力、运用资讯科技能力、运算能力、解决问题能力、自我管理能力、研习能力。批判性思考能力"协助学生从所得的数据或报告中找出含义、立论和评估论据，以及自行做出判断"[②]。

日本于 2013 年公布了题为"培养适应社会变化的素质与能力的教育

---

① http://www.sohu.com/a/226160292_280010，浏览时间：2018 年 5 月 28 日。
② http://blog.sina.com.cn/s/blog_674113d30102wth8.html，浏览时间：2018 年 5 月 28 日。

课程编制的基本原理"的研究报告,报告构建了《日本核心素养框架:21世纪型能力》。框架由基础力、思考力和实践力三部分构成,"思考力"居于核心地位,是指"每个人自主学习、自我判断、形成自己的想法,与他人商讨,比较并整合自己的想法,形成更好的见解,创造新的知识,进而发现下一个问题的能力"①。

2016年9月,我国发布了中国学生发展核心素养的框架,该框架以培养"全面发展的人"为核心,将中国学生发展核心素养分为3大领域、6种素养、18个要点。3大领域分别是文化基础、自主发展和社会参与,文化基础领域包括人文底蕴和科学精神两大素养(参见图2-2),批判性思维作为科学精神素养的构成要点之一,主要是指学生应具有问题意识;能独立思考、独立判断;思维缜密,能多角度、辩证地分析问题,做出选择和决定等②,详见表2-8。

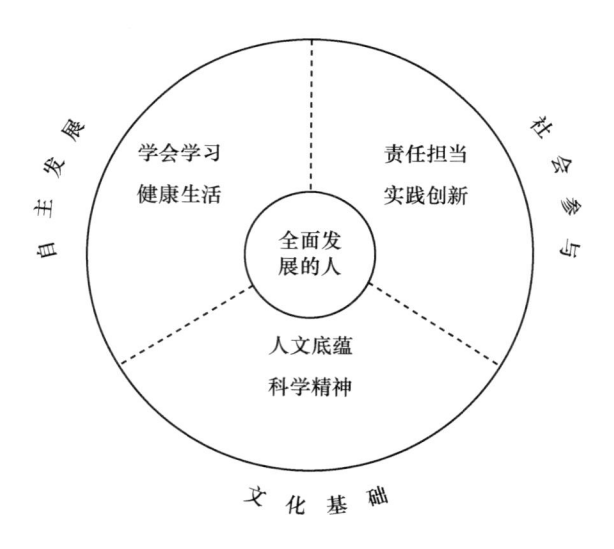

图2-2 中国学生发展的核心素养示意图

---

① 罗朝猛:《日本如何将核心素养培育落地》,《中国教师》2017年第9期,第89—92页。
② 林崇德:《构建中国化的学生发展核心素养》,《北京师范大学学报》(社会科学版)2017年第1期,第66—73页。

表2-8　　　　　　　　中国学生发展的核心素养框架

维度	核心素养	基本要点
文化基础	人文底蕴	人文积淀
		人文情怀
		审美情趣
	科学精神	理性思维
		批判质疑
		勇于探究
自主发展	学会学习	乐学善学
		勤于反思
		信息意识
	健康生活	珍爱生命
		健全人格
		自我管理
社会参与	责任担当	社会责任
		国家认同
		国际理解
	实践创新	劳动意识
		问题解决
		技术应用

统观上述各组织和国家（地区）的核心素养，均把批判性思维列为重要的构成要素，批判性思维已经成为未来人才发展的必备素质和能力，是信息社会发展对未来公民提出的能力和品格的具体要求。核心素养作为对未来人才培养的规格理想化的素质组合，批判性思维作为核心素养的重要素养之一，是当前基础教育领域课程与教学改革的目标要求，也将成为未来教育改革的着力点和创新点。

三　批判性思维与创新思维的关系

创新是主体对客体的积极改造的过程和结果，创新思维是在准确把握科学规律的基础上与时俱进地解决现实问题的科学思维，注重思维主体与现实客体的有机结合，是思维主体者积极的思考、行动的表达过程和结果。① 在面对旧的思想、观念和技术时，创新者若想破旧立新、实现理论突破与技术革新，就必须具有批判精神，具体在创新者身上的体现就是具有：独立思考、敢于怀疑的胆略，探根求源的好奇心和舍我其谁的自信心，不唯书、不唯上、只唯实的科学精神，善于批评和自我批评的勇气。②

美国哲学家卡尔·波普尔（Karl Popper）认为科学的创新精神就是批判，就是不断地推翻旧理论而有新的发现。③ 从人类的文明史和科技的进步史看，物理学家爱迪生正是在对传统绝对时空观的"同时性概念"的怀疑和批判的基础上，提出了"狭义相对论"；物理学家托马斯·扬由于对牛顿光学的"粒子说"产生了质疑并进行批判，进而提出了光学的"波动说"，推动了光学研究领域的巨大发展。

熊明辉（2014）认为批判性思维和创新思维是既区别又联系的，前者是基于框架内固有的判断标准做出合理的判断，其本质是分析性的、选择性的和高度规则约束的；而创新思维是有独创性、想象力且涉及新观点生成的打破框架的思维。

朱锐（2017）认为批判性思维是创新思维的前提和基础，是一条思维线上的前段，思维主体更多的是关注过去、对过去进行否定性思考，正是在对过去的否定基础上提出新思想、新观点实现创新。④ 批判性思维与创新思维经常与求解问题联系到一起，在求解问题时不仅需要批判性思维而且需要创新思维，通常二者的分工是：批判性思维主要应用于问题的发现与分析，创新思维主要应用于问题解决。可以将批判和创新的关系理解为：批判是创新的途径和源头，创新是批判的动力和目标。在某种程度上，发现问题比解决问题更为基础和重要。

赵德芳（2010）在比较批判性思维和创新思维的关系时，分别从内涵和外延两方面对二者进行了比较分析，认为在内涵方面二者存在主体

---

① 朱锐：《批判性思维与创新思维关系研究》，博士学位论文，中央民族大学，2017年。
② 黄朝阳：《创新离不开批判性思维》，《人民日报》2010年6月11日。
③ 袁广林：《大学何以培养创新人才：批判性思维视角》，《高校教育管理》2012年第9期，第50—55页。
④ 朱锐：《批判性思维与创新思维关系研究》，博士学位论文，中央民族大学，2017年。

的主动性、独立性、好奇心与质疑、自信心、开放性与思维的广度、针对性、坚韧性，具有积极的性质，以及排斥不当思维定式等方面是相同的，但在左右脑的侧重、逻辑性、对待感性思维的态度、对待主观因素的态度、对信息处理的结果、使用对象和范围、指向性和训练方法方面不同；通过外延比较，认为批判性思维和创新思维存在一种交叉关系；最后得出批判性思维和创新思维是相互抑制、相互促进和辩证统一的关系。[1]

王建和李如密（2018）认为批判性思维和创新思维均与元认知有关，批判性思维是从本质上改变思维趋同现象，主要特点是质疑和反思，促使个体思考自己思维的前提和依据；创新思维是从根本上打破思维定式，探寻创新信息，促使个体不断地创新和反思。同时，还明确提出了批判性思维是创新的基础、创新思维是批判的最终目标的观点，并总结了批判性思维和创新思维都包含了思维者的"兴趣内驱力、自主独立意识和开放自信心态"的人格特质。[2]

综上所述，批判性思维与创新思维具有较多的共性，同属理性思维，是科学思维的必要组成部分，是有效解决问题和推动科技进步发展的必备思维工具。批判性思维是创新思维的基础和前提，通过运用批判性思维来打破事物原有的伪装和不足，为创新思维确立新的思想和方法奠定基础，二者在功能指向上分别指向了"破"与"立"，也进一步说明了二者之间"不破不立"的内在关系。

四 批判性思维与问题解决的关系

杜威在《我们怎样思维》（*How we thinking*）一书中较早地提出了思维五步法，思维五步法就是将思维的过程分为五个阶段，第一步是意识到困难或问题，第二步是问题的定义和定位，第三步是通过搜集材料、联系实际提出问题解决的假设，第四步是对假设进行判断，第五步对假设进行证实并得出结论。在意识到困难或问题这一阶段，思维开始真实

---

[1] 赵德芳：《批判性思维与创造性思维的比较分析》，《湛江师范学院学报》2011年第2期，第58—61页。

[2] 王建、李如密：《批判性思维与创新思维的辨析与培育》，《课程教材教法》2018年第6期，第53—58页。

发生；问题出现后，我们会尝试探索和解决，真实问题的价值就是其具有不确定性，正是这样的问题情境促使我们思考和尝试，真正推动我们勇于尝试和探索的力量来自于暗示，暗示的形成所依靠的便是个体已有的知识和技能。在问题的定义或定位阶段，就是将上一阶段所遇到的困难、疑惑理智化，这也是人类与低级动物的区别所在，是确定疑难所在、在疑难中聚焦问题，并深入挖掘问题的本质及内涵，为后续的进一步解决找准目标。在提出假设阶段，通过搜集、观察事实材料和联系实际，提出问题解决的各种假设（又称联想），也就是为进一步解决问题进行深入的分析和思考，结合问题情境尝试提出若干种可能解决问题的方法或策略。在对假设进行判断阶段，主要是对上一阶段提出的多种可能解决的方案进行判断和推理，进而排查掉不合理的假设、选出合理的问题解决方案。在得出结论阶段，首先是对上一轮给出问题方案付诸实施检验，验证方案后并通过理论梳理而得出问题解决的结论。可见，在杜威看来，思维的产生就跟问题解决存在着内在的联系，这也为分析批判性思维与问题解决的关系奠定了基础。

布鲁克菲尔德（Blookfield，1989）认为批判性思维是包括提出假设、挑战假设、探索实践等主要环节的问题解决过程。[1] 梅耶（Mayer，1989）认为"问题解决"、"思维"和"认知"三者之间可以进行等同替换，其实质就是将思维活动视为问题解决的过程。[2] 盖尔森（Garrison，1992）通过分析学习者在问题解决活动中对问题相关信息的分析、整合、反思的操作过程来发现学习者的批判性思维特征，通过长期的研究使其认为批判性思维与问题解决属于同一本质过程[3]。并提出了促进批判性思维发展的基本过程与方法，主要由发现问题、定义问题、探究问题、应用、

---

[1] ［美］约翰·宾：《研究性学习》，张仁铎译，江苏教育出版社2004年版，第2页。
[2] 孔企平：《西方"问题解决"理论研究和数学课程改革走向》，《课程教材教法》1998年第9期，第55—58页。
[3] Garrison, D. R., Critical Thinking and Self-DirectedLearning in Adult Education: An Analysis of Responsibility andControl Issues, *Adult Education Quarterly*, Vol. 3, No. 42, 1992, pp. 136 – 148.

整合五个环节步骤构成。① Paul（1995）认为批判性思维过程就是发问的过程。② 凯克（Kek，2011）认为基于问题的学习有助于学习者思维能力的提升。③ 国外学者普遍认为批判性思维与问题解决具有十分密切的关系。

罗清旭（2011）认为批判性思维的过程就是"提出问题—信息处理—解决问题"这一围绕问题解决的系统过程。④ 郭炯（2014）认为批判性思维是"获取外界信息—产生问题—提出问题具体观点—收集论证—获取有用信息"的过程。⑤ 马志强（2013）通过研究发现，批判性思维质量与建构问题空间和形成问题解决策略的效果关系密切，批判性思维在问题解决的不同阶段表现出不同的发展过程，并由此认为，问题解决的过程与批判性思维发展密不可分，批判性思维是问题解决过程中重要的认知加工过程。⑥ 王国华（2016）从词源视角考查得知，"批判"一词由希腊语"kriticos"发展而来，可释义为发问、阐释等，就是对现象或问题提出问题、给出解释等，他认为批判性思维就是在真实的情境中，通过一定准则对相关信息进行价值评判，并在此过程中逐步提升问题解决能力的一种思维倾向，这足以证明批判性思维与问题解决之间具有紧密联系。⑦

---

① Garrison, D. R., Anderson, T., Archer, W., Critical Thinking, Cognitive Presence, and Computer Conferencing in Distance Education. *American Journal of Distance Education*, No. 1, 2001, pp. 7-23.

② Paul, R. W., Critical Thinking: How to Prepare Students for A Rapidly Changing World, Santa Rosa. CA: Foundation for Critical Thinking, 1995.

③ Kek, M. Y. C. A., Huijser, H., The Power of Problem-based Learning in Developing Critical Thinking Skills: Preparing Students for Tomorrows Digital Futures in Todaysclassrooms, *Higher Education Research & Development*, Vol. 30, No. 3, 2011, pp. 329-341.

④ 罗清旭：《批判性思维的结构、培养模式及存在的问题》，《广西民族学院学报》（自然科学版）2001年第3期，第215—218页。

⑤ 郭炯、郭雨涵：《技术支持的批判性思维培养模型研究》，《电化教育研究》2014年第7期，第41—47页。

⑥ 马志强：《问题解决学习活动中批判性思维发展的特征》，《现代远程教育研究》2013年第2期，第31—37页。

⑦ 王国华、聂胜欣、袁梦霞、俞树煜：《使用问题解决法促进批判性思维发展的研究——基于交互文本的分析》，《电化教育研究》2016年第5期，第66—73、81页。

王国华（2015）认为批判性思维与问题解决具有较高的一致性，主要表现在目的、过程和技能三个方面，并对此进行了系统论述。

　　批判性思维与问题解决在目的方面存在一致性。发展青少年批判性思维的目的就是教会他们面对复杂事物时，能够对相关信息进行理性的分析判断，最终解决现实生活中的问题；问题解决式的学习更是以培养学生的问题解决能力为目标，在学习活动中对影响问题解决效果和效率的批判性思维是一种锻炼和发展，问题解决式学习相较于批判性思维而言，其关注的是更为具体的问题。

　　批判性思维与问题解决在过程方面存在一致性。批判性思维的本质就是对现实中面临的问题进行定义和说明，依据规则对问题现象进行分析判断，并联系实际对他人和自己观点进行反思和评估，可简单把这一过程概括为：获取外部信息（发现问题）—处理相关信息（分析与定义问题）—筛选有价值信息（评估论证），这与问题式学习的"发现问题—分析问题—制定问题解决方案—评估问题解决效果并形成结论"的过程存在高度的一致性。

　　批判性思维与问题解决在技能方面存在一致性。批判性思维技能中的定义说明技能、分析推理技能、评估论证技能等与问题解决过程中所需的收集与整理信息的技能、信息推理加工技能、评估自己与他人信息的技能存在较高的一致性，在问题解决过程中，伴随学习者对相关信息的分析、判断及系统评估，这将对学习者批判性思维的发展具有明显的促进作用。

　　综合上述观点，批判性思维与问题解决不仅关系密切，并且在目的、过程和技能等方面存在着高度的一致性。发展和培养青少年的批判性思维，就是锻炼和提升他们解决问题的能力，特别是为将来解决生活中的现实且复杂的问题做准备；同时，通过问题解决式的学习可以有效发展学生的批判性思维水平，二者是相辅相成、彼此促进的良性循环的关系。

五 初中生思维发展水平及学习文化建设现状

（一）认知发展水平

初中生年龄主要集中在12—16岁这一年龄段，根据皮亚杰的认知发展阶段理论，这一年龄段的青少年正处于形式运算阶段。处于形式运算阶段的学生已经摆脱了具体事物和过程的限制，可以利用语言文字和思维想象重建事物和过程来解决问题；同时处于形式运算阶段的青少年还可以根据概念、假设等前提，进行假设、演绎、推理并得出结论。初中生的认知水平已经发展到一定程度，其知识水平和思维能力已经能够满足自身对事物的客观看待和对问题的理性分析，并根据自身的理解和分析形成具有个人特色的独到见解，主要表现为个人独立意识和自我意识日益增强。

（二）学习文化建设现状

受传统教育理念的影响，传统的学习文化对中小学的教学实践的影响根深蒂固，主要表现为：教师和学生设定学习目标时更多关注的是知识掌握的多少，学习内容主要是各学科的知识体系内容，教师和教材是学生知识的主要来源，对于学习评价主要就是考试分数（唯分数论），学习方式以接受式学习为主等。另外，由于我国考试制度的特殊性，进一步强化了教学评价的"唯分数论"这一现象，同时也催生了应试教育问题和记忆型的学习文化，应试教育培养出的学生过分重视标准答案，因为标准答案意味着分数和成绩，分数和成绩俨然成为衡量教学质量和学业水平的唯一标准。记忆型学习文化背景下，学生的学习是对教师传授知识内容的机械记忆，学生几乎成为知识的存储工具，学习质量的区分标准便是知识存储数量的多少。上述因素导致人们在教与学的活动中忽视了对学生思维能力水平的训练和培养，未能有效促进学生思维的健康发展。

中国传统文化博大精深，已经浸润到社会的方方面面，如"尊师重教"和"亲其师信其道"等长期影响着我国教育领域相关活动的开展，使人们对教师和知识心存崇拜和敬畏，教师和书本便成为知识的化身，人们对教师和书本深信不疑，缺少质疑和批判。正是受传统文化的影响，使我国的教育教学活动凸显了教师的教学，而遮蔽了学生的学习，导致学生分析和看待问题时出现了"坑道视界"①，即思考问题时习惯于思维定式或惯性思维，容易片面或孤立地看待问题。在这一学习文化背景下培养出的青少年，通常迷信专家权威或实验数据、普遍缺少对问题的独立思考及系统解决问题的能力，总体显得欠缺必备的批判性思维能力。

第三节 作文写作与批判性思维发展的关系探讨

一 作文写作活动促进学生批判性思维发展

作文写作与批判性思维的关系非常密切，国外有学者认为写作是批判性思维的过程和结果（Bean，1996；Zeiser，1999）②③，梅耶认为批判性思维的主要特征是在理论联系实际、分析复杂情况和综合竞争方法的基础上能够评估论证（Meyers，1986）。④ 议论文是中国学生在初中阶段新学习的一种文体，主要通过摆事实或讲道理的方式来对生活中的人、事、物或社会现象发表自己的看法、见解，有效的议论文写作训练可以促进学生思维能力的发展，有助于优化学生思维品质。目前初中生的议论文写作存在一系列的问题，主要集中在审题立意、论据、论证三个方面。审题立意方面的问题主要表现为立意不够准确，混淆事实和观点、错把事实描述成观点，立论的高度不够；论据方面的问题主要表现为罗列论据、缺乏分析，论据材料角度单一，叙述过详，叙议部分的论据与论点不符；论证方面的问题主要表现为与问题不符，不会点题，游离论

---

① 曾文婕：《关于学习哲学的方法论思考》，《中国教育科学》2018年第1期，第35—42、139页。

② Bean, J. C., Engaging Ideas: The Professor's Guide to Integrating Writing, Critical Thinking, and Active Learning in the Classroom. San Francisco: Jossey-Bass. 1996.

③ Zeiser, P. A., Teaching Process and Product: Crafting and Responding to Student Writing Assignments, *Political Science and Politics*, Vol. 32, 1999, pp. 593–595.

④ Meyers, C., Teaching Students to Think Critically, San Francisco: Jossey-Bass, 1986.

点和逻辑性不强等（徐敏，2018）。① 综上，在中国基础教育阶段，通过议论文写作教学来发展初中生批判性思维，是十分必要和可行的。

二 论证式学习有力于发展学生批判性思维发展水平

论证式教学就是将科学形成过程中的论证迁移到教学活动中，学生在进行类似科学家构建科学理论或知识时所经历的，收集资料、分析资料、形成主张并表达辩驳等过程中，掌握核心概念和探究本质，从而促进论证、推理、批判等理性思维发展的探究式教学模式（丰淑敏，2018）。② Nussbaum认为论证能力是批判性思维的重要指标之一，通过教学如能提高学生的论证能力，那自然也就提高了学生的批判性思维水平（Nussbaum，2002）。③ 潘瑶珍（2011）通过论证社会性议题来增加学生对科学与社会之间的关系的认识，同时提升了学生的批判性思维能力。④ Jimenéz-Aleixandrh和Erduran（2008）在著作中明确指出，通过论证教学活动能够有效提升学生的批判性思维能力。⑤ 凌荣秀（2018）运用准实验研究法在高中生物学科对论证式教学法进行了实证研究，通过实验后测发现，实验班学生与对照班学生在批判性思维检测结果上存在显著性差异（$p = 0.044 < 0.05$），说明论证式教学法对发展学生批判性思维有促进作用。⑥

三 母语写作学习活动促进学生批判性思维发展

母语写作是作者经过思维考虑和语言组织并通过文字表达的一种思

---

① 徐敏：《晒晒写作议论文中的那些"老毛病"》，《学语文》2018年第5期，第82—84页。

② 丰淑敏：《基于论证式教学的高中生物教学设计与实践研究》，硕士学位论文，闽南师范大学，2018年。

③ Nussbaum, E. M. Scaffolding Argumentation in the Social studies Classroom. Social Studies, Vol. 93, No. 3, 2002, pp. 79 – 85.

④ 潘瑶珍：《科学教育中的论证教学》，《全球教育展望》2018年第6期，第82—86页。

⑤ Jimenéz-Aleixandrh, M. P. & Erduran, S. *Argumentation in Science Education*. Leeds：Springer Nether lands, 2008, pp. 107 – 133.

⑥ 凌荣秀：《基于批判性思维培养的高中生物论证式教学实践研究》，硕士学位论文，南京师范大学，2018年。

维表达方式。有研究认为母语写作活动能够促进个体进行更广视角、更深层次的自我反思（Pennebaker, Czajka, Cropanzana & Richards, 1990）。① De La Paz, Feretti, Wissinger, Yee, MacArthur（2012）等人认为，能够对多种观点相互冲突的信息来源进行评估和解释是产生有效论据的前提，其实质就是个人批判性思维能力的具体体现。② 母语写作中的批判性思维是通过分析和评估构建学生元认知的论据来训练和发展的（Swartz, 2008）。③ Newell（1986）针对 11 年级学生的作文写作进行了实践研究，发现具有说服力的写作能够锻炼探索问题和批判思考的能力，并明确地提出，对于发展批判性思维而言，母语写作本身就是一种教学工具。④ Quitadamo&Kurtz（2007）明确提出，母语写作是提高学生批判性思维能力的最佳方法之一。⑤

第四节　批判性思维教学实践研究的现状

一　开展批判性思维教学的可行性研究

开展批判性思维教育实践的重要性已经得到全球的共识。那么随之而来的问题就是：批判性思维是否可教？如果答案是否定的，那么开展批判性思维教育实践的价值和可行性就无从谈起。近年来国内外关于批判性思维教学实践的文献日益增多，如果仅从文献的数量来看似乎可以

---

① Pennebaker, J. w., Czajka, J. A., Cropanzana, R. & Richards, B. C., Levels of Thinking, *Personality and Social Psychology Bulletin*, Vol. 16, 1990, pp. 743 – 757.

② De La Paz, S., Ferretti, R., Wissinger, D., Yee, L. & MacArthur, C., Adolescents' Disciplinary use of Evidence, Argumentative Strategies, and Organizationalstructure in Writing about Historical Controversies, Written Communication, Vol. 29, No. 4, 2012, pp. 412 – 454.

③ Swart, R., Critical Thinking Instruction and Technology Enhanced Learning from the Student Perspective: A Mixed Methods Research Study, Nurse Education in Practice, Vol. 23, 2017, pp. 30 – 39.

④ Newell, G. E., Learning from Writing: Examining our Assumptions, English Quarterly, Vol. 4, 1986, pp. 291 – 302.

⑤ Quitadamo, I. J. & Kurtz, M. J., Learning to Improve: Using Writing to Increase Critical Thinking Performance in General Education Biology, *CBE—Life Sciences Education*, Vol. 2, 2007, pp. 140 – 154.

掩盖掉"批判性思维是否可教"这一问题，如若深究批判性思维是否可以通过教育来促进其发展，长期存在着否定和肯定两种对立的观点。

（一）否定或质疑

否定的观点认为批判性思维是不能教的、教不会的或是不需要教的，主要以皮亚杰（Jean Piage）、海耶斯（Steven C. Hayes）、加涅（Robert Mills Gagne）、希尔斯（Edward shils）为代表。皮亚杰认为儿童思维的发展受到心智成熟水平、经验知识、认知平衡等因素的限制和影响，且儿童思维发展是与其年龄发展有着相匹配的顺序和阶段，进而推理出对思维的强化训练并不能够导致思维的结构发生内源性变化。① 美国心理学家海耶斯长期从事思维训练研究，他总结了思维训练存在的三个难题，一是一般思维技能的训练需要辅以大量的具体知识；二是思维训练策略之多致使学生莫衷一是、无所适从；三是即使有了恰当、有效的策略保障，但常常因条件改变导致思维无法迁移。② 加涅作为广义知识观的主要代表，该知识观用知识来解释智力，将知识、技能与策略融为一体，认为发展智力的任务已经包含在知识教学中了，没必要在知识和技能教学之外附加发展智力的任务，所以广义的知识观认为思维是不需要教的。③ 希尔斯更是鲜明地指出："一般批判思维技能的教学是一个严重的错误，它会导致肤浅的学习。"④

（二）肯定与支持

针对前面的质疑，史蒂文（Steven Higgins）和维维恩（Vivienne Baumfield）提出了三个论点，为一般思维技能进行了有力的辩护。⑤ 约翰·贝斯特（JohnB. Best）认为思维是一种程序性的知识，教会学生思维，就是

---

① 郅庭瑾、程宏：《国外中小学教学研究：争议与启示》，《教育研究》2010年第12期，第98—102页。
② ［美］杜威：《我们怎样思维·经验与教育》，姜文闵译，人民教育出版社2005年版，第53页。
③ 皮连生：《智育心理学》，人民教育出版社1996年版。
④ HirschE, Cultural Literacy: What every American Should Know. Boston: Houghton Mifflin, 1987, p. 56.
⑤ Steven Higgins, Vivienne Baumfield, A Defence of Teaching General Thinking Skills. Philosophy of Education, No. 3, 1998.

让学生"知道怎样思维",让学生掌握作为一种"非言语程序性知识"的思维。① 美国哲学领域的利普曼(Lipman,M.)提出了"儿童哲学"方案,将儿童哲学作为一门促进学生思维发展的专门课程,用集体探究的方式开展了相关教育实践,取得了预期的研究目标。② 理查德·保罗(Richard Paul)在美国率先创立了批判性思维中心,与其同事琳达·埃尔德(Linda Elder)共同创作了《批判性思维:思维、写作、沟通、应变、解决问题的根本技巧》,并成为风靡美国的思维训练方法。内尔·诺丁斯(NelNoddings)和尼尔布朗(Neil Browne)分别通过个人的著作《批判性课程:学校应该教授哪些知识》《批判性思维指南》间接证明了思维是可以教的。彼得·费希万(PeterA. Faeione)等认为批判性思维能力不会简单地随着年龄的增长而提高,而是可以习得的,恰当的批判性思维教学有利于提高学生的批判性思维能力。③ 朱智贤等人通过实验证明"教育是作用于思维发展的决定因素,合理且适当的教育措施,把握客观诸因素的辩证关系,能挖掘小学儿童运算中思维品质的巨大潜力,并能促进教学质量的提高"④。谭和平等人认为"思维训练与传授知识并没有矛盾,前者改善知识获得的心理机制,促进个体产生新的逻辑—数学类型的知识;后者帮助个体接受新的经验知识,为思维提供加工的原料,两者相辅相成"⑤。郅庭瑾认为思维一方面构成着教育,另一方面依赖着教育,并鲜明地提出"为思维而教"的教育理念。⑥ 刘儒德认为批判性思维是可教的,且存在两种可能的训练途径:一种是使用专门设计的批判性思维的课程,另一种是将批判性思维教学融入常规课之中。⑦ 钟启泉同样认为批判性思维是可教的,经由教师提问而引发的师生之间的对话和讨论是进行批

---

① [美]贝斯特:《认知心理学》,黄希庭等译,中国轻工业出版社2000年版。
② 郅庭瑾:《为思维而教》,《教育研究》2007年第10期,第44—48页。
③ 彼得·费希万等:《作为普通人类现象的批判性思维——中国和美国的视角》,《北京大学学报》2009年第1期,第55—62页。
④ 朱智贤、林崇德:《思维发展心理学》,北京师范大学出版社1986年版,第178页。
⑤ 谭和平、李其维:《略论思维的可训练性》,《华东师范大学学报》(教育科学版)1998年第4期,第46—57页。
⑥ 郅庭瑾:《为思维而教》,《教育研究》2007年第10期,第44—48页。
⑦ 刘儒德:《批判性思维及其教学》,《高等师范教育研究》1996年第4期,第62—67页。

判性思维教学的重要前提，并介绍了四种培养批判性思维的教学方法。①

综上所述，虽然目前对批判性思维是否可教这一问题还没有达成共识，但国内外已经有越来越多的专家和学者认为批判性思维是可教的，并创建了学术组织，公开发表了《为思维而教》等系列著作和论文，足以说明，开展批判性思维教学实践是可行的。

二 批判性思维测查量表的开发与应用研究

批判性思维的发展水平是评价开展批判性思维教学实践效果的核心指标，批判性思维的测量工具便是有效衡量该指标的方法和手段。目前存在哪些测量工具？适用的人群是哪些？使用方法是什么？厘清这些问题有助于恰当使用测量工具，为评价教学实践提供数据参考和依据。

（一）按适用人群分类统计

适用于中小学生的测量工具有《康奈尔批判性思维测验：X 水平》《恩尼斯—韦尔批判性思维作文测验》《新泽西推理技能测验》《罗斯高级认知过程测验》《康奈尔条件推理测验》5 个；适用于大学生的测量工具有《加利福尼亚批判性思维技能测验》《加利福尼亚批判性思维倾向问卷》《康奈尔批判性思维测验：Z 水平》《华生—格拉泽批判性思维评价》《恩尼斯—韦尔批判性思维作文测验》《推理与交流评价测验》《批判性思维》《批判性思维面谈》《批判性思维测验》《新泽西推理技能测验》《康奈尔条件推理测验》《日常推理测验》《反省判断面谈》13 个；适用于成人的测量工具有《康奈尔批判性思维测验：Z 水平》《华生—格拉泽批判性思维评价》《批判性思维面谈》3 个。

（二）其他分类统计

根据批判性思维测量工具所检测的内容划分，主要包括批判性思维的技能、认知发展、解决问题、元认知、社会文化五大类；根据测验评分的客观性程度划分，可分为客观性测验、主观性测验、主客观相结合测验三大类；根据测验工具测评任务或问题的形式划分，可分为封闭性

---

① 钟启泉：《"批判性思维"及其教学》，《全球教育与展望》2002 年第 1 期，第 34—38 页。

和开放性两类；根据测验工具的综合性程度划分，可分为专项的批判性思维测验和综合性的批判性思维测验两类；根据测验工具的量化程度划分，可以分为定量测验和定性测验两大类。[①]

（三）国内量表的开发与应用

目前国内使用的批判性思维测量工具主要是翻译国外的已有工具，偶有学者对国外的批判性思维测量工具进行修改。如罗清旭曾对《加利福尼亚批判性思维技能测验》和《加利福尼亚批判性思维倾向测验》两个量表进行修改；我国台湾学者朱苑瑜、叶玉珠根据国外已有测量工具开发完成了《批判性思考倾向量表》，吕国光依据该量表修订了《教师批判性思维倾向量表（TCTS）》[②]；黄程琰在其硕士学位学习期间也曾对《大学生批判性思维倾向的量表》进行修改和实验。[③]

三 批判性思维教学的学科及人群

从人才培养的视角区分，人们已经对批判性思维在逻辑学、教育学、心理学、外语教学、医学护理等各领域的作用及具体培养方式等进行了研究。从研究的学科背景视角区分，主要包括教育学、中国语言学、临床医学、哲学、历史学、数学等几个学科。从研究者的专业背景区分，主要包括外语、教育技术学、医学护理、学科教学、心理学、逻辑学等。此外也有从研究对象的年龄阶段、家庭文化背景、学校层次水平、教学模式、教学技术与教学手段等研究视角切入，开展具有针对性的教学实验或准实验研究。

通过对现有文献的统计可知，目前国内外开展的批判性思维教学实践研究人群主要是在校大学生，且主要聚焦于在校本科生（偶有关注在校研究生）的批判性思维倾向和技能的发展情况，并通过教学实践有针

---

① 罗清旭：《批判性思维理论及其测评技术研究》，博士学位论文，南京师范大学，2002年。

② 吕国光：《教师批判性思维倾向量表（TCTS）的修订》，《黄冈师范学院学报》2007年第6期，第63—67页。

③ 黄程琰：《大学生批判性思维倾向的量表编制及实测》，博士学位论文，西南大学，2015年。

对性地提高大学生的批判性思维发展水平。面向大学生开展的批判性思维发展教学实践研究，主要是结合专业的人才培养来实施的，以医学领域的学生为主要代表。国外有少部分面向中小学生的批判性思维发展研究，我国香港和台湾地区也有个别文献介绍中小学生的批判性思维教学实践案例，而大陆地区除举办两次"全国中学语文批判性思维教学现场会"外，几乎很难找到此类研究文献。

四 批判性思维教学的过程和方法

关于批判性思维教学的过程，学者们提出了不同观点。贝林（Bailin）等人认为批判性思维教学应通过直接引导、教师模仿、评判、反馈等让学生融入、参与推理性评判的任务，帮助其积累所需的智力资源，同时要创设重视和激发批判性思维的教学环境[1]；法乔恩（Facione）认为批判性思维教学不是简单的技能训练，而是有目的、高标准地让学生习得、运用、反思和提高其批判性思维能力的教学，包括对批判性思维知识、概念、方法、原则、技能的掌握。[2] 替·达姆（Ten-Dam）和沃尔曼（Volman）认为批判性思维教育应注重学生的认识论发展，应提倡主动学习、以问题讨论促进交流，更应重视基于真实情景的学习。[3]

关于批判性思维的教学方法，恩尼斯（Ennis）曾总结了一般教学法、融入式教学法、沉浸式教学法、混合式教学法四种典型的教学方法。一般教学法即开设专门的批判性思维课程的教学；融入式教学法即以学科教学为载体，以发展批判性思维为主要目标的教学；沉浸式教学法即将发展批判性思维的目标隐含于学科教学中，以学科教学目标为主线的教学；混合式教学法即将批判性思维与学科教学相统合，将发展批判性

---

[1] Bailin, S., R. Case, J. Coombs & L. Daniels, Common Misconceptions of Critical Thinking. Journal of Curriculum Studies, No. 3, 1999.

[2] Facione, P. A., The Del Phi Report-critical Thinking: A State-ment of Expert Consensus for Purposes of Educational As-sessment and Instruction. Millbrae CA: The Califor-nia Academic Press, 1990.

[3] Ten-DamG & VolmanM., Critical Thinking as a Citizen-ship Competence: Teaching Strategies. *Learning and Instruction*, No. 14, 2004.

思维与学科教学目标同等看待的教学。关于具体的教学方式国外主要有苏格拉底问答法、基于问题的学习法、批判式辩论法、小组写作学习法及基于写作学习法五种教学方式。国内学者陈骏宇通过研究认为，案例式教学是一种发展学生批判性思维的适用方法。①

第五节 技术手段在批判性思维教学中应用

一 批判性思维教学中技术的选择与应用

在信息时代背景下，批判性思维教学中纷纷尝试了运用信息技术手段来促进学生批判性思维的发展，国内外学者在教学实践中普遍应用到了概念地图、思维导图和 Prezi 等思维工具。国外对维基百科、知识社区、讨论区的使用频率较高，国内对 Blog 平台、QQ 群、微博、微信等数字技术的使用频率较高。此外，美国佛罗里达中央大学的诺伊雷斯（Aimee de Noyelles）和福斯特（Beatriz Reyes-Foster）两位学者尝试用 Word Clouds 软件对促进学生批判性思维发展进行了实验②；澳大利亚墨尔本大学哲学系蒂姆·范·德（Tim van Gelder）等人在 Reason！项目中开发了旨在提高批判性思维技能的 Reason！Able 软件③；国内学者郭炯、吴亚婕、王海燕、冯莹倩等分别对技术支持环境下的批判性思维教学模型进行了研究和实践。④⑤⑥⑦ 总体看来，学界已经开始重视促进青少年批判性思维发展

---

① 陈骏宇：《批判性思维及其培养研究》，硕士学位论文，上海师范大学，2004 年。
② Aimee de Noyelles & Beatriz Reyes-Foster, Using Word Clouds in Online Discussions to Support Critical Thinking and Engagement, *Online Learning*, No. 9, 2015, pp. 185 – 196.
③ 张文兰、刘斌：《信息技术与批判性思维研究的现状及启示》，《电化教育研究》2010 年第 1 期，第 25—30、35 页。
④ 郭炯、郭雨涵：《学习支架支持的批判性思维培养模型应用研究》，《电化教育研究》2015 年第 10 期，第 98—105 页。
⑤ 吴亚婕、陈丽等：《批判性思维培养教学模式的探究》，《电化教育研究》2014 年第 11 期，第 71—77 页。
⑥ 王海燕、冯莹倩等：《促进学生批判性思维的 QICT 模型教学应用探讨》，《电化教育研究》2013 年第 10 期，第 106—111 页。
⑦ 冯莹倩、徐建东等：《异步在线交流中促进学生批判性思维的提问模型构建》，《现代教育技术》2013 年第 6 期，第 93—98 页。

的教学实践研究工作，普遍认为日常教学是促进青少年批判性思维发展的有效途径；目前教学实践中使用的批判性思维测量工具主要引用西方学者研制的思维量表，且主要针对成年人群，国内少数学者开始尝试对国外量表进行改良；教学对象所处的学科人群主要集中在大学阶段的医学、哲学和教育学等专业的大学生；教学过程中普遍重视对教学情境的创设，具体的教学方法主要有问答法、基于问题的学习方法和案例法等；例如思维导图、维基百科、Blog 平台等数字化学习技术手段也被应用到教学实践之中。总体看来，目前批判性思维教学研究很少针对初中生这一重要群体，尚未有成熟的教学模型来为教学人员提供借鉴和参考，且对学习技术手段促进学生批判性思维的作用机理有待深入挖掘和探究。

二 思维导图在批判性思维教学中的应用研究

Buzan（1993）被认为是思维导图研究使用者，认为思维导图是一种模仿大脑思维轮廓的可视化技术，其中主要类别从中心图像辐射，较小的类别被描绘为较大分支的分支。[1] 概念图包括高度结构化的流程图，许多人已经开始使用概念图来增加学生对学习过程的参与（Irvine，1995），[2] 概念图是一种有用的认知工具，通过鼓励学生深入理解信息来提高学生的批判性思维（Weillie et al., 2013）。[3] Kek（2011）认为，基于对话、基于问题、基于学习支架的学习方式有助于学习者思维能力的提升，该学习方式可以促使学生在教学系统中积极地学习，积极地促使学生在教和学的系统中学习，做循环地自我思考和反思，有助于批判性思维的

---

[1] Buzan, T. & Buzan, B., The Mind Map Book: How to Use Radiant Thinking to Maximize Your Brain's Untapped Potential, New York: Plume. 1993.

[2] Irvine, L. M. C., Can Concept Mapping be Used to Promote Meaningful Learning in Nurse Education? *Journal of Advanced Nursing*, No. 21, 1995, pp. 1175 – 1179.

[3] Weillie, L., Chi-Hua, C., I-Chen, L., Mei-Li, L., Shiah-Lian, C. & Tienli, L., The Longitudinal Effect of Concept map Teaching on Critical Thinking of Nursing Students, *Nurse Education Today*, No. 33, 2013, pp. 1219 – 1223.

产生和发展，相关研究也给予证实。① All&Havens（1997）发现思维导图是培养护理人员批判性思维技能的一种有效策略。② Wheeler（2003）通过对本科护理专业学生进行随机分组的准实验研究发现，概念图可以有效地帮助学生培养批判性思维技能。③ Tseng 等（2011）结合基于问题的学习和概念映射的策略来探索它们对学生批判性思维的影响，并发现在事后测试和 6 个月的后续测试后 CT 分数的显着改善。④

三 在线交流在批判性思维教学中的应用研究

由于批判性思维教学研究的需要，人们尝试运用多种学习技术来改善教学研究效果。Ruth Swart（2017）用 Top Hat 课堂反应系统来丰富课堂学习环境，以此来增强学生的参与和互动，能够发展学生批判性思维能力。⑤ Wang（2011）对基于 Blog 平台的问题探究式学习促进学生批判性能力做了研究，将学生由原来的"知识下载者"变为"知识上传者"，认为有助于学生批判性思维的发展。⑥ Williams（2011）通过实证分析认为在线讨论有助于批判性思维能力的发展，并且教师引导和互动影响批判性思维提升效果。⑦ Halil 等人（2009）认为通过在线讨论与课堂观察

---

① Kek, M. & Huijser, H., The Power of Problem-Based Learning in Developing Critical Thinking Skills: Preparing Students for Tomorrow's Digital Futures in Today's Classrooms, *Higher Education Research & Development*, Vol. 3, No. 30, 2011, pp. 329 – 341.

② All, A. C. & Havens, R. L., Cognitive/Concept Mapping: A Teaching Strategy for Nursing, *Journal of Advanced Nursing*, No. 25, 1997, pp. 1210 – 1219.

③ Wheeler, L. A., The Influence of Concept Mapping on Critical Thinking in Baccalaureate Nursing Students, *Journal of Professional Nursing*, Vol. 6, No. 19, 2003, pp. 339 – 346.

④ Tseng, H. C., Chou, F. H., Wang, H. H., Ko, H. K., Jian, S. Y. & Weng, W. – C. (2011), The Effectiveness of Problem-based Learning and Concept Mapping Among Taiwanese Registered Nursing Students. Nurse Education Today, Vol. 8, No. 31, 2011, pp. e41 – e46.

⑤ Swart, R., Critical Thinking Instruction and Technology Enhanced Learning from the Student Perspective: A Mixed Methods Research Study. Nurse Education in Practice, No. 23, 2017, pp. 30 – 39.

⑥ Wang, B. Q., Discuss the Cultivation of College Students' Network Self-Critique Ability—Taking the Blog Platform as an Example. *Educational Exploration*, No. 5, 2011, pp. 95 – 98.

⑦ Williams, L. & Lahman, M., Online Discussion, Student Engagement, and Critical Thinking, *Journal of Political Science Education*, (2011) 7, 2, pp. 143 – 162.

的混合式学习形式能够有效地促进学习者批判性思维的发展。① Schellens（2009）通过在异步讨论组中利用帽子思考法（Thinking hats）影响学习者对问题的确定和解决，进而影响批判性思维的进程。② DeLoach（2003）等通过大量的调查和评估认为在具有明确讨论主题的情况下，电子讨论版有助于批判性思维能力和倾向的提升。③ Huff（2000）使用远程交互式视频方式对社会学研究生的批判性思维发展状况进行了教学研究，发现学习者批判性思维能力都有一定程度提升。④ Paul（1995）构建了批判性思维和在线学习的交互模型，此模型能够有效地提升学习者批判性思维能力。⑤ Perkins（2006）提出了在线交流讨论中学习者批判性思维发展模型，通过在线交互促进学习者澄清、评定、推理等能力的提升。⑥

---

① Halil, B. A. & Serap, S., The Effects of Blended Learning Environment on the Critical Thinking Skills of Students, Procedia-Social and Behavioral Sciences, No. 1, 2009, pp. 1744 – 1748.

② Schellens, T., Van Keer, H., De Wever, B. & Valcke, M., Tagging Thinking Types in Asynchronous Discussion Groups: Effects on Critical Thinking, *Interactive Learning Environments*, No. 17, Vol. 1, 2009, pp. 77 – 94.

③ DeLoach, S. B. & Greenlaw, S. A. (2005), Do Electronic Discussions Create Critical Thinking Spillovers, *Contemporary Economic Policy*, Vol. 1, No. 23, 2005, pp. 149 – 163.

④ Huff, M. T., A Comparison Study of Live Instruction Versus Interactive Television for Teaching MSW Students, *Research on Social Work Practice*, Vol. 4, No. 10, 2000, pp. 400 – 416.

⑤ Paul, R. W., Critical Thinking: How to Prepare Students for ARapidly Changing World, Santa Rosa, CA: Foundation for Critical Thinking, 1995.

⑥ Perkins, C. & Murphy, E., Identifying and Measuring in Dividual Engagement in Critical Thinking in Online Discussions: An exploratory case Study, *Educational Technology & Society*, Vol. 1, No. 9, 2006, pp. 298 – 307.

第三章

面向初中阶段写作教学及学生批判性思维发展水平的调查

本章是对初中生写作教学情况及学生批判性思维水平的调查研究。通过调查研究，使笔者对当前初中生的批判性思维发展水平、初中写作教学开展的实际状况进行深入了解和系统把握，并通过对调查数据的统计分析，发现当前初中写作教学及学生批判性思维发展过程中存在的问题，为后面设计与实施批判性思维教学实践活动提供了数据支持和问题参考。

第一节 调查设计

初中写作教学一直被认为是语文教学的重点和难点，涉及语文学科的识文断字、遣词造句和布局谋篇等多个方面，是语文教学水平的综合体现。从本质上分析，作文写作是锻炼学生逻辑思维能力和辩证价值观的具体训练形式，其目的是培养学生的写作技能和思维能力，这一点已经在普通高中语文学科核心素养中具体体现，即"思维发展与提升"作为核心素养构成的四个要素之一。所以通过写作教学来发展学生的批判性思维是写作教学的应有之意，也为开展促进初中生批判新思维发展的教学提供了学科内容平台。

为有效开展促进初中生批判性思维发展的教学实践活动，有必要对初中语文学科写作教学和初中生批判性思维水平开展调查研究，了解初中写作教学实际和初中生批判性思维能力水平现状,从而发现阻碍初中生批判性思维发展的影响因素,为设计促进初中生批判性思维发展教学活动的起点、合理选择教学方法和策略奠定基础。

为有效开展调查研究工作,特制定了具体的调查工作方案,调查工作方案主要包括调查时间、调查对象、调查内容、调查工具、样本选择、数据整理与分析等部分。

一 调查时间

2016年2—9月开展了调查研究工作,主要包括调查问卷的编制、思维量表的翻译、问卷与量表的发放与回收、课堂观察及教师访谈、数据的整理和分析等工作环节。

2016年2月,历时一个月完成了《X阶段康奈尔批判性思维量表》(第五版)[Cornell Critical Thinking Tests Level X (5th)] 的翻译和《关于初中作文教学的调查问卷》的编制工作。一是对英文版《X阶段康奈尔批判性思维量表》(第五版)进行翻译和校对,确保对调查问卷的主体内容、评分标准及参考答案的翻译准确无误,为科学有效测查初中生批判性思维水平提供工具支持。二是编制完成《关于初中作文教学的调查问卷(学生版)》和《关于初中作文教学的调查问卷(教师版)》,为调查初中写作教学奠定基础。

2016年3—7月,分别面向吉林、山东等六个省(市)的初中开展了调查研究,主要调查初中生批判性思维水平和初中作文教学实施现状。调查主要采用问卷调查和观察访谈等方式,搜集了《关于初中作文写作教学的调查》数据,为分析掌握目前初中写作教学的实际情况提供了数据支撑。同时对初中生批判性思维发展水平进行了量表测查,为后续开展教学实践提供了教学前批判性思维水平的参考。

2016年8—9月,对调查数据进行整理、录入和分析,根据数据分析出目前初中写作教学中活动设计、学习技术的运用、对学生思维的发展训练等情况,并发现目前存在的主要问题及其成因,便于教学实践中进行有针对性的教学设计;根据批判性思维测查数据,掌握当前初中生批判性思维发展水平现状,为设定教学实践中的教学起点提供数据参考。

二 调查内容

调查内容主要分为两个部分:一是测查初中生批判性思维发展水平,通过测查基本掌握我国初中生的批判性思维发展水平,为开展促进初中生批判性思维发展的教学实践提供参考;二是调查初中写作教学现状,通过调查了解目前初中写作教学的实际样态,掌握教师对写作教学的流程设计、教学评价方法的运用以及师生在学与教过程中存在的问题和困难,便于在后续的教学实践中有针对性地进行活动设计。

三 调查对象及样本选择

由于本次调查主要围绕初中生的批判性思维发展水平和初中写作教学实际情况两个方面,所以,调查对象为初中在校学生和初中语文学科任课教师这两类人群。

本调查选取了吉林、山东、江苏、上海、辽宁和内蒙古六个省(市、区)7所初中学校21个班级学生及任课语文教师为调查对象,其中在吉林省选取2所初中(JLA、JLB),在山东(SD)、江苏(JS)、上海(SH)、辽宁(LN)、内蒙古(NM)分别选取1所初中,在上述7所初中分别从三个年级随机选取一个班级(分别用1、2、3编码)进行问卷调查和随机访谈。其中,JLA1、JLA2、JLA3分别为42人、38人、45人,JLB1、JLB2、JLB3分别为39人、37人、33人,SD1、SD2、SD3分别为47人、46人、49人,JS1、JS2、JS3分别为42人、46人、43人,SH1、SH2、SH3分别为32人、36人、34人,LN1、LN2、LN3分别为41人、45人、44人,NM1、NM2、NM3分别为37人、39人、37人,统计情况见表3-1。

表3-1　　　　　调查学生人数统计情况　　　　　(单位:人)

学校(代码)	一年级	二年级	三年级	总计
JLA	42	38	45	125
JLB	39	37	33	109
SD	47	46	49	142

续表

学校（代码）	一年级	二年级	三年级	总计
JS	42	46	43	131
SH	32	36	34	102
LN	41	45	44	130
NM	37	39	37	113
总数	280	287	285	852

四 调查方法

调查过程中针对调查对象的批判性思维发展水平采用了《X阶段康奈尔批判性思维量表》进行测查；针对中学写作教学的调查主要采用了问卷调查、课堂观察和人物访谈等方法进行调查研究。

五 调查工具

（一）X阶段康奈尔批判性思维量表

从文献调查得知，在面向中小学生开展批判性思维测量时普遍选用由恩尼斯团队研发的《X阶段康奈尔批判性思维量表》（*Cornell Critical Thinking Tests-X Level*）这一经典测量工具，该测量工具主要适用于4—14年级的青少年人群，当前研究团队已经完成了第五版的更新。

研究中发现，我国学者尚未在研究实践中选用《X阶段康奈尔批判性思维量表》这一研究工具，自然也就无法查得《X阶段康奈尔批判性思维量表》的中文版本及相关数据和指标。国内研究人员以往在面向中小学开展调查时，均借用了适用于成人的一些思维量表，如《加利福尼亚批判性思维技能测验》（CCTST）等，由于选用的思维量表与调查对象人群不匹配，在很大程度上影响了调查的科学性和准确性。

为保证调查数据的科学准确，本书选用了《X阶段康奈尔批判性思维量表》（第五版）这一最新版本，图3-1和图3-2分别是量表英文原版纸质版的封面一和封面二。由于没有现成的中文版可借鉴应用，所以我们自行完成了对《X阶段康奈尔批判性思维量表》（第五版）的中文翻译和校对工作，之后又请教专家、学者对翻译后的中文版进行鉴定，得到了专家和学者们的一致认可。

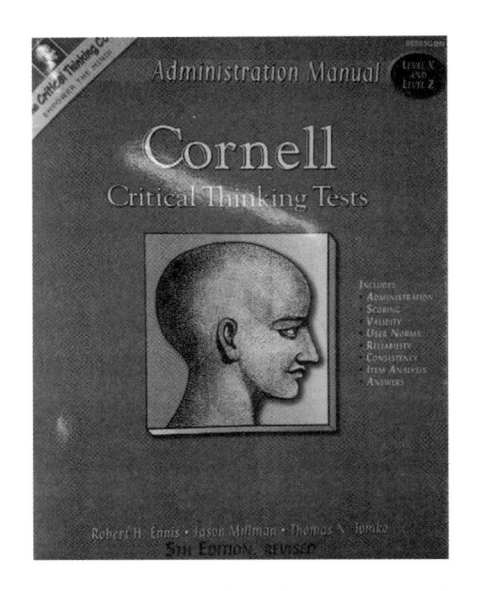

图 3–1 《X 阶段康奈尔批判性思维量表》封面一

图 3–2 《X 阶段康奈尔批判性思维量表》封面二

量表测试内容围绕具体的问题情境展开，共由归纳（假设性测试）、观察判断信息来源的可信度、推理演绎和验证猜想四部分组成，总共 76 题（含 5 道已给出答案的提示题），需要回答 71 题，量表问卷每题 1 分，总分为 71 分。其中假设性测试部分（归纳部分，3—25 题，满分 23 分）、观察判断信息来源的可信度部分（27—50 题，满分 24 分）、推理演绎部分（52—65 题，满分 14 分）及猜想验证部分（67—76 题，满分 10 分），量表的及格参考分数为 37 分①，量表具体结构分布与题号的对应情况如表 3–2 所示。为保证量表内容维度与 FRISCO 要素的一致性，在不删减量表内容的情况下对个别内容顺序结构进行了调整，使用前对量表的信度和效度进行了检测。

---

① Ennis, R. H. & Millman, J. (2005), Cornell Critical Thinking Test Level X Fifth Edition. USA：TheCritical Thinking. Co.

表 3 – 2　　　　　X 阶段康奈尔批判性思维量表的构成情况

试卷构成部分	对应 CT 要素	对应题号	总题数	备注
假设性测试	联系问题情境	3—15	13	1、2 为例题
	确定问题实质	16—25	10	
观察判断信息来源的可信度	相关因素分析	27—40	14	26 为例题
	厘清问题要素	41—50	10	
推理演绎	提出解决方案	52—65	14	51 为例题
猜想验证	系统评估方案	67—76	10	66 为例题

（二）《X 阶段康奈尔批判性思维量表》的数字化 APP 开发制作

君欲善其事，必先利其器。为满足开展大规模批判性思维测量研究的需要，也为了进一步提高调查问卷的发放与回收的效率和数据统计的效率及效果，研究者对《X 阶段康奈尔批判性思维量表》进行了数字化处理，以方便面向远程被测对象进行在线测查和研究人员在线回收并统计测查数据。

1. APP 开发制作的流程

对《X 阶段康奈尔批判性思维量表》进行的数字化处理工作主要包括两个部分，一是对《X 阶段康奈尔批判性思维量表》的电子文稿建设完成数据库文件，二是将量表的数据库文件生成基于智能手机支持系统应用程序，即 CT-APP 应用程序。

在生成数据库文件过程中，选用了 MYSQL 开发工具进行数据开发，生成的数据具有对被测单独样本进行即时统计赋分功能和对被测整体样本进行统计分析功能，同时还能对每道测试题的回答情况进行统计分析。

在 CT-APP 应用程序的制作中，选用了 HTML5 工具进行程序的开发与制作，并针对生活中使用比例较高的安卓（Android）智能手机系统生成了以".apk"为扩展名的 CT-APP 文件（如图 3 – 3 所示），以方便使用者在安卓智能手机系统上安装使用，该文件大小为 1.95M，为使用者节省了手机的内存空间。同时，为方便使用的下载和安装，特向使用提供了网址链接（https：//gs.＊＊＊＊/quiz/app/，因考虑版权，所以隐去部分信息）和扫描二维码（如图 3 – 4 所示，因考虑版权，所以隐去部分信息)两种下载方式。

图 3-3　CT-APP 安装文件　　图 3-4　CT-APP 安装文件二维码

2. APP 的应用

(1) 问卷填答应用

通过上面提供的网址链接或扫描二维码的方法下载并进行程序安装,安装完《X 阶段康奈尔批判性思维量表》APP 程序后会在手机界面存有程序应用快捷链接图标(如图 3-5 所示)。《X 阶段康奈尔批判性思维量表》APP 程序与其他手机 APP 应用程序的使用类似,点击图标进入量表应用程序后,会进入程序操作界面(如图 3-6),应用人员根据题干内容在备选项的前面进行点击选择即可(如图 3-7、图 3-8 所示),操作过程中程序会自动翻页,并在页眉的上端有"题目总数"和"已选择(已完成题目数量)"信息提示,防止出现漏答现象。当题目全部回答完毕后,在界面最后有"提交"程序按钮,点击"提交"后则完成测试活动,界面选项不能更改。

(2) 问卷统计应用

当测量活动结束后,统计人员可通过 APP 程序进行统计和分析,主要包括题项统计和得分统计两个部分。关于题项统计,可针对每道题的回答情况进行统计,可精确到每道题的各备选项分别有多少人进行选择(如图 3-9 所示),便于针对每道题的回答情况进行统计分析,而且还可聚焦到每个选项的选择情况进行深入比较和分析。关于分数统计,可以对被测人员的成绩进行时间序列的比较,即对同一被测人员多次参加测试所取得的成绩进行比较,可以根据每个被测人员的批判性思维水平的发展轨迹进行可视化表达(如图 3-10 所示),便于对被测人员进行个性化分析和研究。

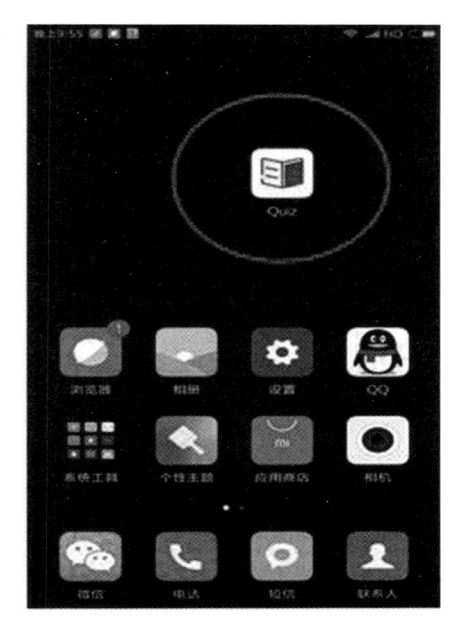

图 3-5　CT-APP 手机程序应用界面

图 3-6　CT-APP 量表的起始界面

图 3-7　CT-APP 量表的选项交互界面

图 3-8　CT-APP 量表测试的结束界面

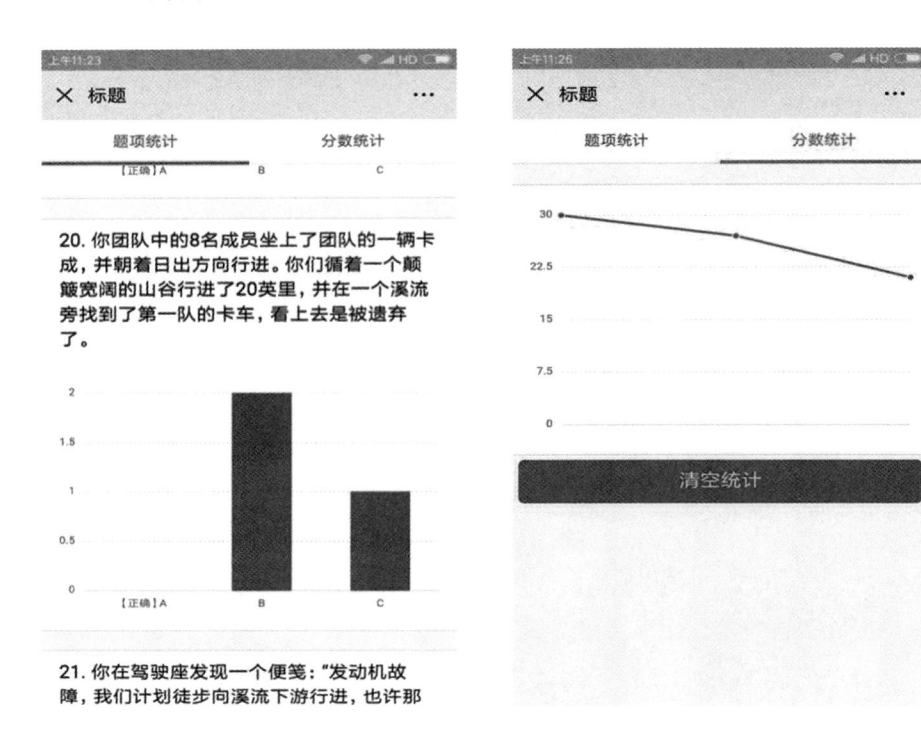

图 3－9　CT-APP 题项统计界面　　　　图 3－10　CT-APP 分数统计界面

综上，通过对《X 阶段康奈尔批判性思维量表》的中文翻译和完善以及量表 APP 的开发制作，满足了面向初中生开展调查研究对测量工具的需求，特别是为开展大规模的在线测查提供了技术支持，也为调查数据的回收和统计提供了便利。

（三）关于初中作文教学现状的调查问卷

初中生作文学习现状调查问卷分为学生问卷和教师问卷两套，分别适用于初中生和初中语文教师两类人群。学生问卷总共 11 题，主要关注学生对作文学习的理解、在作文学习中存在的困难、喜欢的评改作文方式、希望运用的学习技术手段等，具体试题题目参见数据分析部分。教师问卷共计 11 题，主要包括对作文教学重点的理解、教学中存在的困难、作文教学的教学方法及评价方式等，具体试题题目参见数据分析部分。初中生作文学习现状调查问卷主要针对目前初中语文教学中的教学活动设计与实施，以及教学中存在难点问题进行调查研究，为有针对性地进行实践研究提供参考数据。

第二节 数据分析

一 初中生批判性思维发展水平

（一）《X阶段康奈尔批判性思维量表》的信度和效度分析

在正式开展调查研究之前，为确保《X阶段康奈尔批判性思维量表》能够科学准确地对初中生进行有效测查，首先对《X阶段康奈尔批判性思维量表》的信度和效度进行检验。通过在吉林省某初中选取了156同学作为样本测试，发放测试量表156份，收回有效填写量表148份，有效样本量占95%。

关于量表的信度统计分析：克朗巴哈阿尔法系数为0.898（见表3-3），该值大于0.8的表示信度较好，说明该量表信度较高。

表3-3　　　　　　　　可靠性统计量

Cronbach's Alpha	基于标准化项的Cronbach's Alpha	项数
0.896	0.898	71

关于量表的效度统计分析：KMO检验统计量表示是否适合做因子分析，该量表KMO值为0.826（见表3-4）（KMO值大于0.9非常适合做因子分析、0.8—0.9之间很适合做因子分析、0.7—0.8之间适合做因子分析），说明适合做因子分析。且巴特利特球形度检验中，P值为0（见表3-4）（小于0.05，且小于0.01），表示差异极其显著，适合做因子分析。

表3-4　　　　　　　　KML和Bartlett的检验

取样足够度的Kaiser-Meyer-Olkin度量	0.826
Bartlett的球形度检验近似卡方	5245.657
df	2573
Sig.	0.000

将71个题项输入进SPSS因子分析中采用主成分分析法得到的结果为：每个题项的公因子方差都大于0.6（见表3-5），提取24个公共因子，累计方差解释量达到68.067%，一般教育测量统计达到60%以上为良好（见表3-6），另参见陡坡检验结果碎石图（见图3-11）。上述数据表明该量表的效度较好。

表3-5　　　　　　　　　　　　　　公因子方差

	初始	提取		初始	提取		初始	提取		初始	提取
V1	1.000	0.743	V2	1.000	0.739	V3	1.000	0.693	V4	1.000	0.700
V5	1.000	0.763	V6	1.000	0.627	V7	1.000	0.657	V8	1.000	0.669
V9	1.000	0.627	V10	1.000	0.626	V11	1.000	0.715	V12	1.000	0.776
V13	1.000	0.680	V14	1.000	0.705	V15	1.000	0.663	V16	1.000	0.705
V17	1.000	0.696	V18	1.000	0.619	V19	1.000	0.738	V20	1.000	0.685
V21	1.000	0.681	V22	1.000	0.681	V23	1.000	0.712	V24	1.000	0.687
V25	1.000	0.704	V26	1.000	0.631	V27	1.000	0.694	V28	1.000	0.683
V29	1.000	0.711	V30	1.000	0.618	V31	1.000	0.675	V32	1.000	0.730
V33	1.000	0.741	V34	1.000	0.740	V35	1.000	0.700	V36	1.000	0.639
V37	1.000	0.662	V38	1.000	0.719	V39	1.000	0.663	V40	1.000	0.613
V41	1.000	0.630	V42	1.000	0.739	V43	1.000	0.800	V44	1.000	0.675
V45	1.000	0.636	V46	1.000	0.715	V47	1.000	0.679	V48	1.000	0.663
V49	1.000	0.683	V50	1.000	0.685	V51	1.000	0.698	V52	1.000	0.633
V53	1.000	0.698	V54	1.000	0.681	V55	1.000	0.670	V56	1.000	0.692
V57	1.000	0.666	V58	1.000	0.667	V59	1.000	0.601	V60	1.000	0.643
V61	1.000	0.636	V62	1.000	0.658	V63	1.000	0.614	V64	1.000	0.616
V65	1.000	0.647	V66	1.000	0.609	V67	1.000	0.698	V68	1.000	0.704
V69	1.000	0.623	V70	1.000	0.709	V71	1.000	0.699	V72	1.000	0.677

表3-6　　　　　　　　　　　　　　解释的总方差

成分	初始特征值			提取平方和载入		
	合计	方差百分比（%）	累积计百分比（%）	合计	方差百分比（%）	累积计百分比（%）
1	9.611	13.348	13.348	9.611	13.348	13.348

续表

成分	初始特征值			提取平方和载入		
	合计	方差百分比（%）	累积计百分比（%）	合计	方差百分比（%）	累积计百分比（%）
2	6.154	8.547	21.895	6.154	8.547	21.895
3	2.721	3.780	25.674	2.721	3.780	25.674
4	2.158	2.998	28.672	2.158	2.998	28.672
5	2.026	2.814	31.486	2.026	2.814	31.486
6	1.948	2.706	34.192	1.948	2.706	34.192
7	1.878	2.609	36.801	1.878	2.609	36.801
8	1.725	2.396	39.197	1.725	2.396	39.197
9	1.653	2.296	41.492	1.653	2.296	41.492
10	1.647	2.287	43.779	1.647	2.287	43.779
11	1.533	2.129	45.909	1.533	2.129	45.909
12	1.441	2.002	47.911	1.441	2.002	47.911
13	1.435	1.993	49.903	1.435	1.993	49.903
14	1.429	1.985	51.888	1.429	1.985	51.888
15	1.371	1.904	53.792	1.371	1.904	53.792
16	1.271	1.765	55.557	1.271	1.765	55.557
17	1.258	1.747	57.305	1.258	1.747	57.305
18	1.201	1.669	58.973	1.201	1.669	58.973
19	1.174	1.631	60.604	1.174	1.631	60.604
20	1.129	1.568	62.172	1.129	1.568	62.172
21	1.106	1.536	63.708	1.106	1.536	63.708
22	1.067	1.483	65.190	1.067	1.483	65.190
23	1.044	1.450	66.641	1.044	1.450	66.641
24	1.027	1.426	68.067	1.027	1.426	68.067
25	0.968	1.344	69.411			
…	…	…	…			

碎石图

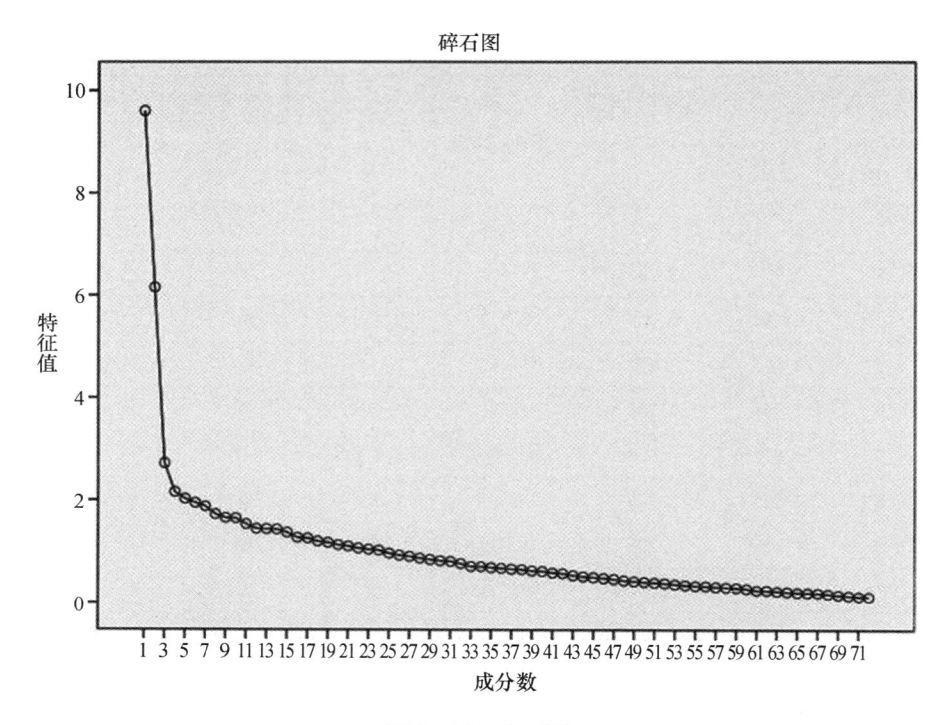

图 3-11　碎石图

对有效样本进行数据统计，并对量表得分数据进行 K—S 检验，最极端差别（峰度偏度）的绝对值为 0.087（见表 3-7）、小于 1，且渐近显著性概率（双侧）为 0.096（见表 3-7）、大于 0.05，说明样本数据服从正态分布，进而也证明了量表的信度及效度较高。直方图（如图 3-12）也印证了这一分析结果。

表 3-7　　　　　　　　单样本 Kolmogorov-Smirnov 检验

	得分
N	148
正态参数[a,b] 均值	40.253
标准差	9.626
最极端差别绝对值	0.087
正	0.059

续表

	得分
负	-0.082
Kolmogorov-Smirnov Z	1.175
渐近显著性（双侧）	0.096

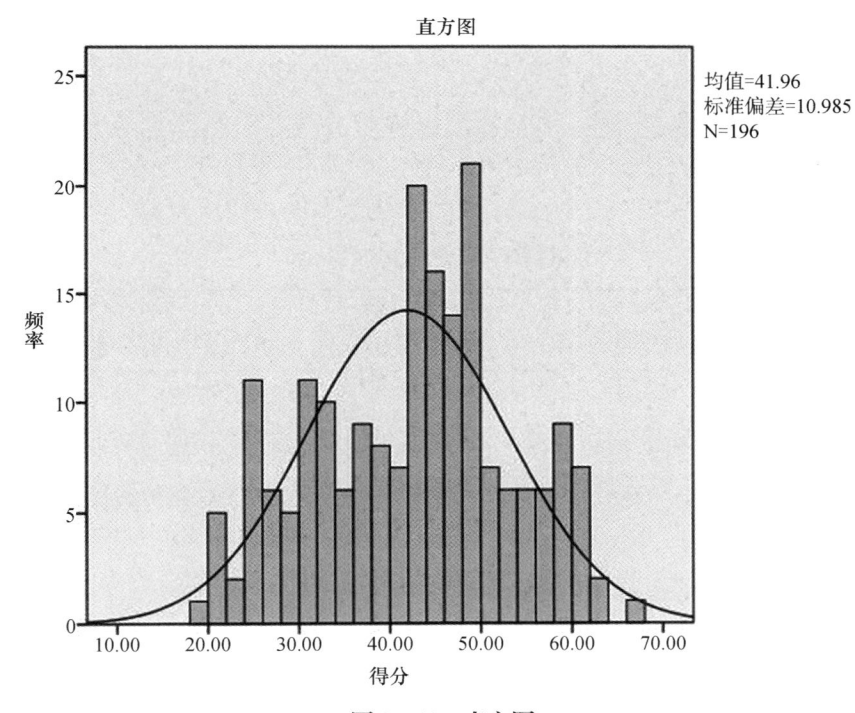

图 3-12 直方图

为进一步精确分析量表的使用效度，对量表的结构效度进行了验证性因素分析（CFA）。针对量表的结构效度，我们对量表的各维度相关系数进行统计分析，其 KMO 值的各项均值均在 0.587 以上（>0.5），说明量表的效度较高（见表 3-8）；同时，我们进一步对量表进行了验证性因素分析（CFA），结果表明模型拟合良好（见表 3-9）（卡方自由度比值 X^2/Df 处于 1—3 之间，五项适配指数均 >0.9，近似误差均方根 RMSEA > 0.5），量表具有良好的结构效度。

表 3-8　　　　　　　　　　量表各维度间相关性分析

	问题情境	确定问题	因素分析	厘清要素	提出方案	系统评估	量表总分
问题情境	1						
确定问题	0.784**	1					
因素分析	0.621**	0.728**	1				
厘清要素	0.796**	0.695**	0.593**	1			
提出方案	0.601**	0.587**	0.783**	0.801**	1		
系统评估	0.625**	0.713**	0.725**	0.632**	0.754**	1	
量表总分	0.903**	0.912**	0.901**	0.898**	0.925**	0.919**	1

注：** $p<0.01$。

表 3-9　　　　　　　　　　量表验证性因素分析（CFA）

拟合指数	X^2/Df	CFI	NFI	GFI	IFI	RFI	RMSEA
指标值	2.983	0.921	0.937	0.916	0.925	0.933	0.068

综上，通过测试检验发现，《X 阶段康奈尔批判性思维量表》具有较高的信度和效度，能够对初中生批判性思维水平进行科学有效测量，可以作为调查工具进行使用。

（二）初中生批判性思维发展水平测查数据

通过面向吉林、山东、江苏、上海、辽宁、内蒙古六个省（区、市）7 所学校的 852 名初中生开展批判性思维量表测查，分别对每所学校学生的得分情况进行了统计，统计数据如表 3-10 所示。

表 3-10　　　　　　　　　　各校学生得分的分布统计情况

学校	平均分	标准差	中数	众数	最小值—最大值	全距	不达标人数占比（参考值为37分）
JLA	40.06	3.92	42	40	24—50	26	31%
JLB	41.16	5.06	42	39	28—52	24	30%
SD	40.35	4.26	41	40	26—51	25	31%
JS	40.51	4.39	42	41	28—52	24	30%

续表

学校	平均分	标准差	中数	众数	最小值—最大值	全距	不达标人数占比（参考值为37分）
SH	41.27	4.53	42	42	25—51	26	29%
LN	41.02	4.07	41	41	27—51	24	30%
NM	40.08	3.98	41	40	23—50	27	32%

调查发现，来自6个省（区、市）7所学校的852名被调查学校学生的平均分均在40—41分，其平均得分已达到37分的参考分值，说明初中生整体平均分值已达到标准值，但整体水平不高。从各校数据的统计指标"全距"一项可以看出，学生之间的批判性思维发展水平参差不齐、存在较大的差异，甚至个别学生之间的得分有多达27分之差，少则也有24分的差距。另外，对7所学校不达标学生人数占被调查学生总数的比例来看，其不达标人数占比均在29%—32%，说明有近三分之一的学生达不到标准数值，不达标人数所占比例较大。上述数据表明，我国初中生批判性思维发展水平不均衡现象明显，两极分化问题突出。

同时，我们还分别批判性思维量表的六个维度的得分率进行了统计（如图3-13所示），发现联系问题情境维度的得分率为69%，确定问题实质维度的得分率为65%，提出问题解决方案维度的得分率为61%，相关因素分析维度的得分率为41%，厘清问题要素维度的得分率为38%，系统评改方案维度的得分率为28%，可见相关因素分析、厘清问题要素和系统评改方案三个维度的得分率过低，是影响批判性思维整体水平的短板。

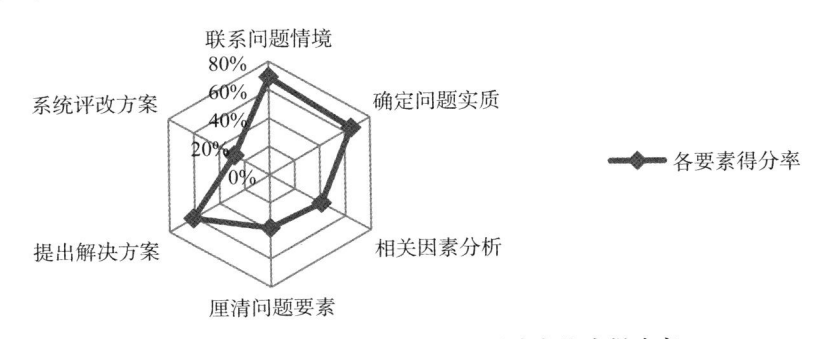

图3-13 学生在批判性思维测试中各维度得分率

综合上述调查，发现初中生批判性思维的整体水平不高，个体间批判性思维发展水平差距悬殊，厘清问题要素、相关因素分析、系统评改方案三个维度是初中生批判性发展的短板。所以，如何借助现有的学科教学来解决调查中发现的三个方面的问题，如何有效运用技术手段来提升教学效果，已经成为初中阶段教育教学工作亟须解决的现实问题，也是青少年人才培养工作中亟待解决的问题。

二 初中生作文教学现状调查

中国现代写作学研究会副会长潘新和教授曾在2015年面向云南、江苏和浙江三省20所学校的近11000名中学生进行了关于"作文教学现状"的问卷调查，调查数据表明有超过三分之一的学生"不喜欢写作文"，"害怕写作"的学生占比达到了三成之多，而"喜欢写作"的学生占比仅达四分之一，"很喜欢写作"的学生之比更是仅仅占到了6.7%。[①]这一组数据直观地呈现了中学阶段的作文教学现状，作文已经成为中学生的学习难题，甚至已经有三分之一的学生对作文写作产生厌恶情绪，可以说作文教学已经成为中学语文教学的难点。

针对中学阶段作文教学难题现象，我们对初中阶段的作文教学现状开展了调查研究工作，主要以初中生和初中语文教师为调查对象。针对学生，我们面向吉林、山东、江苏、上海、辽宁、内蒙古六个省（区、市）的初中生围绕学生们对学习作文写作的态度、目的、困难和希望等开展了问卷调查活动，共发放和回收调查问卷1300份，其中有效问卷1257份，有效问卷样本量占97%；针对教师，同样面向上述六个省份的初中语文教师围绕作文教学的重点、难点、频率、方法等进行了问卷调查，共发放和回收调查问卷72份，其中有效问卷68份，有效问卷样本量占94%。

（一）调查问卷的信度与效度

关于问卷的信度检验：通过数据检验发现，学生问卷和教师问卷的

[①] 邹畅：《思维可视化在初中作文教学中的应用》，硕士学位论文，贵州师范大学，2017年。

克朗巴哈阿尔法系数分别为 0.837 和 0.841（见表 3-11），该值大于 0.8 的表示信度较好，说明学生问卷和教师问卷的信度较高。

表 3-11　　　　　　　　　　可靠性统计量

	Cronbach's Alpha	基于标准化项的 Cronbach's Alpha	项数
学生问卷	0.834	0.837	11
教师问卷	0.839	0.841	11

关于问卷的效度检验：问卷的效度检验采用了专家鉴定法，请相关领域的专家对学生调查问卷内容的有效性进行鉴定。根据专家鉴定意见和建议，相应修改和调整问卷设计内容。效度检验专家的情况信息和检验结果分别见表 3-12 和表 3-13，检验结果证明学生问卷和教师问卷的效度较高。

表 3-12　　　　　　　　效度检验专家情况（n=9）

	教授（正高级教师）	副教授（高级教师）	共计	高校教师	初中教师	共计
人数	4	5	9	5	4	9
百分比（%）	44	56	100	56	44	100

表 3-13　　　　　　　　问卷效度检验结果（n=9）

	非常有效	有效	基本有效	不太有效	无效
学生问卷	6	2	1	0	0
教师问卷	5	3	1	0	0

（二）关于学生调查问卷的数据分析

1. 学生对作文课程的态度

关于学生对作文课的喜欢程度的调查数据显示，选择"非常喜欢"的学生人数占被调查学生总数的 4.9%，选择"喜欢"的占 16.7%，"有时候喜欢"的占 42.1%，选择"不喜欢"的占 36.3%，如图 3-14 所示。

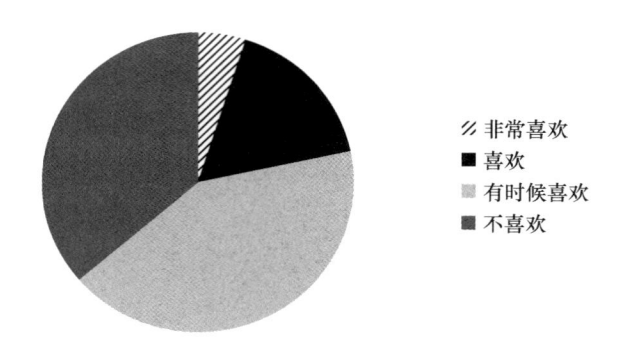

图 3-14　学生喜欢作文课程度的占比

其中不喜欢作文课的学生人数占到了 36.3%，已经超过了学生总数的三分之一，说明学生不喜欢作文课已经不是个别现象，应该引起广大教育工作者的重视和关注；有 42.1% 的同学选择了"有时候喜欢"，这部分学生对于作文课的态度是不确定的，甚至可以说是模糊的，对于这部分学生需要加以正确的引导，使之成为喜欢作文课程的稳定群体；选择"喜欢"和"非常喜欢"的学生仅占 16.7% 和 4.9%，二者之和仅为 21.6%，可见仅有少数人喜欢作文课。综合这一组数据，我们发现目前初中生不喜欢作文课已经成为一种教学现象，且人数比例多达三分之一以上，另外还有四成以上的学生对作文课的态度不够稳定，这不利于学生作文水平的提高和作文教学质量的提升。所以应该加快初中作文课程的教学改革，进一步端正和提高学生对作文写作的学习态度和学习兴趣。

2. 学生的写作目的

关于学生写作主要目的的调查数据显示，有 19.6% 的学生选择了"为了完成作业"，有 21.2% 的学生选择了"为了应对考试获得高分"，有 33.5% 的学生选择了"为了提高作文写作技巧"，有 13.3% 的学生选择了"为了记录生活和表达思想情感"，有 4.7% 的学生选择了"写给他人看（交流）"，有 6.3% 的学生选择了"展现自己的才华"，并且有 1.4% 的学生选择了"其他原因"，具体情况如图 3-15 所示。

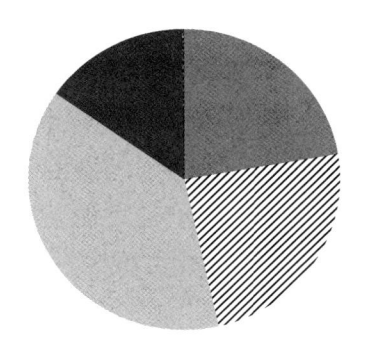

第三章　面向初中阶段写作教学及学生批判性思维发展水平的调查 / 77

- 为了完成作业
- 为了应对考试获得高分
- 为了提高作文写作技巧
- 为了记录生活和表达思想情感
- 写给他人看（交流）
- 展现自己的才华
- 其他原因

图 3-15　学生各种写作目的的比例分配

从调查数据分析，学生为了提高写作技巧是其写作的主要目的，持这一学习目的的学生占三分之一；然而为了应付考试和完成作业的学生分别占 21.2% 和 19.6%，其占比数值排在了第二、三位，显然这两部分学生的写作目的脱离了作文本身，在一定程度上属于被动的学习活动，不利于写作水平的训练和提高；同时有 13.3% 和 4.7% 的学生写作的目的是记录生活和表达思想感情、与他人交流，这是作文写作教学的根本目的之所在，持这两种写作目的的学生有助于更好地练习写作进而提高作文水平。从数据得知，以应付为目的而被动写作的学生所占比例达到了 40.8%（为了应付考试和完成作业的学生占比之和），说明受到学习态度和考试压力影响，有较大部分的学生学习写作仅出于应付目的，这类学生的学习是被动的，亟须改正其学习目的，变被动为主动，只有这样才能促进作文教学的有效改革。

3. 学生擅长的作文类型

关于学生擅长写作的文章类型调查数据如图 3-16 所示，擅长写记叙文的占 39.3%，擅长写说明文的占 32.5%，擅长写议论文的占 19.8%，擅长写抒情散文的占 3.6%，擅长写诗歌的占 3.2%，有 1.6% 的学生选择了其他文章类型。

从调查数据的比较分析，记叙文、说明文和议论文是排在前三位的文章类型，说明学生对这三种文章类型的写作相对熟悉，这与初中语文教学的实际情况基本一致，也满足了初中语文课程标准要求。但我们发现，议论文是这三类文章类型中所占比值最小的一类，说明相对记叙文

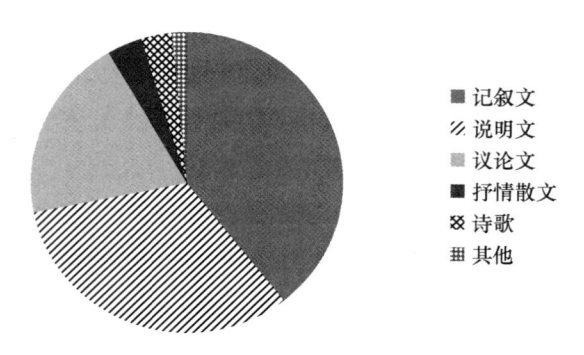

图 3-16　学生擅长写作文章类型的比例分布

和说明文而言，初中生对议论文写作的熟练程度还较弱，需要在今后的初中语文教学活动中予以重视和进一步的加强。

4. 学生存在的写作困难

关于学生存在的写作困难的调查中，学生目前面临的困难也是多种多样，所以将该题设为多项选择题。其中由于思维打不开而不知道写什么的学生占 28.6%，知道写什么但不知如何表达的学生占 42.8%，觉得文章没有思想的占 27.1%，觉得语言不够生动的占 56.2%，不知如何写开头的占 29.5%，不会拟题的占 37.9%，写作作品缺少新意、思路大众化的学生占 46.9%，作文情节臆造、脱离生活实际的学生占 54.7%，同时还有 3.2% 的同学存在其他困难，具体情况如图 3-17 所示。

从调查数据看，学生在写作过程中语言不够生动这一问题的认同率最高，其次是写作内容主观臆造，脱离生活实际，这两个问题的认同分别是 56.2% 和 54.7%，均已超过半数。其他问题的认同比例按由高到低的顺序，依次是写作缺少新意、不知如何表达、不会拟题、不会写开头、思维打不开、文章没思想和其他问题。由于作文写作是语文学科综合能力的运用和体现，所以语言运用的生动与否直接受语文综合能力的影响，故提高作文语言生动性是写作训练的核心问题，也是永久的话题。由于受到应试教育的影响，通常教师习惯教授写作模式或模板，学生基本经常生搬硬套，导致写出来的作品多主观臆造、脱离实际，失去了表达思想和交流情感的本质属性。其余几个问题均属于作文本体性能力范畴，特别是有 28.6% 的学生存在思维打不开问题，说明培养学生思维是写作

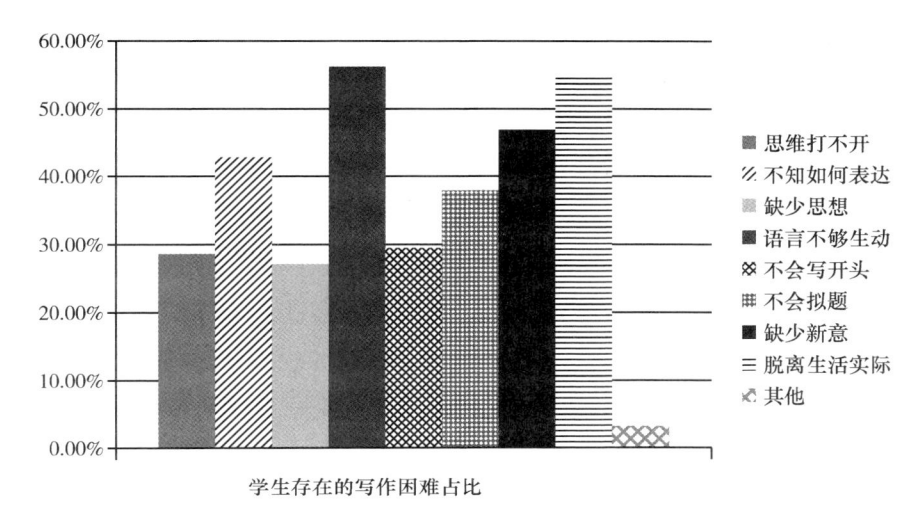

图 3-17 学生存在的写作困难种类占比

教学的重点和难题。

5. 认为教师的作文教学对自己的帮助程度

关于对教师的作文教学对自己帮助的认可程度方面，有 15.2% 的学生认为"有很大帮助"，有 29.1% 的学生认为"有一定帮助"，有 25.6% 的学生认为"有点帮助"，有 30.1% 的学生认为"几乎没有帮助"，相关具体比较数据如图 3-18 所示。

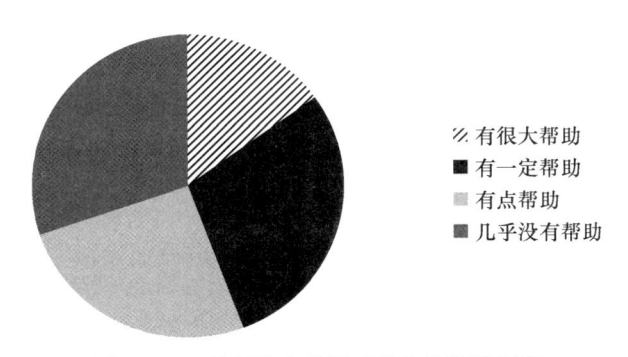

图 3-18 教师作文教学对学生的帮助程度

从调查数据分析得知，仅有 15.2% 的学生认为有很大帮助，而且有 30.1% 的学生认为几乎没有帮助，说明多数学生认为教师的作文教学效果不够明显，也让我们意识到初中作文教学改革的必要性和紧迫感，有必要从教学内容、教学方法、媒体应用和教学流程等方面进行系统改革，从而提高作文教学的有效性和学生的作文写作水平。

6. 对评改后作文的处理方式

关于对评改后作文的处理方式统计结果如图 3-19 所示，有 13.4% 的学生几乎不看修改后的作文，有 34.6% 的学生只看分数和评语，有 37.3% 的学生会重读自己的文章，有 14.7% 的学生会重读自己的文章并反复修改。

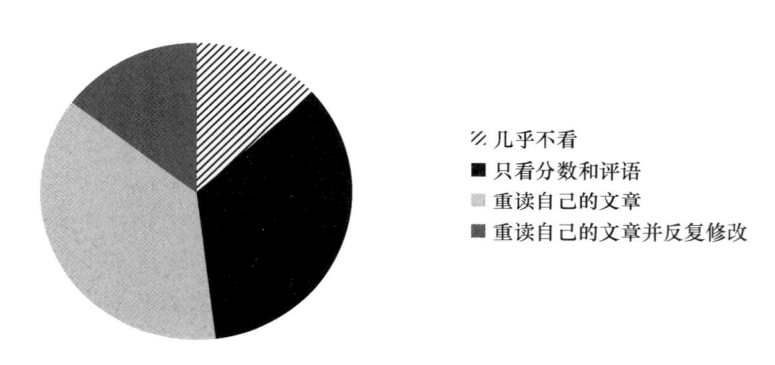

图 3-19 对待评改后作文的处理方式

调查发现，学生对作文评改的重视程度不足，只有 14.7% 的学生会在作文评改后进行重读并进行反复修改，更多的同学仅仅浏览分数和评语或者重读一下文章而已，甚至还有 13.4% 的学生几乎不看修改后的作文，这种学习方式和学习态度急需改正。

7. 希望老师如何来指导作文

在作文写作学习过程中，学生希望教师如何来指导自己的作文，调查数据如图 3-20 显示：有 11.4% 的学生希望老师不提写作要求、仅提供必要的指导，并且让学生对自己完成的作文进行自评；有 10.3% 的学生希望老师只提写作要求而不做具体指导，完全由学生自主完成整个写作学习活动；有 17.2% 的学生希望老师能够在作文审题方面给予帮助和指导；有 23.5% 的学生希望在写作训练过程中能够让学生之间进行讨论交流；有 24.6% 的学生希望老师能够提供相关材料来启发自己的思维；

还有 24.4% 的学生希望老师能够提供相关范文来引导和开拓思路。

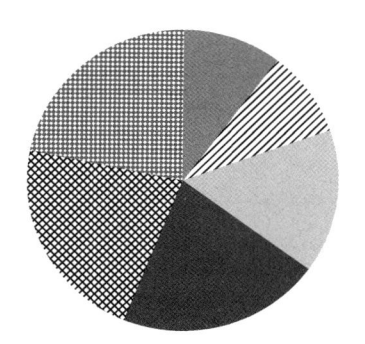

图 3-20　学生希望教师提供帮助种类的汇总分析

从调查数据比较分析得知，学生主要希望教师能够提供相关材料和范文来启发思维与开拓思路，并且希望在写作中与学生进行交流和协作，主要是为了解决前面调查中的无法打开写作思维的问题。

8. 喜欢的作文评改方式

关于学生喜欢的作文评改方式的调查中，有 23.8% 的学生喜欢老师评改为主、学生互评为辅的评改方式，有 35.3% 的学生喜欢同学互相评改、老师提供必要指导的评改方式，有 16.1% 的学生喜欢老师评改、学生听讲的评改方式，有 24.8% 的学生喜欢小组互评、组长点评的评改方式，具体数据情况如图 3-21 所示。

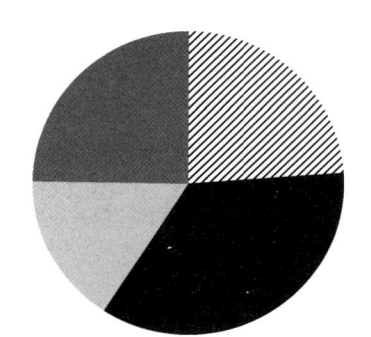

图 3-21　学生喜欢的作文评改方式汇总

9. 希望教师在作文学习中提供的技术手段

学生在作文学习中需要借助一些学习技术手段，在调查学生希望教师提供哪些技术手段的数据中，希望教师提供思维可视化工具以方便厘清思维的学生达到 32.7%，希望教师提供网络学习平台以方便讨论和交流的学生达到 34.9%，希望教师提供作文案例库专题网站的学生达到 28.4%，还有 4% 的同学选择了其他技术手段，具体数据如图 3-22 所示。

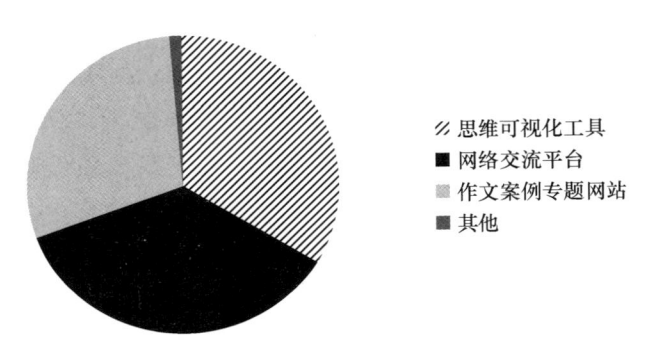

图 3-22 学生希望教师提供的技术手段汇总

调查数据比较发现，除少部分学生需要作文案例网站这一平台外，学生主要希望在写作学习中教师能够为其提供网络交流平台和思维可视化工具，可见学生希望能够拓宽交流渠道和平台，用来与教师和学生进行思维交流和讨论；同时学生希望借助思维整理工具来厘清写作思维。可见学生写作过程中主要针对思维活动的需要来提出学习技术需求，所以在后续教学实践改革中应重视思维和交流工具提供和使用。

10. 认为能够提高作文能力的方法或途径

该题是开放性问题，主要调查学生认为能够提高作文能力的方法和途径有哪些。通过归纳整理发现，学生们主要提出了以下几点提高作文能力的方法和途径（如图 3-23）：一是更多关注生活实事，大量积累写作素材；二是大量阅读作文范文，借鉴学习写作方式方法；三是加大写作练习的频度和力度，积累写作经验和技巧；四是进行深入学习讨论和交流，借鉴他人观点和经验。

11. 给教师提出的建议

第三章 面向初中阶段写作教学及学生批判性思维发展水平的调查 / 83

图表内容：
- 更多关注生活实事，大量积累写作素材
- 大量阅读作文范文，借鉴学习写作方式方法
- 加大写作练习的频度和力度，积累写作经验和技巧
- 进行深入学习讨论和交流，借鉴他人观点和经验

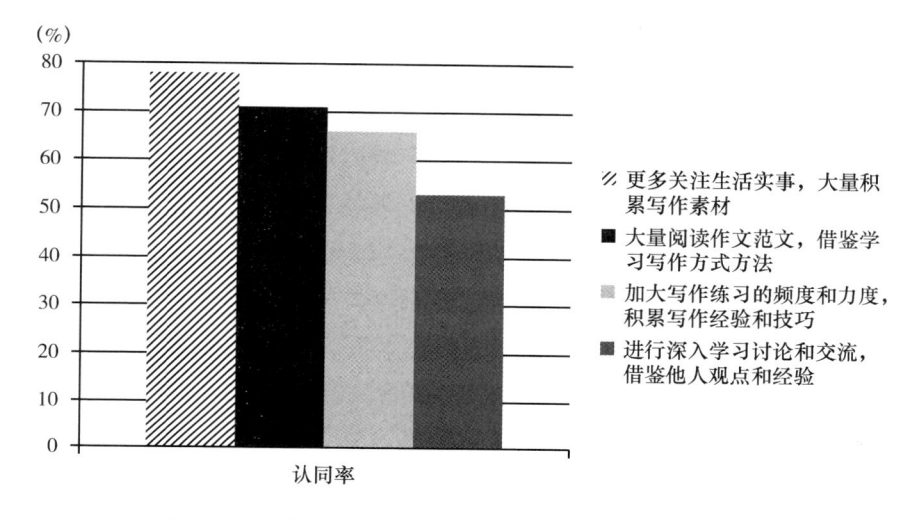

图 3-23 学生认同的提高作文写作能力的方法或途径

该题同样是开放性问题，学生纷纷给教师的作文教学提出了相关建议，主要建议包括以下几个方面（如图 3-24）：一是建议教师能够在写作思维训练方面给予指导和帮助，提供必要的学习支架；二是建议教师能够针对学生的个性化问题进行有针对性的教学和指导；三是建议教师在作文评改时给予学生更多的主动权，增加自评和互评的机会；四是建议教师为学生创造丰富的交流环境和途径，便于学习交流和讨论；五是希望教师能够提供更多有助于写作学习的媒体和技术。

12. 小结

通过整理学生调查问卷发现，在初中作文教学活动中存在严重的厌学现象，在厌学情绪和考试压力等因素的影响下，学生的学习动机更多是出于被动的"应试"和"应付"。由于学生接触和学习作文题材的时间先后顺序和时间长短等差别，初中生相对更擅长记叙文和说明文两种文体的写作，议论文作为初中阶段新接触的文体，还有待进一步的学习和加强。目前学生在作文写作中主要存在语言不够生动、脱离生活实际、写作缺少新意、不知如何表达等困难，但教师的作文教学对学生的指导和帮助作用不够明显，学生希望教师能够在拓展写作思维方面给予帮助，

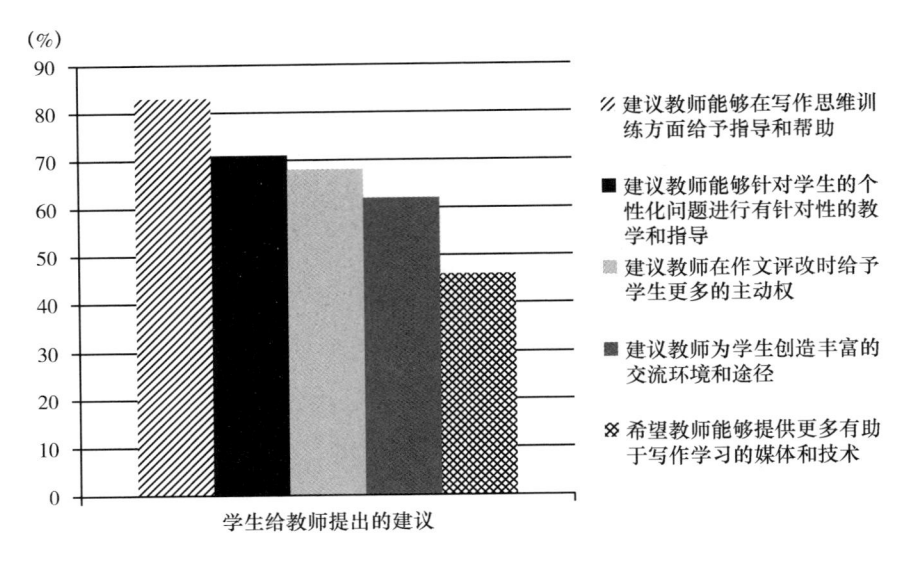

图 3-24　学生给教师提出的建议

同时也希望得到更多的思维交流和讨论机会。学生对作文评改的重视程度和学习兴趣均显不足，以学生互评为主、教师指导为辅的评改方式是学生喜欢的主流，希望教师能够提供和补充网络交流平台和思维可视化工具等学习技术手段。上述调查数据，基本呈现了当前初中生作文学习的现状，发现了初中生作文学习过程中存在的问题，也从学生视角为语文教师提出了教学需求。综上，为初中教学实践改革提供了参考和借鉴。

（三）关于教师调查问卷的数据分析

1. 教师认为初中作文教学的重点内容

关于教师认为什么是初中作文教学重点的调查数据如图 3-25 显示，有 20.8% 的教师认为是审题立意，有 13.9% 的教师认为是拟题，有 16.2% 的教师认为是语言表达，有 6.1% 的教师认为是层次结构，有 9.5% 的教师认为是思想内容，有 22.3% 的教师认为是创新思维，有 11.2% 的教师认为是真情实感。

从调查数据统计得知，教师主要认为作文教学的重点应该是创新思维、审题立意和语言表达，同时也有教师认为拟题、思想内容、层次结

图 3 - 25 教师认为作文教学的重点内容统计

构和真情实感是作文教学的重点。可见，目前初中语文教师在作文教学的重点内容方面还没有达成共识，需要开展深入的交流、讨论和教学研究，进一步明确初中作文教学的重点内容，提高作文教学的有效性。

2. 作文教学时遇到的困难

关于教师在作文教学过程中遇到困难的调查中，有 8.7% 的教师选择了"学生缺乏必要的写作素养"，有 27.2% 的教师选择了"学生不感兴趣"，有 7.9% 的教师选择了"学生缺少写作方法上的指导"，有 26.8% 的教师选择了"学生写作思维方面的启而不发"，有 27.6% 的教师选择了"学生总想跟着别人的思维模式走"，还有 1.8% 的教师遇到了其他困难，具体情况如图 3 - 26 所示。

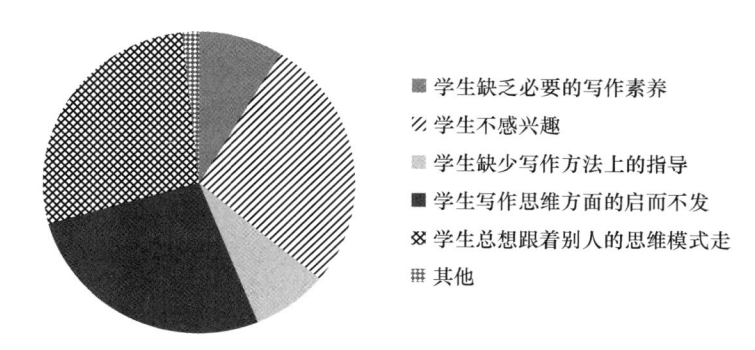

图 3 - 26 教师在作文教学中遇到的困难统计

从调查数据分析看，教师在开展作文教学时遇到的困难主要是"学生总想跟着别人的思维模式走"、"学生不感兴趣"和"学生写作思维方面的启而不发"，可以看到学生在写作思维能力方面的欠缺是主要的，同时也影响到了学生对作文课程的学习兴趣，二者是相互联系相互影响的。

3. 批判性思维能力与作文写作能力的关系

关于教师对批判性思维能力与作文写作能力二者关系认识的调查中，有 8.2% 的老师认为二者几乎没有关系，有 36.3% 的老师认为批判性思维能力对作文写作能力有促进作用，有 23.8% 的老师认为作文写作能力能够促进批判性思维能力的发展，还有 31.7% 的老师认为二者是相互促进相互影响的关系，具体情况如图 3-27 所示。

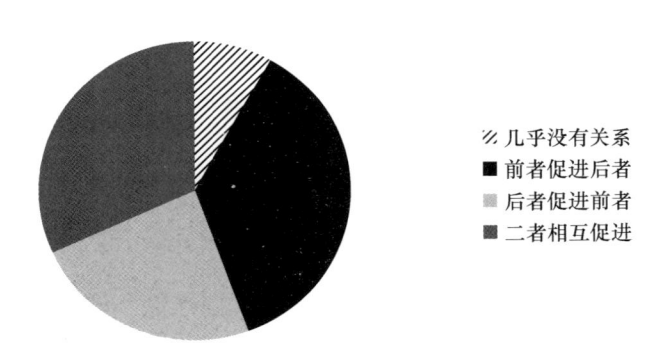

图 3-27 教师对批判性思维能力与作文写作能力之间关系的认识程度统计

通过调查得知，除了 8.2% 的教师认为批判性思维能力和作文写作能力二者没有关系外，其余教师均认为二者之间是存在促进关系的。超过三分之一的教师认为批判性思维能力对作文写作能力具有促进作用，这一观点占主流；还有超三成的教师认为二者之间是相互促进关系；剩余的二成多教师认为写作能力能够促进批判性思维能力的发展。可见，通过作文教学来发展批判性思维能力和作文写作能力这一观点和做法是初中语文教师群体的基本共识。

4. 编排作文教学内容的常用做法

在调查教师在编排作文教学内容的常用方法方面，有 31.8% 的老师在教学内容与教材单元写作活动设计保持一致，23.6% 的教师按照写作知识内在逻辑顺序来编排教学内容,有 13.7% 的教师根据学生的接收情况组织教学内容顺序,有 30.9% 的教师是按照自己的思路来设计教学内容的,具体情况如图 3-28 所示。

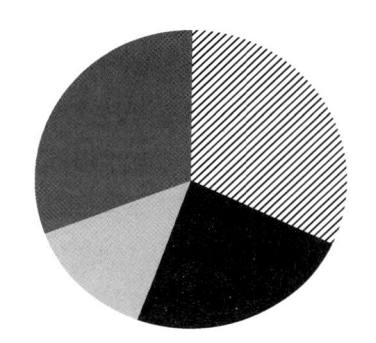

图 3-28 编排作文教学内容的常用方法统计

可见,在教学内容的组织编排方面,多数教师要么依据教材作者的编排顺序来进行,要么是按照教师个人的思路来进行,要么根据写作知识的内在逻辑顺序来进行,而仅有少部分教师能够结合学生的学习情况来组织教学内容,说明在作文教学中学生的主体地位还有待进一步加强和提高。

5. 教师每学期的作文教学次数

在调查教师每学期开展作文教学的次数方面,如图 3-29 所示,有 27.5% 的教师每学期能够开展 10 次以上的作文教学,有 34.3% 的教师每学期能够开展 8 次左右,有 38.2% 的教师每学期能够开展 5 次左右,不存在 3 次以下的情况。

从数据上看,有四分之一多的教师能够在一学期开展 10 次以上,达到了两周一次作文课的课程频率,更多的教师将每学期作文课的次数控制在了 5—8 次,不存在少于 3 次的极端现象。可见,虽然教师能够正确对待作文的课程教学,但在课程频率上还有待进一步提高。

6. 注重学生在作文课堂上的表现方面

教师在作文课堂教学中更注重学生的哪些表现呢?关于这个问题的调查数据如图 3-30 显示,有 30.6% 的教师更加注重学生对写作知识技

图 3 – 29　学期内教师开展作文教学次数的统计

能的理解和掌握，有 23.5% 的教师更加注重学生对写作思路的训练，有 32.3% 的教师更加注重学生对写作方法掌握，有 13.6% 的教师更加注重学生在写作思路的交流与调整。

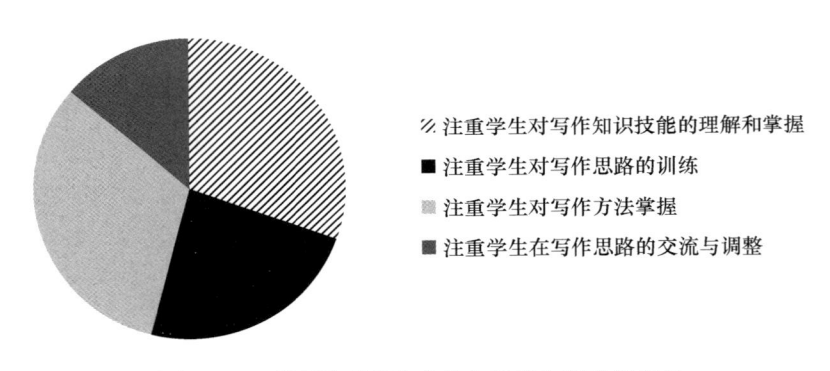

图 3 – 30　教师注重学生在作文课堂上的表现方面

比较分析调查数据后可知，当前语文教师在作文教学中更加注重学生对写作方法与写作知识技能的掌握和理解，有不到四分之一到教师注重对学生写作思路的训练，且注重学生写作思路交流与调整的教师仅有八分之一。可见教师在作文教学中仍然更多地注重于知识技能与方法的掌握，而对写作思路的训练没有给予足够的重视，特别是对通过评改等环节来交流和调整写作思路的认识和重视程度还有待加强和提高。

7. 认为自己在学生心目中的形象

关于教师认为在作文教学实践过程中自身在学生心目中的形象的调

查得知，认为自己在学生心目中形象是朋友或学伴的占 13.5%，认为自己在学生心目中形象是偶像或权威的占 21.5%，认为自己在学生心目中形象是领导或前辈的占 36.8%，认为自己在学生心目中形象是指导者或引路人的占 28.2%，具体情况如图 3-31 所示。

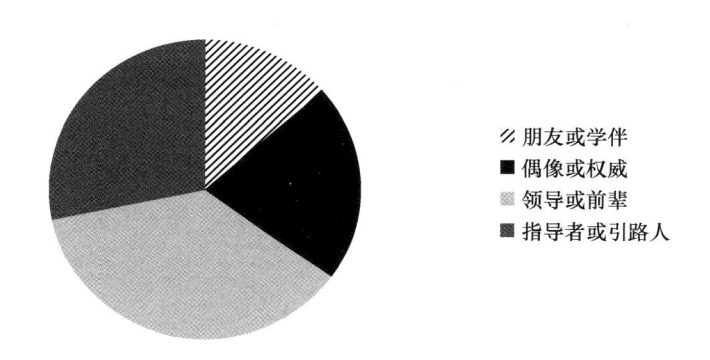

图 3-31　教师认为自己在学生心目中的形象

根据数据从高到低的顺序排列，分别是领导或前辈、指导者或引路人、偶像或权威、朋友或学伴，可见教师在作文课堂教学活动中更多的是以领导或前辈的身份出现的，很少以朋友或学伴的身份出现，说明教师在作文教学过程中多以说教、布置和管理为主，而缺少与学生平等对话、协作交流，这不利于及时了解学生在写作中存在的个性化问题，也不利于学生对作文写作思维、素养方面的反思与提高。

8. 认为学生在作文写作中存在的问题

调查中，教师认为学生在作文写作中主要存在以下几个问题（如图3-32 所示），一是学生在写作时不能围绕写作主题进行独立思考，经常按照已有格式或套路进行仿写，导致作文缺少真情实感；二是学生对作文初稿完成后的系统反思环节重视不足，没能对自己的思维表达进行逻辑审视，导致偶有跑题现象出现；三是学生普遍缺少质疑探究的意识和能力，对于专家观点或者名言警句只是一味地接受，不能结合自身的质疑和探究来对其进行有力地批判，导致写作的观点或结论缺少新意、落入俗套；四是学生的认知态度不够开放包容，普遍能够认同教师的评改意见或建议，认为同伴还不具备对自己作文评改的资历，导致不能客观地分析或接纳同伴的观点或建议；五是学生的合作学习能力不强，在合作中往往是独立作战，未能发挥各自的长处而形成合力。

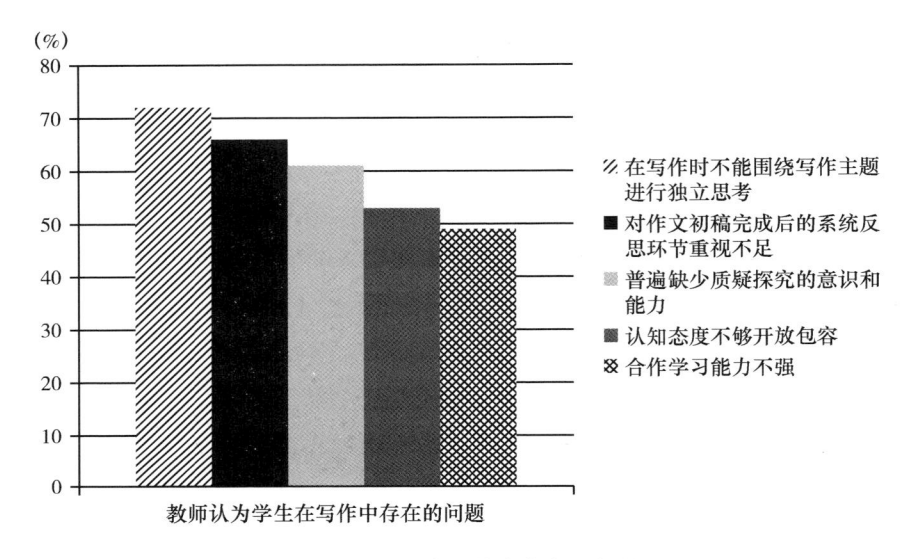

图 3-32　学生在写作中存在的问题

9. 教师布置作文的方式

关于教师通常情况下通过何种方式来给学生布置作文的调查中，如图 3-33 所示，7.1% 的老师会在布置题目后就让学生自己发挥，43.1% 的老师会全程指导审题立意、习作思维且加个别指导，10.2% 的老师集体指导一下就开始让学生写作文了，38.6% 的老师会规定层次结构、思想内容再让学生习作，1% 的老师是以其他方式进行的。

从调查数据可以看出，多数教师会全程指导立意、习作思维和个别指导，甚至会给学生写作前规定出层次结构和思想内容，可见教师的教学投入相对充足。但教师在学生写作前规定出层次结构和思想内容会局限学生的写作思维，不利于思维活动的打开；当然也不要放任学生或疏于指导，需要在作文指导方面把握好自主创作和个性指导的尺度。

10. 认为评改环节对提高学生作文水平的作用

关于教师对评改环节认识程度的调查中，如图 3-34 所示，有 7.1% 的教师认为评改环节对学生提高写作水平没有什么用，有 20.6% 的教师

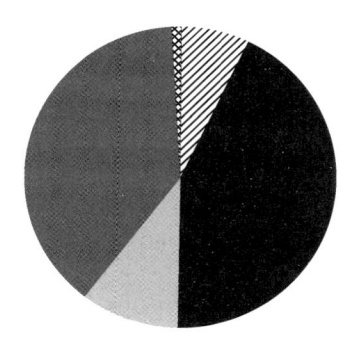

第三章　面向初中阶段写作教学及学生批判性思维发展水平的调查　/　91

- ▨ 在布置题目后让学生自己发挥
- ■ 全程指导审题立意、习作思维且加个别指导
- ▦ 集体指导一下就开始作文
- ■ 规定层次结构、思想内容再让学生习作
- ※ 其他

图 3-33　教师布置作文任务的方式

认为评改环节对学生提高写作水平有一点作用，有 41.6% 的教师认为评改环节对学生提高写作水平很有作用，有 30.7% 的教师认为评改环节对不同情况学生提高率差异较大。

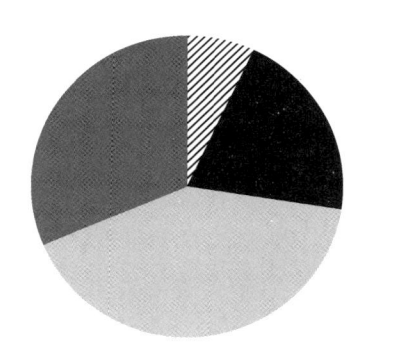

- ▨ 没有什么用
- ■ 有一点作用
- ▦ 很有作用
- ■ 对不同情况学生提高率差异较大

图 3-34　教师对写作评改环节作用的认识情况统计

通过调查数据得知，超过九成的教师认为作文评改环节对于提高学生的写作能力是有作用的，但也有近一成的教师认为没有作用，且有超过五分之一的教师认为有一点作用。可见，作文评改作为写作教学的必要环节，还没有引起更多老师的足够重视，需要在后续教学改革中予以加强。同时，有近三分之一的教师认为评改环节对学生的影响存在差异，这也为后续研究提供了参考。

11. 为提高作文教学希望获得的培训内容

为了有效提高教师的作文教学能力，教师希望在哪些方面得到培训和提升呢？针对该项调查，统计结果如图 3-35 所示，有 3.8% 的教师希望通过培训能够获得新的写作知识，有 13.2% 的教师希望通过培训能够提高教学技能，有 24.1% 的教师希望通过培训能够在教学方法上得到创新，有 37.2% 的教师希望通过培训能够分享教学实践经验，有 21.7% 的教师希望通过培训能够改变固有的写作思维。

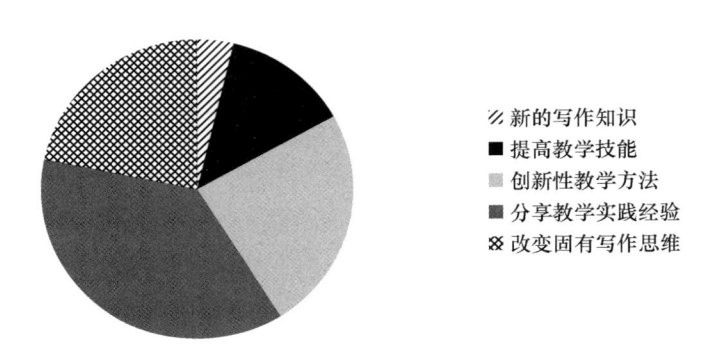

图 3-35　教师希望获得的培训内容

可见，超过三分之一的教师希望通过培训活动能够分享到其他教师在作文教学中取得的教学实践经验，为改善个人作文教学水平提供借鉴和参考。其次受到教师欢迎的培训内容是创新教学方法和调整写作思维，可见教师寄希望于创新教学方法和改变固有写作思维来改善自身的作文教学，这为相关教学培训活动的组织和设计提供建议和参考。

12. 小结

通过教师问卷调查发现，目前初中语文教师在作文教学过程中还存在一些问题，一是教师对于何为作文教学的重点内容还没有达成共识；二是教师在组织教学内容时更多的是依据教材顺序、知识逻辑和教师思路，而很少能够结合学生的学习情况编排教学内容；三是教师多以长辈或权威的角色出现，缺少与学生平等对话、协作交流，对学生的主体地位凸显不够；四是教师在一学期开展作文学习活动的次数集中在 5—8 次，略显不足；五是教师对作文教学的精力投入较多，存在指导有余、过犹不及现象，反而限制了学生思维的发散；六是作文评改作为写作教学的必要环节，还没有引起更多老师的足够重视；七是教师更多地注重于知识技能与方法的掌握，而对拓展学生写作思路重视不足，特别是对通过评改等环节来交流和调整写作思路的认识和重视程度还有待加强和提高；上述问题的存在，不利于有效开展作文教学活动。同时我们也发现，多数教师认为批判性思维能力和作文写作能力二者存在相互关系，认为通过作文教学来发展批判性思维能力和作文写作能力这一观点和做法是初中语文教师群体的基本共识。

第三节　调查结论

一　初中生批判性思维整体水平不高且差异显著

通过对 6 个省份、7 所学校的 852 名初中生进行批判性思维测查发现，学生的平均测试得分在 40—41 分，整体水平不高。并且学生之间的批判性思维发展水平差距悬殊，最悬殊的分值差距达 27 分之多；不达标人数接近被调查人群总数的三分之一，所占比例较大；上述数据表明，我国初中生的批判性思维发展水平存在严重的不均衡现象，亟须在整体提高发展水平的基础上缩小差距。初中生整体的批判性思维水平不高的发展现状，不符合核心素养背景下人才培养目标要求，更无法满足我国在建设创新型国家和科技强国等国家战略方面对批判性思维型人才的大力需求。为此，尽快提高初中生的批判性思维发展水平、强化初中阶段的批判性思维教学与发展工作，已经成为基础教育领域亟待解决的问题。

二　初中生批判性思维发展的短板十分明显

通过对初中生批判性思维发展水平的六个维度进行分别统计，发现在所有维度中属相关因素分析、厘清问题要素和系统评改方案三个维度的得分率过低，其得分率分别是 41%、38% 和 28%，均没有达到及格水平，成为制约初中生批判性思维水平发展的短板。在问题分析与解决的过程中，相关因素分析和厘清问题要素是在对问题成因分析和尝试提出解决方案时对问题系统分析的过程，这一过程直接影响着问题解决的效果和效率；系统评改方案是对问题解决方案的系统评估和审视，是在问题解决实施前最重要的系统反思过程，确保问题解决方案的科学有效。

三 初中生的批判性思维意识不强

在调查中发现，初中生普遍对名言警句、专家的言论和老师的观点能够全盘接受，迷信专家和教师的权威，缺少质疑和客观求真的思维意识。学生在议论文的写作中，往往是对名人名句的罗列和拼凑，缺少个人的探究和质疑，很难看到学生提出比较有新意的观点和看法。在作文写作中，学生在完成初稿写作后不能进行系统检查和反思，影响了作文质量的改进和提升。在作文评改过程中，学生能够不加质疑地接受教师的评改建议，但不愿或不能接受同伴的评改建议，甚至认为同伴没有对自己作文评改的资格，更不能接纳同伴提出的与本人不同的观点或建议，缺少开放多元的批判性思维意识。导致上述问题现象的原因，都与学生批判性思维意识不强有着直接的关系。

四 初中生在作文写作时缺少独立思考

调查发现，在初中生作文教学中，教师在学生初稿写作之前的讲解过于详细和具体，特别是对于议论文写作的论点、论据和论证讲解过于具体，反而限制了学生在初稿创作中的思维发散和创新，局限了学生的写作思维，导致学生经常出现思维打不开的现象。同时，学生的独立思考也显得明显不足，不能对事物进行辩证的分析和看待，只是一味地认可和接受名人的观点和教师的建议，不能对他人观点或建议进行批判式的参考和借鉴，通过自己的理论探究和实践检验来进行验证或尝试，导致作文的观点都是官话套话，缺少新意和个性。同时，由于学生缺少独立思考和自我的系统反思，导致在论证观点时简单地罗列和堆砌数据材料，经常会出现写作跑题现象。

五 初中写作教学中缺少必要的交流和学习支架

在调查中发现，学生在写作中缺少必要的交流和学习支架。当学生在写作过程中出现疑问或问题时，更多的是自己思考和解决，仅有个别求助教师。师生普遍认为写作过程是学生个人的创造过程，应独立创作完成，不能与他人沟通和交流，即使交流也只是面对面地浅层次交流。

并且，教师对学生写作的指导主要集中在写前指导阶段，在写作过程中几乎没有提供指导，在对作文初稿的评价阶段也只是进行总体性的宏观评价，对于学生作文的具体指导显得针对性不足。针对学生写作评改需要，交流平台和学习支架提供和补充工作显得非常迫切。

六 初中写作教学中对技术手段的应用

当前的初中议论文写作教学仍然沿用着传统教学的方式方法，基本上是教师的课堂讲解和指导，学生在课堂和课下通过纸笔完成作文初稿的创作，教师在作文本上对作文进行评改和批注。可以看出，现代化的教学方法和手段还未走进初中的作文写作教学活动中，写作教学方式方法的改革还有较大空间。所以，开展技术促进提升学生议论文写作能力和批判性思维发展水平的研究是符合当前教学实践发展需求的，这正是当前议论文教学发展改革的需要，也是基础教育课程与教学改革的需要。

第四章

基于技术的批判性思维教学实践的理论基础

本章对开展基于技术的批判性思维教学实践的相关基础性理论进行了梳理，主要包括学习技术研究范式（CTCL）理论、基于问题的学习理论（PBL）、小组合作学习理论、论证式教学理论和混合式学习理论五种相关理论，并分别对上述理论的概念意涵、本质特征及与批判性思维教学之间的内在联系等进行了梳理和研究。之所以选择以上五种相关理论作为本书的理论基础，主要出于以下几点考虑：一是运用 CTCL 理论来全面指导技术促进学生批判性思维发展的教学实践研究工作，作为整个研究的指导思想和行动指南。二是运用基于问题的学习理论来指导教学实践活动的设计与实施，教学活动的实施紧紧围绕问题的解决来展开，让学生在问题解决的过程中取得学习收获。三是运用小组合作学习理论来指导学生们在问题解决过程中，能够以小组的形式进行分工合作，协同完成学习任务。四是运用论证式学习理论来指导小组合作及全班合作中的具体合作方式，主要采用论证式学习方式来完成议论文的评改活动，以此来促进学生之间的思维碰撞和写作能力的提升。五是运用混合式学习理论来指导教学实践环境的设计和技术手段的运用，混合式学习环境和多种技术的混合运用是当前课堂教学实然写照。所以通过混合式学习理论的指导，确保实践研究的环境和技术应用更贴近学科教学的实际，也使得研究成果能够有效指导学科教学。基于上述的理论建构，为科学开展技术促进学生批判性思维发展的教学实践研究奠定理论基础。

第一节 学习技术研究范式(CTCL)理论：
研究的指导思想

一 产生背景

学习技术研究范式（以下简称 CTCL 范式）是继"媒体应用"研究范式和"课程整合"研究范式之后，由董玉琦教授团队于 2012 年提出的教育技术研究新范式。

"媒体应用"研究范式是研究如何运用媒体技术来实现教育优化的，经历了"特性关注阶段"、"应用设计阶段"和"效果测评阶段"，有学者认为由于这一研究范式强调关注媒体，容易导致对学习者的关注，即所谓的"只见技术不见人"，这是"媒体应用"研究范式的主要弊端。[①] "课程整合"研究范式是在教育信息化发展和全球课程与教学改革的背景下发展起来的，突破了单纯强调媒体技术应用的局限，站在课程视角对技术的作用进行系统审视，强调技术对课程的全面影响。该研究范式强调基于课程核心的技术与课程双向互动、深入学科和对策略层面的研究，但由于孤立于研究者进行教学方法与策略研究，并不能取得真正有效的教学效果，这是"课程整合"研究范式客观存在的不足。"学习技术"研究范式正是针对"媒体技术"范式和"课程整合"范式存在的不足而提出的。

二 要素及特征

"学习技术"研究范式主张研究者在文化（Culture）视野下，将技术（Technology）、学习内容（Content）和学习者（Learner）相统合，将四个要素的英文首字母进行缩写即 CTCL，故将学习技术研究范式简称为 CTCL 范式。这一研究范式有三个特点：一是对技术、学习内容和学习者并强调三者之间契合性的同时关注，二是多视角、多层次深入地关注学

[①] 董玉琦、包正委、刘向永、王靖、伊亮亮：《CTCL：教育技术学研究的新范式（2）》，《远程教育杂志》2013 年第 2 期，第 3—12 页。

习者，三是教育文化的统领。①

三 关注的研究命题

CTCL 范式理论从学习的要素、学习资源、学习过程、学习方式、学习价值和学习目标六个维度明确提出了八大研究命题，如图 4-1 所示：一是教育技术学研究的核心是有效促进学习者的发展；二是技术的运用应与学习者状况以及学习内容相适应以期有效改善学习，三是教育技术学研究的指向是实现学习文化统领下的由技术、学习内容、学习者等要素构成的学习系统的最优化，四是在开发、应用数字化学习平台与资源时，要充分考虑学习者的状况以及学习内容与学习者之间的适切性，五是在设计学习过程时，应充分考虑与技术创设的学习环境有机结合，使

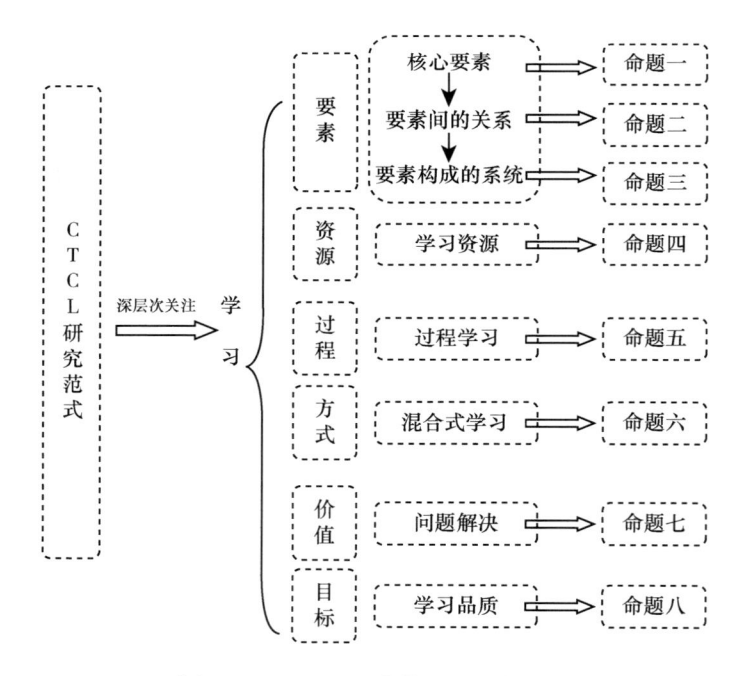

图 4-1 CTCL 研究范式的八个命题

---

① 董玉琦、包正委、刘向永、王靖、伊亮亮：《CTCL：教育技术学研究的新范式（2）》，《远程教育杂志》2013 年第 2 期，第 3—12 页。

其最大限度满足学习者的主动参与、积极体验和创造激情，六是学习方式的选择应与学习文化、技术、学习内容和学习者的实际相适应，七是技术的应用应该有利于学习者问题解决能力的养成，八是教育技术学研究的最高目标是提升学习品质（董玉琦等，2014）。[①]

四 实践应用情况

董玉琦教授带领研究团队持续对 CTCL 范式进行相关实践研究和理论完善，目前已经在小学、初中、高中、大学的数学、物理、信息技术、日语等学科开展了教学实践研究工作。王婧等（2012）根据高中信息技术课程中的"动态网页"这一学习内容对学生存在的偏差认知进行测查，运用二阶诊断的方法进行原因分析并分别进行教学干预促使偏差认知向科学认知转变。[②] 伊亮亮等（2015）针对初中物理"光现象"单元中的"光的传播"，对学生进行了"偏差概念"测查，了解学习者的学习心理及成因，并有针对性地选择了微视频这一学习技术开发教学资源，促进学习者偏差认知的转变。[③] 胡航等（2017）针对"技术怎样促进学习"这一命题，学习设计时关注学生主体，通过 G、M、L 三类课堂进行对比教学，对学习内容、资源表征、学习序列和学习方式进行实证研究。[④] 尹相杰等（2018）针对小学数学"垂直与相交"学习内容，根据学生的前概念情况进行个性化学习设计，通过个性化微视频课程的应用促进学生的概念转变并提高学生的学业成绩。[⑤] 上述研究已经对八大命题中的部分命题进行验证和回答，为与命题七、命题八联系紧密的批判性思维教学

[①] 董玉琦、王婧、伊亮亮、边家胜、王珏、胡航、杨宁：《CTCL：教育技术学研究的新范式（3）》，《远程教育杂志》2014 年第 3 期，第 23—32 页。

[②] 王婧、董玉琦：《高中信息技术学习之前的认知状况调查》，《远程教育杂志》2012 年第 10 期，第 14—29 页。

[③] 伊亮亮、董玉琦：《CTCL 范式下微视频学习资源的开发与应用》，《电化教育研究》2015 年第 8 期，第 40—44、66 页。

[④] 胡航、董玉琦：《技术怎样促进学习：基于三类课堂的实证研究》，《现代远程教育研究》2017 年第 3 期，第 88—94 页。

[⑤] 尹相杰、董玉琦、胡航：《CTCL 视野下的小学数学概念转变的实证研究》，《现代教育技术》2018 年第 2 期，第 47—53 页。

五 特质与评价

通过上述系列的理论研究和实践检验，董玉琦教授团队已经将CTCL范式理论与学校的学科教学进一步联系，谋求对学校日常学科教学提供有益的指导，可以说"技术促进学习者学习"成为当前CTCL范式研究重点，并基本构建出技术促进学习的"四三"界说，即技术促进学习的三重境界、三个特征、三种课程形态和三类空间。技术促进学习的三重境界分别是改变学习方式、提升学业水平、改善综合素质；技术促进学习的三个特征是设计个性化、发展社会化、系统生态化；技术促进学习的三种课程形态为独立学科、学科应用、综合课程；技术促进学习的三类空间分别是真实学习空间、虚拟学习空间、混合学习空间。① 综上所述，CTCL范式的核心特质为以人为本，主要聚焦技术应用对学习者的促进和影响，充分关注学习者的个性化发展需求，重视技术应用是适切性，谋求促进学习者综合素质的改善和提高。有学者认为，CTCL范式理论可被视作具有中国特色的TPACK（整合技术的学科教学知识）。

六 选择学习技术研究范式理论的缘由

本书意在通过初中阶段的议论文写作课程来开展批判性思维教学，并且希望借助学习技术的优势来促进学生的批判性思维发展。首先，批判性思维属于个体的高阶思维范畴，是个体综合素质的重要表征方式之一，属于CTCL范式理论的技术促进学习三重境界范畴。其次，批判性思维是个体参与社会活动所必备的意识和能力，开展批判性思维教学既需要系统生态化的思维型学习文化作为基础，同时还要针对学生的年龄阶段、思维特征、发展水平进行个性化的教学设计，同时具备CTCL范式理论的技术促进学习的三个特征。再次，基于初中议论文写作课程来开展

---

① 参见董玉琦教授的电子演示文稿《教育信息化2.0：背景、愿景与路径》（2018.7.12）和《教育信息化发展：认识与行动》（2019.1.19）。

批判性思维教学,其本质是通过综合课程来进行教育教学,同样属于 CTCL 范式理论的技术促进学习的三种课程范畴。最后,开展批判性思维教学实践研究,就是希望取得具有理论与实践价值的研究成果,并对学校教学具有指导作用;在教育信息化 2.0 背景下,当前学校常规教学离不开数字化的学习技术环境,通常是自然课堂的真实环境与网络虚拟环境相结合混合学习空间,这与 CTCL 范式理论的技术促进学习的三类空间的观点高度契合。综合上述四个方面,CTCL 范式理论对开展技术环境下的批判性思维教学实践研究工作具有全面的指导作用。

第二节 基于问题的学习理论(PBL): 学习活动设计的遵循

一 基于问题的学习理论的由来

基于问题的学习是由英文 Problem-Based Learning(缩写为 PBL)翻译而来,又被译为"问题式学习""基于问题解决的学习"等,基于问题的学习可追溯至 20 世纪 20 年代克伯屈(Kilpatrick)提出的基于项目的学习(Project-Based Learning),是指学生运用知识和技能解决问题并以此建构知识的一种教学方式(Bligh,1995)。[①] 到了 60 年代,柏罗(Barrow)发现美国医学院培养的学生普遍存在理论知识丰富而实践能力不足问题,于是他率先在麦克马斯特医学校(Mcmaster Medical School)尝试让学生在问题解决过程中掌握知识和锻炼技能,使学生在理论和实践等方面实现协调发展,这便是基于问题的学习方法的首次实践运用。[②] 70 年代后,基于问题的学习在北美地区得到迅速发展,到了 90 年代,这一学习方式被推广到欧洲部分医学院校。90 年代中期,基于问题的学习被移植到美国的中小学及幼儿园,并取得了理想的教学效果。我国上海医科大学和西安医科大学 1986 年率先引进这一学习方式,香港大学医学院也于 1997

[①] 谢幼如:《网络环境下基于问题学习的课程设计》,《电化教育研究》2007 年第 7 期,第 58—62 页。

[②] 徐美娟:《论基于问题学习中问题的设计》,《基础教育研究》2007 年第 3 期,第 20—22 页。

年推广使用这一学习方式。自从我国实施新一轮基础教育课程改革以来，基于问题的学习广泛引起了大家的支持，广大教师和研究人员开始尝试将其应用于教学实践，并取得了系列的理论与实践研究成果。

二 基于问题的学习的内涵

目前关于基于问题的学习的定义还存在着多种观点，尚未形成统一性或标准性的概念或意涵，笔者分别基于不同视角来对其进行诠释和说明。以下为几个国内外具有代表性的观点。

Barrows 和 Kelson（1993）将基于问题的学习定义为：既是一种课程又是一种学习方式，作为课程，需要精心选择和设计问题，通过问题的解决来获得关键知识和问题解决技能，以及自主学习策略和小组协作能力等；作为学习方式，学习者需要使用系统方法解决问题及处理生活中所遇难题。[①]

Stephon 和 Gallagher（1995）认为，基于问题的学习就是在对学生教学之前，提供给学生一个劣构的问题，学生需要对问题进行深入探究、查找问题之间的联系、剖析问题复杂性并基于知识提出问题解决方案。[②]

Mayo、Donnelly、Nash 和 Schwart 的观点是：基于问题的学习是一种学习策略，主要是在学生学习知识和发展问题解决能力过程中，为他们创设有意义且真实的问题情境，并为他们提供资源和必要的指导。[③]

Donald 和 Woods 认为，基于问题的学习是一种以问题驱动学习的学习环境，就是在学生学习知识前给他们呈现一个问题，目的是让学生发

[①] Barrows, H. S. & Kelson, A., Problem-based learning: A total Approach to Education, Illinos University Press. 1993.

[②] 田健：《基于问题学习中（PBL）中信息化教学资源的选择与应用研究——以"农远"模式三环境下开展的 PBL 为例》，硕士学位论文，西北师范大学，2010 年（原文引自：technology and systematic educational reform, http://www.tecweb.org/eddvel/reform12.html）。

[③] 田健：《基于问题学习中（PBL）中信息化教学资源的选择与应用研究——以"农远"模式三环境下开展的 PBL 为例》，硕士学位论文，西北师范大学，2010 年（原文引自：What is PBL? http://edweb.sdsu.edu/clrit/learningtree/pbl/pbladventages.html）。

现解决问题所需学习的知识。①

Linda Torp 和 Sara Saga（2004）提出，基于问题的学习是让学生围绕解决真实且非良构问题的解决而进行的一种具有针对性和实践性的学习方式，主要包括课程组织和策略指导两个部分。②

Collen Brown 认为，基于问题的学习是指通过引入真实性生活情境的案例，并使学生参与学习课程的一种方法。这种问题情境及学习案例需要学生已有的知识来进一步探究解决方案。③

钟志贤和刘晓艳（2002）认为，基于问题的学习是把学习置于复杂且有意义的问题情境中，学生以小组协作的形式来解决真实而复杂的问题，通过问题解决来学习隐含于问题背后的科学知识，最终形成和发展问题解决能力、自主学习能力和终身学习能力。④

综合上述观点，更多的学者倾向于将基于问题的学习视为一种学习方式，并且这种学习方式需要依托真实的复杂问题作为学习情境，学习者围绕问题解决进行信息搜集整理与分析加工、提出问题解决方案并加以评估、将评估合格的方案付诸实践并进行反思等系统的操作，以此来学习问题背后所隐含的知识内涵，并发展学习者批判性思维能力、问题解决能力和人际交往能力。这一学习方式更加注重学生的自主学习，打破了传统学科教学中知识割裂式教学的范围，促进了学习者所学知识与生活实际的紧密联系，这也是学以致用精神的具体体现。

---

① 田健：《基于问题学习中（PBL）中信息化教学资源的选择与应用研究——以"农远"模式三环境下开展的 PBL 为例》，硕士学位论文，西北师范大学，2010 年（原文引自：Problem-Based Learning, Especially in the Context of Large Classes. http://chemeng.mcmaster.ca/pbl/pbl.html）。

② ［美］Linda Torp、Sara Saga：《基于问题的学习——让学习变得轻松而有趣》，刘孝群、李小平译，中国轻工业出版社 2004 年版，第 68 页。

③ 田健：《基于问题学习中（PBL）中信息化教学资源的选择与应用研究——以"农远"模式三环境下开展的 PBL 为例》，硕士学位论文，西北师范大学，2010 年（原文引自：problem-based learning. http://www.c2t2.ca/pbl/pbl.html）。

④ 刘晓艳：《基于问题的学习模式（PBL）研究》，硕士学位论文，江西师范大学，2002 年。

三 基于问题的学习的要素及特征

（一）基于问题的学习的要素构成

基于问题的学习需要具备问题、学生和教师这三个要素，问题作为教师和学生共同作用的客体，是开展学习活动的根本动力；学生在问题解决过程中同时承担着自主学习者、问题研究者、同伴合作者的角色和任务；教师是学生解决问题的指导者和促进者。①

（二）基于问题的学习的基本特征

美国心理学者梅耶（Mayer）总结了"问题解决"的三个特性，首先是问题解决具有认知性，是指问题解决发生在认知系统的内部；其次是问题解决具有过程性，因为问题解决是个体根据问题需要对已有相关知识与技能的有序运用；最后是问题解决具有可指导性，个体在问题解决的过程中都是尝试接近目标，当迷茫或停滞不前时需要他人的指导和帮助。②

Hallinger 和 Briges（1992）曾提出基于问题学习具有四点特征：一是以工作或生活中真实的问题为学习起点，二是围绕问题解决来获得知识而非按照学科的知识体系教学，三是学生以个体或小组（群体）为单位来对学习负责任，四是学习多发生在小组情境中而非讲授式教学情境中。③

穆肃和曾祥跃（2011）强调基于问题的学习活动应在复杂且有意义的问题情境中进行，通过让学生解决真实的问题，探究问题所蕴含的概念与原理，以此来发展学生的批判性思维能力、自主学习能力、表达交流能力、团结协作能力等。④

---

① 谢幼如：《网络环境下基于问题学习的课程设计》，《电化教育研究》2007 年第 7 期，第 58—62 页。

② 高文：《教学模式论》，上海教育出版社 2001 年版，第 223 页。

③ Bond, D. & Feletti, G., The Challenge of Problem-Base Learning, St. Martin's Press Inc, 1991.

④ 穆肃、曾祥跃：《远程教学中基于问题学习的设计与实施》，《电化教育研究》2011 年第 4 期，第 65—68 页。

吴惠青（2003）从师生关系的视角对基于问题的特点进行总结，他认为教师的权威由外铄权威转变为内生权威，即教师的权威由外在的制度性转变为内生知识或能力权威，削弱了教师对学生的刚性约束力，凸显了教师的知识权威和魅力感召；师生关系由"唯师是从"的专制型转变为协同合作的民主型，教师应抛弃"师道尊严"的传统观念，尊重学习者的人格和尊严，鼓励学习者个性发展与和谐发展，并努力做到教学相长。[1]

基于问题的学习理论基础是建构主义学习观，建构主义学习观有三个特点（钟启全，2016）：一是学习者自身建构知识，杜威认为真正的学习是学习者对问题现象产生疑问、引发思考、尝试解决并系统反思，其"做中学"思想便是很好的写照；二是在共同体中学，维果斯基强调学习伙伴之间协同学习的重要性，这也是建构主义的理论基础，就是借助学习伙伴之间的不同思考方式的交流合作来实现问题解决；三是知识依存与环境。鉴于脱离情境的割裂式知识教学无益于学生问题解决和对知识调用的弊端，皮亚杰主张儿童作为主体，周围环境作为客体，借助主客体之间的相互作用来建构知识，问题解决需要多种知识与技能，强调了知识的整合性。[2]

徐永珍（2003）从内容、过程和组织形式三个方面对基于问题的学习的特征进行了概括。[3] 在学习内容方面以问题为核心，主要因为问题能够自然引发学习者的内部动机、降低认知负荷，将学科概念整合到问题活动之中、便于学生随机进入教学，问题情境与知识应用情境相似或接近、有利于知识的迁移，问题是学生思维和能力发展的中介，既可以提高问题的分析和解决能力，又可以提高人际交往能力等。在学习过程方面以学生自主学习为重点，主要表现为：学生用认知和元认知来针对问

---

[1] 吴惠青：《基于问题学习中的师生角色及师生关系》，《教育发展研究》2003年第5期，第97—99页。

[2] 钟启全：《问题学习：新世纪的学习方式》，《中国教育学刊》2016年第9期，第31—35页。

[3] 徐永珍：《基于问题学习理论在作文教学中的应用研究》，硕士学位论文，南京师范大学，2003年。

题评价自己的知识状态，通过评价发现学习需要并确定相应学习资源，制订并实施学习计划来满足学习需要，评价自己是否满足了学习需要、是否完成了问题解决。在学习的组织形式方面以小组协作为主，小组是基于问题学习的主要单元，小组活动贯穿问题解决的始终，在执行前面学习过程各环节工作任务时，均需要通过小组成员之间的分工协作、交流分享、共同负责，最终实现共同成长。

综合上述观点，可对基于问题的学习的特征概括为以下五个方面。

第一，以问题为承载，问题贯穿学习活动的始终。问题是学习活动的主线，教师通过学习设计将知识与技能蕴含于问题解决的活动之中。

第二，问题具有真实性和非良构性。呈现在学习者面前的问题应该具有真实性，就是问题与学习者的生活实际相联系，便于学习者在问题解决过程中进行知识迁移；问题的非良构性，就是问题要相对复杂且有难度，更重要的是问题的解决方案不止一种，需要学习者进行甄别判断后加以实践解决，这也为创造性地解决问题提供可能。

第三，自主学习是学习的主要形式。问题解决过程中需要学习者补充知识与技能，这些新知识与新技能的获得需要依靠学习者的自主学习来实现，完全依靠学习者的自主性，学习者为学习活动的结果负责。

第四，小组合作是问题解决的主要依托。生活中复杂问题的解决仅仅依靠个人英雄主义是无法胜任的，所以非良构问题的分析和解决需要学习者与同伴进行协商与合作，以此来培养学习者的多元合作意识和人际沟通能力。

第五，学习目标的综合性。基于问题的学习目标不再局限于学科知识与技能，同时重视对学习者批判性思维能力、问题的分析与解决能力和人际沟通能力的发展和锻炼，这对学生发展的社会化具有促进作用。

四　选择基于问题学习的缘由

之所以选择基于问题的学习是由这一学习方式的本质和特征所决定的，基于问题的学习的核心要素是"问题"，正是因为"问题"与批判性思维教学有着内在本质联系。问题是引发人们思考的前提，只有当我们面临问题时才会去思考问题的本质与内涵，才会努力去探寻问题的解决方法，并不断监控和调整自己的解决问题行为，问题能否成功地解决则要依赖于批判性思维的工作效果和功能发挥。所以说，一切的思维活动都是围绕着具体问题发生的。

基于问题的学习整个过程即是解决问题的过程，国内学者辛自强（2005）认为问题解决是思维的典型形式，是人类为了适应环境而解决生存与发展等相关问题的基本形式，同时人类也在问题解决的过程中积累知识与能力，为进一步的适应与改造环境做准备。[①] 所以对"问题解决"可以简单理解为：问题解决是在一定的问题情境中，个体在具体目标的指导下，通过思维运作来组织运用已有的知识与技能，进而解决所面临的困难疑惑，最终实现具体目标的系统思维过程。

已有研究表明（Paul, 1995[②]；罗清旭，2001[③]；马志强，2013[④]；郭炯等，2014[⑤]；俞树煜，2016[⑥]），批判性思维质量与建构问题空间和形成问题解决策略的效果关系密切，批判性思维在问题解决的不同阶段表现出不同的发展过程；并由此认为，问题解决的过程与批判性思维发展密不可分，批判性思维是问题解决过程中重要的认知加工过程。所以从理论上讲，运用基于问题的学习来发展学生的批判性思维是十分可行的。

[①] 辛自强：《问题解决与知识建构》，教育科学出版社2005年版，第1—2页。
[②] Paul, R. W., Critical Thinking: How to Prepare Students for A Rapidly Changing World, Santa Rosa, CA: Foundation for Critical Thinking, 1995.
[③] 罗清旭：《批判性思维的结构、培养模式及存在的问题》，《广西民族学院学报》（自然科学版）2001年第3期，第215—218页。
[④] 马志强：《问题解决学习活动中批判性思维发展的特征》，《现代远程教育研究》2013年第2期，第31—37页。
[⑤] 郭炯、郭雨涵：《技术支持的批判性思维培养模型研究》，《电化教育研究》2014年第7期，第41—47页。
[⑥] 王国华、聂胜欣、袁梦霞、俞树煜：《使用问题解决法促进批判性思维发展的研究——基于交互文本的分析》，《电化教育研究》2016年第5期，第66—73、81页。

五 基于问题学习的实施环节

目前关于基于问题学习的实施环节存在多种不同观点，概括起来，主要有四步、五步、六步、七步、八步之分，下面对上述观点做以简单介绍。

（一）四步法

Polya（1945）在《问题解决》（*How to Solve It*）一书中较早研究了问题解决策略，并提出了问题解决的四个步骤，分别是理解问题本质、制订解决计划、执行解决计划、全面回顾总结。① 华莱士（Graham Wallas）早在20世纪60年代曾针对问题解决的过程提出了四阶段论，第一阶段是收集信息的准备阶段，第二阶段是酝酿思绪的沉思阶段，第三阶段是头脑中瞬时闪现问题解决办法的灵感阶段，第四阶段是验证各种解决办法的验证阶段。华莱士的这一论断具有较高的影响力，更多地被引用到创造性问题解决过程之中。②

（二）五步法

Kim 和 Hannafin（2011）在原有文献基础上，整理和提炼出了问题解决的五个步骤：明确和表征问题、搜集数据、交流重构、解释交流和反思与调整。③ 钟志贤和刘晓艳（2002）根据乔纳森的问题解决理论，提出了基于问题学习实施环节的五阶段论，第一阶段是创设情境并提出问题，第二阶段是界定问题、分析问题并进行组织人员的分工，第三阶段是探究和解决问题，第四阶段是展示结果和汇总成果，第五阶段是进行系统的评价和反馈。围绕这五个步骤，基本构成了问题解决的一个系统循环，如图4－2所示。

---

① Polya, G., How to Solve it: A New Aspect of Mathematical Method, Princeton, N. J., Princeton University Press, 1945.
② 任昕：《问题解决活动中批判性思维训练的应用研究》，硕士学位论文，南京师范大学，2015年。
③ Kim, M. C. & Hannafin, M. J., Scaffolding Problem Solving in Technology-Enhanced Learning Environments (TELEs): Bridging Research and Theory with Practice, Computers & Education, No. 56, 2011, pp. 403–417.

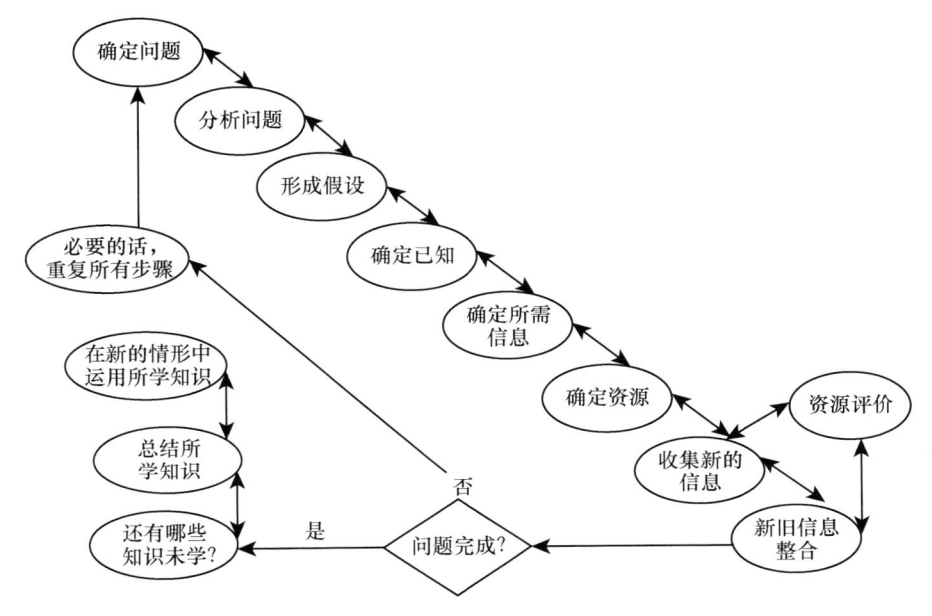

图 4-2　基于问题的学习的实施环节①

（三）六步法

由经济合作与发展组织（OECD）负责实施的 PISA（Program for International Students Assessment）项目中对问题的解决规定了六个结构流程，它们是问题理解、问题描述、问题展示、问题解决、解决方案的反思和解决方案的交流。② 乔纳森（1997）认为，问题解决一般需要六个步骤，分别是界定问题、生成问题的解决方案、确定目标并建立可行性备选方案的评价标准、确定行动过程、执行计划并确定行动计划的有效性、确定探究结果是否符合解决方案标准。③ 具体每个步骤所完成的具体工作内容阐释如下：在界定问题阶段，为了理解问题情境和明确问题的目标

---

① 刘晓艳：《基于问题的学习模式（PBL）研究》，硕士学位论文，江西师范大学，2002年。
② 杨学敬、徐斌艳：《问题解决内涵的重构——来自 PISA 的启示》，《教育科学》2007 年第 4 卷第 23 期，第 32—35 页。
③ 刘晓艳：《基于问题的学习模式（PBL）研究》，硕士学位论文，江西师范大学，2002年（原文引自：Six Step Problem Solving Process. www.personal.psu.edu/faculty/s/j/sjm256/portfolio/kbase/Theories & Modles/cognitivism/genlearning.html）。

和标准而搜集大量的相关信息;在生成问题解决方案阶段,需要形成一系列的问题解决方案,并对这些方案进行提炼形成问题解决的可行方案;在确定目标并建立可行备选方案的评价标准阶段,要确保评价标准是建立在所确定目标之上,并且运用标准来对备选解决方案进行评价;在确定行动过程阶段,要明确行动计划的具体步骤并确定所需要的相关资源;在执行计划并确定行动计划的有效性阶段,先要选择合适的评价标准再来判断计划的有效性,以及执行相关计划;在确定探究结果是否符合解决方案标准阶段,要确定结果与目标是否存在一致性,过程中是否发现新的问题,是否需要进一步探究,以及判定解决方案是否正确等。乔纳森的问题解决六步法从宏观角度为我们对基于问题的学习的活动设计提供理论参考,使我们在进行具体教学活动设计时有所遵循和依照。

（四）七步法

Davidson 和 Sternberg（2003）关于"问题解决"这一问题,提出了七步模型,这七步分别是识别问题、定义和表征问题、建构策略、组织知识、分配资源、监控过程和评估结果。[①]

（五）八步法

穆肃和曾祥跃（2011）从基于问题的学习的过程视角进行总结归纳,认为由于学科和学习内容的不同,基于问题的学习的过程也不尽相同,但基本都包括以下几个步骤,它们是提出问题、分析问题、形成假设、尝试解答、验证假设和完善反思等步骤。[②] 同时也对基于问题的学习基本环节进行总结和提炼,主要包括以下八个步骤：一是为学生创设问题情境,即源自真实问题的环境;二是学生根据已有知识经验和分析、交流,与问题建立认知联系;三是提出解决问题的假设,并对假设进行验证;四是如假设被否定,进一步明确问题解决的需要;五是通过自主学习来满足问题解决需要;六是交流新知识并运用其来解决问题;七是如问题解决失败则重复上面两个步骤;八是反思问题解决过程和自主学习过程。

[①] Davidson, J. E. & Sternberg, R. J., The Psychology of Problem Solving, Cambridge: Cambridge University Press, 2003.

[②] 穆肃、曾祥跃:《远程教学中基于问题学习的设计与实施》,《电化教育研究》2011 年第 4 期,第 65—68 页。

综合上述观点，虽然对基于问题学习的具体环节有不同的观点，但其过程环节的本质均是围绕提出问题、分析问题和解决问题来展开的。具体实践应用时可根据学习内容的实际需要，围绕问题的提出、分析和解决来具体确定过程环节。

六 小结

综上所述，分别对基于问题的学习理论的由来、基于问题的学习的内涵、基于问题的学习的要素及特征、选择基于问题的学习理论的缘由、基于问题的学习的实施环节五个方面进行综合论述，主要回答基于问题的学习是什么、为何选择基于问题的学习、如何实施基于问题的学习等问题，为进一步明确基于问题学习的本质和有效应用奠定基础。

第三节 小组合作学习理论：学生的组织形式

合作不仅是一种学习方法，更是一种生活态度。国际 21 世纪教育委员会（International Commission on Education for the 21st Century）向联合国教科文组织（United Nations Educational, Scientific and Cultural Organization, UNESCO）提交的报告《教育——财富蕴含其中》（Learning：The Treasure）中明确把"学会合作"视为 21 世纪人才培养的重要目标之一。合作学习正是在这样的时代背景下被人们应用于教学活动之中，并受到了学界的关注。

一 合作学习的概念意涵

学界普遍认为，约翰兄弟（Johnson, D. W. & Johnson, R. T.）是合作学习理论的提出者，强调提出合作学习就是在小组内部学习者协同完成学习任务，并完善自己及组内其他成员学习效果的过程。古罗马教育家昆体良曾在《论演说家的教育》一书中提出"大家一起学习可以相互激励并促进学习"[1]。在我国早期的文学作品中也常见有关合作学习的论

---

[1] 杜虹宇：《初中语文合作学习探究》，硕士学位论文，渤海大学，2018 年。

述,《诗经·卫风》中提到"有匪君子,如切如磋,如琢如摩",意思是指学问上的事情需要交流探讨、共同研究、互相取长补短,其本质与合作学习的精神如出一辙。《论语》中"取善辅仁,皆资朋友"意即合作学习的改过功能。《学记》中有言"独学而无友,则孤陋而寡闻",从反例的视角强调了合作学习的重要性。陶行知于1934年提出了"小先生制"教学方式,其中的"即知即传人""以教人者教己"等思想均能品出合作学习的韵味。[①] 可见,在我国的传统文化中其实并不乏合作学习的精神和理念。

Slavin（1987）指出,学生在小组合作学习这一互动环境下,得益于组员之间异质互补特性,所有成员均可获得不同程度的发展和进步。[②] Sharan（1990）将合作学习定义为组织实施和改善课堂教学的一系列方法的统称,合作学习以小组作为基本组织单位,一般由3—5人组成;小组学习中,学生们通过成员之间的合作交流展开学习,同时也需要个人研究来推动学习。[③] Guskey（1990）提出,合作学习的本质是一种教学形式,该教学是把2—6名学生分成一组,小组内成员之间保持异质,所有成员共同从事学习活动来完成教师分配的学习任务。[④] Cooper（1991）认为,合作学习是一种区别于传统教学的学习方法,它为学习者创造了讨论环境,使学生能够参与到讨论当中,在互助交流中建构新的认知。[⑤] Goodsell（1992）认为,协作学习是一种教学方法,协作学习需要由学习者、教师和他们共同的智力劳动来完成。[⑥] Dyson（2004）等人认为协作

---

① 徐非:《当代"小先生制"课堂教学的个案研究》,硕士学位论文,山东师范大学,2017年。

② Slavin, R. E., Cooperative learning and Cooperative school,. *Educational Leadership*, Vol. 45, No. 3, 1987, pp. 7-13.

③ Sharan, S., Cooperative Learning: Theory and research. *Praeger Publishers*, 1990, p. 10.

④ Guskey, T. R., Cooperative Mastery Learning Strategies, *The Elementary School Journal*, Vol. 91, No. 1, 1990, pp. 33-42.

⑤ Thanh, P. T. H., Implementing cross-culture pedagogies: Cooperative learning at Confucian Heritage Cultures, *Springer Science & Business Media*, 2013, p. 2.

⑥ Goodsell, A. S., Collaborative learning: A sourcebook for Higher Education, National Center on Postsecondary Teaching, Learning, and Assessment, University Park, PA. 1992.

学习是一种有学习者与小组成员一起学习多种类型知识的学习方法。[1] Yarik（2007）认为，合作学习是学习者在小组中互相帮助学习学术材料的一种学习方法，合作学习与被动式学习不同，学习者通过采取不同的观点和意见来共同寻找问题答案以实现学习目标。[2]

裴娣娜（1998）认为，合作学习是以合作小组为基本形式，是综合运用教学中动态因素之间的关系互动来促进学生的学习，以团体成绩为主要评价依据，最终共同实现教学目标的一种教学活动。[3] 黄荣怀等（2001）认为，合作学习是一种在目标指引下，学习者以组间形式，在一定机制的激励下尽可能丰富自己与同伴成果，从而相互帮助的相关行为。[4] 王坦（2002）认为，合作学习的本质是个体在异质的群体中获得同质的发展，也就是学生在异质分组的合作学习中，通过交流互助等协作方式实现共同学习目标的同质性发展。[5] 盛群力等（2006）认为，合作学习是在课堂教学中将一定数量学生按照性别、特点、家庭背景等因素进行异质分组，通过小组来共同完成学习任务的一种学习方式。[6]

可见，合作学习就是以小组为基本单位，通过小组成员之间的交流与合作来共同完成学习任务，并培养学习者团结合作能力和高阶思维能力的一种学习方式。

二 合作学习的基本特征

韩欢（2014）从师生关系、关注重点、教学方法、教师作用、评价方式和学习方式六个维度对小组合作学习与传统教学进行分析和比较，

---

[1] Dyson, B., Griffin, L. L. & Hastie, P. A., Sport Education, Tactical Games, and Cooperative Learning: Theoretical and Pedagogical Considerations, Vol. 56, 2004, pp. 226–240.

[2] Yarik, S., Does Cooperative Learning Improve Students' Learning Outcomes, *Journal of Economic Education*, Vol. 38, No. 3, 2007, pp. 259–277.

[3] 裴娣娜：《发展性教学论》，辽宁人民出版社1998年版，第23页。

[4] 黄荣怀、刘黄玲子：《协作学习的系统观》，《现代教育技术》2001年第1期，第30—34、41页。

[5] 王坦：《论合作学习的基本理念》，《教育研究》2002年第2期，第68—72页。

[6] 盛群力、郑淑贞：《合作学习设计》，浙江教育出版社2006年版，第42—44页。

详见表 4-1。①

表 4-1　　　　　　　　小组合作学习与传统教学的比较

	传统教学	小组合作学习
师生关系	教师中心	师生平等
关注重点	重视内容	重视过程
教学方法	讲授为主	重视学生体验
教师作用	主宰	主导
评价方式	纸笔测试	多种方式综合评价
学习方式	独立学习	小组合作、多种方式融合

MacGregor（1992）认为，小组合作学习活动中学生和教师发生了转变，一是从被动的听众、观察者和记录者转变为主动的问题解决者、讨论者和贡献者；二是由将教师和书本视为知识权威和唯一来源，转为向同伴和共同体求得知识并将其视为知识来源。② Slavin（1993）认为，合作学习过程中，学生围绕合作任务所进行的交互可以促进学生的学习，其本质就是学生通过对内容的讨论将产生认知冲突，从而促进深层次理解。③ 张茜（2007）认为，合作学习的本质特征就是：将小组作为学习的基本组织形式，以组内成员之间的互助性合作为主要学习样态，明确每个成员的个体责任是有效开展合作学习的前提，以小组绩效作为学习评价的主要依据。④ 张宗梅（2013）认为，小组合作学习的目的是实现同伴之间的优势互补与共同进步，更重要的是它有助于学生的整体提高和最

---

① 韩欢：《上海市×小学农民工随迁子女小组合作学习研究》，硕士学位论文，华东师范大学，2014年。
② MacGregor, J., Collaborative Learning: Reframing the Classroom [J]. Collaborative Learning: A Sourcebook Forhigher Education, 1992, pp. 37-40.
③ [美] 罗伯特·E. 斯莱文：《合作学习与学生成绩》，王宏宇译，《外国教育资料》1993年第1期，第63—67页。
④ 张茜：《透视"小组合作学习"》，硕士学位论文，华东师范大学，2007年。

大限度地降低学生之间两级分化,其本质与教育公平的内涵高度吻合。①刘艳丽(2015)强调,合作学习的前提是要合理地分组,小组人数一般为4—6人为宜,并且认为小组交流是必要过程和环节,小组交流有助于相互学习彼此的问题思考方式和问题解决方式。②

上述学者分别从不同视角对合作学习进行了描述和概括,综合看来,可以总结出合作学习的基本特征。合作学习是区别于传统教学的一种学习方式,学生围绕共同任务进行主体合作学习,通过学习过程中的角色分工与交流合作,发展学生的批判性思维水平、人际交往能力和问题解决能力。

三 选择合作学习的缘由

鉴于合作学习能够促进学习者批判性思维水平和问题解决能力发展这一本质特征,选择合作学习理论来指导批判性思维教学研究具有较高的可行性,并且已有学者曾经提出了类似的观点。

Brookfield 和 Preskill(1999)认为,讨论是帮助学生改善认知的有效途径之一,因为合作与交流能够接触新的观点,这个过程使学生的认知得到增强和提高。③ 鲍里奇(Borich,2002)认为,小组合作学习中的讨论环节对发展学生的批判性思维有促进作用,因为学生在与同伴的互动过程中,需要考查和判断问题的解决方案、对方案进行预测、发现具有普遍意义的原理等,上述过程环节都有助于批判性思维的发展。④ 李克东(2000)曾开展了基于协作学习的教学设计实践研究,研究发现合作学习对学习者的批判能力、创作能力和协作能力等方面培养有重要的意义。⑤

---

① 张宗梅:《从教育公平视角看小组合作学习》,《扬州大学学报》(高教研究版)2013年第S1期,第121—125页。
② 钟晓晴:《初中课堂小组学习效果提升的实践研究》,硕士学位论文,深圳大学,2018年。
③ Thanh, P. T. H., Implementing Cross-ulture Pedagogies: Cooperative Learning at Confucian Heritage Cultures. Springer Science & Business Media, 2013, p. 2.
④ [美]鲍里奇:《有效教学方法》,易东平译,江苏教育出版社2002年版,第199页。
⑤ 李克东:《信息技术环境下基于协作学习的教学设计》,《电化教育研究》2000年第4期,第7—13页。

Huang（2017）等人面向中学生在不同学习环境下进行了批判性思维和技能学习的对比教学实验研究，实验数据表明，在合作学习条件下与其他技能相比，学生的批判性思维水平提高更加显著。[1] 所以，从理论上讲，运用合作学习方式来开展批判性思维教学是可行的。

四　合作学习的要素及实施流程

（一）构成要素

关于合作学习的构成要素目前主要存在三要素理论、四要素理论、五要素理论和六要素理论四种观点。

六要素理论：Williams（2002）提出了合作学习的六要素观点，认为这六个要素不仅构成了合作学习的理论框架，而且能够激发学生获得终身学习的能力。这六个要素分别是系统反思（Reflection）、个体成就（Individual Achievement）、合作学习（Collaboration）、高阶思维（Higer Order Thinking）、情绪领域（Emotional Realm）和社会技能（Social Skills），也被称为RICHES六要素理论。其中高阶思维要素有助于对学生批判性思维的发展和提高。

五要素理论：约翰兄弟（Johnson, D. W. & Johnson, R. T., 1998）提出了影响合作学习的"五因素论"，这五个因素主要包括积极的互赖、近距离的积极作用、明确每个人的责任、良好的社交技能、小组内部的自主加工。[2]

四要素理论：Coelho（1996）提出，课堂小组合作教学实践若想取得成功，离不开四个核心要素，这四个要素是组成小组并建立管理制度，设计小组学习任务，影响学习的社会性因素和围绕任务解决的探究性

---

[1] Huang, M. Y., Tu, H. Y., Wang, W. Y., Chen, J. F., Yu, Y. T., & Chou, C. C., Effects of Cooperative Learning and Concept Mapping Intervention on Critical Thinking and Basketball Skills in Elementary School, *Thinking Skills and Creativity*, No. 23, 2017, pp. 207 – 216.

[2] Johnson, D. W., Johnson, R. T. & Holubec, E. J., Cooperation in the Classroom, Boston: Allyn and Bacon, 1998.

讨论。[1]

三要素理论：Slavin 认为小组合作学习应该具备小组的共同目标、成员的个体责任、获得成功的平等机会三个基本要素。[2]

（二）实施流程

Barron（2000）认为，成功的小组合作学习离不开"共同的问题空间"，需要处理好问题构成与成员之间的复杂关系。[3] 刘艳丽（2015）强调交流是合作学习的重要构成要素，这里的交流不仅指学习过程中的交流，还包括遇到困难时的沟通和学习思考及心得的分享。[4] 祖宁（2018）在综合其他文献的基础上，提出合作学习的基本实施流程，主要包括设定任务与目标、做好团队与分工、进行会话与交流、总结成果与内化。[5] 赵建华和李克东（2000）提出了合作学习教学设计的流程，流程的具体要素主要有分析目标、确定内容、确定小组结构、合作环境创设、合作资源设计、合作活动设计、合作效果评价。[6] 王建军等（2016）提出了合作学习的过程链，这一过程链主要由八个环节构成，分别是确定学习目标、做好学前相关准备、呈现适合理解的课堂学习内容、接入学习交流与探讨、接受具备一定难度的学习任务、了解并掌握任务解决方法、进行及时练习与巩固、给予学习进行阶段性的评价和反馈。[7]

尽管学者们的观点之间存在诸多不同，但体现其本质特征的核心环节基本一致，就是在进行小组学习时，小组内部要有共同的学习目标且

---

[1] Coelho, E., Learning Together in the Multicultural Classroom, Ontario: Pip pin Publishing Co-operation, 1996.

[2] 韩欢：《上海市×小学农民工随迁子女小组合作学习研究》，硕士学位论文，华东师范大学，2014年。

[3] Barron B., Achieving Coordination in Collaborative Problem-solving Groups, The journal of the learning Sciences, Vol. 9, No. 4, 2000, pp. 403 – 436.

[4] 钟晓晴：《初中课堂小组学习效果提升的实践研究》，硕士学位论文，深圳大学，2018年，第20页。

[5] 祖宁：《自主学习环境下协作学习资源设计与应用研究》，硕士学位论文，华中师范大学，2018年，第23页。

[6] 赵建华、李克东：《基于协作学习的教学设计》，《现代远距离教育》2000年第2期，第56—60页。

[7] 王建军、文剑兵、林凌等：《初中课堂教学中的学习机会：表现与差异》，《全球教育展望》2016年第9期，第37—52页。

分工明确，围绕目标开展学习过程中的交流协作为重中之重，学习后要有评价有反思，这些环节也正是发展批判性思维的主要环节。

五　小结

合作学习作为一种区别于传统教学的新的学习方式，改变了过去教师主宰的教学方式，也打破了教师的外塑型权威，使学生和教师能够平等交流与合作，为开展批判性思维教学奠定了基础。前面主要从合作学习的概念意涵、本质特征、要素流程和选择合作学习的缘由四个方面进行综合论述，意在回答：（1）合作学习是什么？（2）合作学习的特点有哪些？（3）合作学习与批判性思维教学的关系如何？（4）如何有效开展合作学习？为教学实践中对合作学习的合理应用奠定基础。

第四节　论证式教学理论：学生学习活动的样态

一　论证式教学的概念意涵

2000年由美国国家科学委员会（National Science Council）出版的《探究与美国国家科学教育标准》（Inquiry and the National Science Education Standards）中提到，美国的科学教育不只是科学知识的教育，更重要的是对批判、论证和推理能力的发展。[①] 正是在这样的社会背景下，论证式教学便在学校教育中得到应用和普及。

论证式教学就是在课堂教学中引入科学论证过程，使学生经过论证过程来厘清学习内容的概念和本质，旨在促进学生思维发展的教学模式（王星乔、米广春，2010）。[②] 也有学者认为，论证式教学是教师以学生学习心理为基础精心设计问题，学生在问题情境中去思考和辨析，在同伴和教师的协作与指导下来厘清事物发展的顺序与规律，在问题解决的同

[①] National Science Council, Inquiry and the National Science Education Standards, Washington. DC: National Academy Press, 2000.

[②] 王星乔、米广春：《论证式教学：科学探究教学的新图景》，《中国教育学刊》2010年第10期，第50—52页。

时发展了思维能力（依朝敏，2007）。① 在论证式教学中，按照异质分组方法将不同观点学生组合在一起，有助于学生从不同视角、不同层面去理解和分析问题，建构个人知识结构，反思个人观点，有利于对学生批判性的思维培养。②

二 论证式教学本质特征

Kuhn 认为论证本质上是一种认知过程，是对有争议的观点或矛盾想法进行辩论或批驳的过程。③ 论证是指运用一些证据来支持自己或反对他人的意见、观点的过程（Kuhn，1992）④，个人论证和社会论证存在着密切联系，社会论证是发展高阶思维的有效途径和方法，并且高阶思维本身就是一种内在的论证（Kuhn，1993）。⑤ 论证能力是一种推理和批判能力，主要包含提出主张、用证据来支持主张、说明理由或反驳他人观点（Marttunen，1994；Erduran，Ardac & Yakmaci-Guzel，2006）。⑥ 论证能力包括五个方面：可以提出自己的论点、能够找出对立论点、知道自己论点的局限、掌握自己论点的理论架构或论点之间的关系、能够评估和反思他人的论点（Voss & Means，1991）。⑦ 库恩（Kuhn）从认知心理学视角出发，认为论证是一种认知过程，就是通过各种不同观点或看法之间

---

① 依朝敏：《高中地理教学中的论证式教学探微》，《教育科学论坛》2007 年第 10 期，第 49—50 页。

② Noroozi, O., Weinberger, A., Biemeans, J. A. B., Mulder, M., & Chizari, M., Argumentation-Based Computer Supported Collaborative Learning (ABCSCL): A Synthesis of 15 Years of Research, *Educational Research Review*, Vol. 2, No. 7, 2012, pp. 79 – 106.

③ 吴晓霞：《论证式教学在高中化学教学中的应用研究》，硕士学位论文，重庆师范大学，2018 年，第 5 页。

④ Kuhn, D. Thinking as Argument, Harvard Educational Review, Vol. 62, No. 2, 1992, pp. 155 – 179.

⑤ Kuhn, D., Science as Argument: Implications for Teaching and Learning Scientific Thinking, *Science Education*, Vol. 77, No. 3, 1993, pp. 319 – 337.

⑥ 韩葵葵：《中学生的科学论证能力——结构、评测、发展及培养》，博士学位论文，陕西师范大学，2016 年。

⑦ Voss, J. F. & Means, M. L., Learning to Reason Via Instruction in Argumentation, *Learning and Instruction*, Vol. 1, No. 4, 1991, pp. 337 – 350.

的碰撞而产生认知冲突,进而促进思维的发展。① 论证教学可以提升学生提出反论点和反驳的能力,增进学生的论证自我效能和降低对他人的言语侵犯。

三 论证式教学与批判性思维发展的关系

批判性思维发端可追溯至古希腊时期苏格拉底的"苏格拉底法"(又称"产婆术"),这与论证的思想源泉同出一辙。② Kuhn(1991)认为,论证是批判思维的核心工作。③ Yeh(2001)强调,对立论点的批判思维过程是完整的论证过程所不可或缺的。④ Tsai(2001)认为,批判思维能力是一种价值判断能力,判断的对象和依据分别是证据的价值与严格的逻辑,并且这一能力与科学论证存在着紧密联系。⑤ Astleitner(2002)认为,批判思维能力是高阶思维能力的一种,主要具有对论点的评估功能,是一种目的性较强且能自我校正的判断能力。⑥ Joiner 和 Johes(2003)将批判性思维能力界定为一种论证推理能力。⑦ 综合上述学者观点可以看出,论证离不开批判性思维,批判性思维活动本身就有论证的成分。通过论证教学可以发展学生提出相反论点和相互驳斥的能力,同时也是对学生批判性思维水平的一种发展和提升。

论证式教学关涉问题意识、怀疑精神、重视证据、反思能力等方面,

---

① Bricker, L. A. & Bell, P., Conceptualizations of Argumentation From Science Students and the Learning Sciences and Their Implications for the Practice of Science Education, *Science Education*, Vol. 92, No. 3, 2008, pp. 473–498.
② 潘瑶珍:《科学教育中的论证教育》,博士学位论文,华东师范大学,2013 年。
③ Kuhn, D. The skills of argument, Cambrige University Press, 1991.
④ Yeh, S. S., Tests Worth Teaching to: Constructing State-mandated tests that Emphasize Critical Thinking, *Educational Researcher*, Vol. 30, No. 9, 2001, pp. 12–17.
⑤ Tsai, C. C., A review and Discussion of Epistemological Commitments, Metacognition, and Critical Thinking with Suggestions on Their Enhancement in Internet-assisted Chemistry Classrooms, *Journal of Chemical Education*, Vol. 78, No. 7, 2001, pp. 970–974.
⑥ 韩葵葵:《中学生的科学论证能力——结构、评测、发展及培养》,博士学位论文,陕西师范大学,2016 年。
⑦ Joiner, R. & Johnes, S., The Effects of Communication Medium on Argumentation and the Development of Critical Thinking, *International Journal of Education Research*, Vol. 39, No. 39, 2003, pp. 861–871.

这些方面都与批判性思维存在着深度联系；论证式教学培养学生勇于质疑，能够运用知识对不同观点进行分析、判断并加以选择，得出理论扎实、数据翔实的结论，进而提升论证能力；论证式教学同时也对公众思考问题、解决问题的整体素质有所提高，从而促使学生能够合理使用批判性思维来解决问题。[1] 论证过程中，学习者通过陈述、澄清、列举等方式向他人表达自己对事物的熟悉程度，还包括对其他观点的思考和对相关数据材料的诠释与权衡，在这一过程中学习者能对不同主张进行是非判断和质疑批驳，并根据提供的证据总结出最佳的结论，这一系统过程有助于发展学习者的批判思维能力，这种批判思维能力主要体现为个体内部的反省和对外部世界的反思两个方面。[2] 黄翎斐和胡瑞萍（2006）在总结国内外文献基础上，认为论证活动有助于学生批判性思维及科学思维能力的发展。[3]

论证式学习活动的本质是一种批判性思维过程[4]，论证逻辑在较大程度上被视为批判性思维的典型工具，在北美地区多数批判性思维课程选择了论证式教学方式。在论证学习过程中，学习者在参与论证活动时需要经过以下环节：一是提出有理由支持的主张或观点，二是检查自己及他人的推理是否合理，三是核查自己及他人证据或信息的来源，四是质疑他人的观点或主张，五是质疑他人推理的合理性，六是解释和澄清自己的观点或主张，七是辩护自己的观点或主张、反驳他人的质疑，八是通过交流来修改自己的观点或主张。[5] 可见，学习者学习知识的过程承载了批判性思维的活动过程，所以说论证式学习的过程本质即批判性思维的训练和发展过程。

---

[1] 王星乔、米广春：《论证式教学：科学探究教学的新图景》，《中国教育学刊》2010年第10期，第50—52页。
[2] 潘瑶珍：《科学教育中的论证教育》，博士学位论文，华东师范大学，2013年。
[3] 黄翎斐、胡瑞萍：《论证与科学教育的理论和实务》，《科学教育》2006年第292期，第15—28页。
[4] 潘瑶珍：《科学教育中的论证教育》，博士学位论文，华东师范大学，2013年。
[5] 潘瑶珍：《科学教育中的论证教育》，博士学位论文，华东师范大学，2013年。

四 论证式教学的策略与模式

(一) 论证式教学策略

Cavagnetto (2010) 根据课堂教学所涉及的科学性质及论证活动的目的和性质,提出了论证式教学的三种教学策略:第一种是将论证活动融入学科教学实践的沉浸式教学策略;第二种是教师事先向学生教授论证结构,然后学生在学习活动中实践应用这一结构;第三种是对社会议题进行科学论证,强调社会在科学中影响的社会科学式教学策略。[1]

王星乔与米广春 (2010) 提出了三种论证式教学策略,第一种是利用冲突引入论题,第二种是加强表征和充分论证,第三种是追踪论证并及时改进。[2] 利用冲突引入论题策略:要求论题要具有知识性、辩论性和实践性,知识性即论题与学习内容存在联系,辩论性是指论题应涉及"迷思概念"等内容进而引发学生讨论和争鸣,实践性是指论题可以通过论证实践来完成或解决。加强表征和充分论证策略:教师培养和训练学生运用标准用语、图表等方式收集证据材料,并在课堂上对自己的观点和意见进行交流表达。追踪论证并及时改进策略:在论证过程中,学生需要考虑论据是否支持论点、是否充分有效、是否存在例外等,并且教师要有效控制论证的进程,确保论证活动指向预期目标。

综合前面提到的教学策略可以发现,论证式教学需要两种教学情境,一种是问题情境,另一种是交流情境。问题情境是开展论证式教学的前提,只有具备了问题情境,论证活动才有存在的必要,论证活动就是围绕具体的问题展开论述、举证或反驳等。交流情境是论证活动的具体依托,论证的具体开展是依托论证双方或多方的对话交流来进行的,没有了交流情境也就无法开展论证活动。在论证教学中,教师的支架作用也是十分必要的。

---

[1] Cavagnetto, A. R., Argument to Foster Scientific Literacy: A Review of Argument Interventions in K-12 Science Contexts, *Review of Educational Research*, Vol. 80, No. 3, 2010, pp. 336–371.

[2] 王星乔、米广春:《论证式教学:科学探究教学的新图景》,《中国教育学刊》2010 年第 10 期,第 50—52 页。

(二) 论证式教学的模式

目前关于论证式教学的模式主要有七种，它们分别是桑普森（Sampson）的 ADI 模式、苏格拉底（Socrates）的对话模式、亚里士多德（Aristotle）的三段论模式、吐尔敏（Toulmin）的 TAP 论证模式、罗森（Lawson）的论证模式、库恩（Kuhn）的论证模式和沃斯（Voss）和米恩斯（Means）的论证模式。

1. 桑普森的 ADI 模式

桑普森（2010）等人把论证和探究进行了整合，并提出了论证驱动的探究式教学（Argument-Driven Inquiry）模式，简称 ADI 模式。该教学模式主要包括八个环节：第一步环节是提出任务，第二步是收集材料，第三步是分析数据、建构论证，第四步是召开论证会议，第五步是完成研究报告，第六步是学生相互评价，第七步是改进完善，第八步是讨论反思。[①]

2. 苏格拉底的对话模式

苏格拉底是古希腊文明的代表人物，其对话模式的论证方法引领了当时的人们对世界进行探究，在当时成为典型的论证方式。苏格拉底的对话模式就是在与学生对话时，不是将学生应该知道的事情告知他们，而是通过不断的提问使学生陷入矛盾且被迫承认自己无知的窘境，对学生进行启发引导并辅助学生自己总结结论，进而使学生逐步清晰掌握相关概念或命题。简单概括苏格拉底的对话论证过程，就是"问题—悖论—助产—归纳"四个环节。

3. 亚里士多德的三段论模式

亚里士多德是古希腊时期修辞型论证的代表人物，其三段论机构就是通过大前提、小前提和结论三个要素来进行过程论证。具体的三段论，就是以前两个命题为前提基础，推理出第三个命题这个结论，也就是基于大前提（搜寻证据）和小前提（探究理由）来推理出结论（形成观

[①] Sampson, V., Walker, J. & Dial, K., Learning to Write in Undergraduate Chemistry: The impact of Argument-Driven Inquiry, Paper Presented at the 2010 Annual International Conference of the National Association of Research in Science Teaching (NARST), Philadelphia, PA.

点），这一论证结构已经成为形式逻辑论证的典型模式。

4. 吐尔敏的 TAP 论证模式

吐尔敏作为当代的著名的思想家，曾师从 20 世纪顶尖级哲学家维特根斯坦并提出了经典的 TAP 论证模式，即 Toulmin Argument Pattern 的英文首字母的缩写形式，TAP 模式由主张（claim）、资料（data）、支持（backing）、正当理由（warrant）、限制条件（qualifiers）和反驳（rebuttal）等六个要素构成。① 主张是指论证者提出的或是在论证中试图证明的观点或结论，是一种断言或论断。资料是论证主张的缘起，更是提出论断的根据所在，主要是由事件事实、统计资料、数据图表、典型文献、论断引言等组成。支持是指在论证过程中所必须依据或遵循的规则、定律、原理、条文或公理等，是大家普遍接受的认知或通则，为提出主张奠定基础。正当理由就是对根据数据资料推理出主张的原因进行说明和解释。限制条件是对正当理由的一个补充，因为有些正当理由对于主张的证明仅具有一般性，需要对一些特殊情形加以限制或约束，以满足论证的充分和必要。反驳就是指出主张不成立的特殊情况，也就是与主张相对应的反例。

5. 罗森的论证模式

罗森是就职于美国亚利桑那州立大学的世界知名科学教育专家，罗森论证模式与科学家实际解决问题时的思考与验证过程的契合度较高。一般情况下，科学家的思考过程是从提出假设开始的，这一假设需要经过实践的验证，这样的过程即为一种论证的过程。罗森认为论证起始于观察，学生根据观察到的现象形成一种或多种暂定的解释，并尝试提出一个有潜在可能的"假设—预测"的论证，然后进行测试和实践检验，并得出相应的结论。② "IF/Then/Therefor" 是罗森论证模式中常用的典型句式，用来连接论证中的核心语句。罗森论证模式的关键步骤有以下几步：一是做初始观察；二是思考问题成因；三是提出朴素的初始假说；四是提出在具体条件下成立的假设；五是落实实践检验；六是将实践结果与预期

---

① 潘瑶珍：《科学教育中的论证教育》，博士学位论文，华东师范大学，2013 年。
② 潘瑶珍：《科学教育中的论证教育》，博士学位论文，华东师范大学，2013 年。

结果进行比较;七是重复前面六个步骤,直到假说与实践结果一致。①

6. 库恩的论证模式

库恩主要从认知的视角来分析和看待论证,倡导通过论证的方式来深入了解科学的认知,并且将知识信念作为其论证理论的基础。库恩认为,知识层次越高者越能够进行以理论和证据为基础的论证,并对理论与证据的关系进行协调,更容易获得相对适切的观点。在库恩看来,具备知识信念的判断即是理论与证据相协调的论证;让学生进行相互讨论、论战、质疑和辩论,有助于对自己观点与他人观点相协调。②

7. 沃斯和米恩斯的论证模式

沃斯和米恩斯的论证模式主要由主张(C,Claim)和支持主张的理由(R,Reason)两个要素构成,两者认为非形式论证主张的是貌似真实或可能为真的观点,典型的非形式论证也被称为省略推理法,省略推理法就是将前提进行隐藏或省略,直接呈现出主张和支持这一主张的理由。③ 显然沃斯和米恩斯的论证模式属于省略式推理模式,通过沃斯和米恩斯的发展,共提出了骨骼型论证模式、增强型论证模式和详尽型论证模式三种论证模式,后两种模式较前者多出了具备资格的论述(Q,Qualifying)这一要素,具体模式的构成如图4-3、图4-4、图4-5所示。

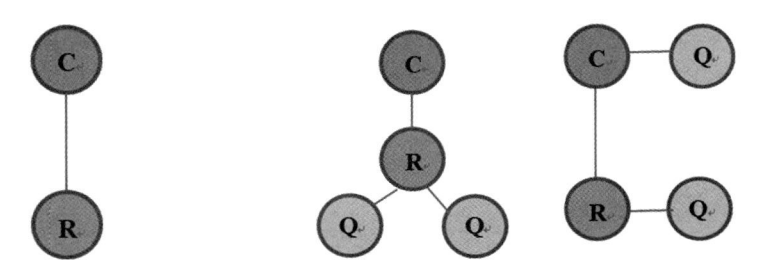

图4-3 骨骼型论证模式   图4-4 增强型论证模式

---

① Lawson, A. E., How do Humans Acquire Knowledge, And What Does that Imply About the Nature of Knowledge? *Science & Education*, 2000, pp. 577-598.
② 潘瑶珍:《科学教育中的论证教育》,博士学位论文,华东师范大学,2013年。
③ 潘瑶珍:《科学教育中的论证教育》,博士学位论文,华东师范大学,2013年。

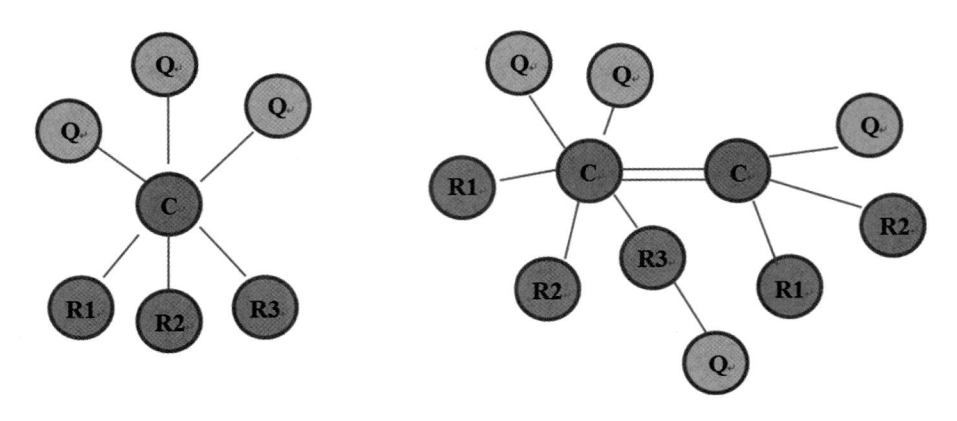

图 4-5　详尽型论证模式

上述七种论证模式是提出者们分别从不同的理论观点出发，对论证活动过程环节进行的梗概描述，为教育教学实践提供了模式参考，实践人员可根据教学内容和教学对象来选择具体的论证模式或方法，为有效开展论证式教学奠定基础。

五　小结

通过前面对论证式教学概念意涵和本质特征的梳理，得知论证的本质是一种认知过程，是对有争议的观点或矛盾想法进行辩论或批驳的过程，更是一种批判性思维过程。在论证式学习活动中，学习者学习知识的过程承载了批判性思维的活动过程，所以说论证式学习的过程本质即批判性思维的训练和发展过程。这正是选择论证式学习理论作为本书基础理论的原因所在。

第五节　混合式学习理论：学习环境与技术应用的方式

混合式学习是继在线学习（E-Learning）方式出现后的又一种新的学习方式，是指将在线学习和面对面学习两种学习方式混合使用的一种学习方式。

一　混合式学习的基本概念

英国学者索恩（Kaye Thorne，2003）认为，混合式学习是对在线学习的进一步发展，是将在线学习中融入传统学习的一种学习方式。① 印度 NIT 公司（2002）在《混合式学习白皮书》中将混合式学习定义为是一种将传统课堂学习与在线学习、程序式学习相结合的新型学习方式。② 德里斯科尔（Driscoll，2002）认为，混合式学习即将学习技术与具体的学习任务相混合或结合，以谋求学习和工作的协调一致。③ 美国学者霍夫曼（Hofinann，2001）认为，混合式学习就是将合适的媒体通过恰当的组合方式来呈现合适的学习内容，从而取得最优化的学习效果。④ 美国培训与发展协会的辛格和瑞德（Singh & Reed，2001）认为，混合学习是在适当的时间、为适当的对象、以适当的传递媒体并通过适当的学习方式来提供适当的学习内容，并以最小的投入获得较高的学习收益的一种学习类型。⑤

何克抗（2005）教授认为，混合式学习（Blending Learning）就是要将传统学习方式和在线学习方式的优势相结合，即在发挥教师引导、启发、监控教学过程的主导作用的同时，又充分体现学生作为学习过程主体的主动性、积极性与创造性，通过二者优势互补，以获得最佳的学习效果。⑥ 李克东教授（2004）认为，混合式学习是人们对网络学习进行反思后的产物，是将课堂面授和在线学习进行整合后，谋求降低成本、提

---

① ThomeK., Blended Learning: How to Integrate Online & Traditonallearning. Kogan Page Publishers, 2003.
② 田世生、傅钢善：《Blending Learning 初步研究》，《电化教育研究》2004 年第 7 期，第 7—11 页。
③ Driscoll, M., Blended Learning : Let's Get Beyond the Hype, Learning and Training Innovations, 2002, pp. 1 – 3.
④ 祁林亭：《混合式学习环境下网络协作学习效果影响因素是实证研究》，硕士学位论文，华中师范大学，2017 年。
⑤ Singh, H. & Reed, C., A white Paper: Achieving Success With Blended Learning, Los Angeles: Centra Software, 2001.
⑥ 何克抗：《从 Blending Learning 看教育技术理论的新发展》，《国家教育行政学院学报》2005 年第 9 期，第 37—48、79 页。

高效益的一种学习方式。① 祝智庭（2003）认为混合式学习是"在'适当的'时间，通过应用'适当的'学习技术与'适当的'学习风格相契合，对'适当的'学习者传递'适当的'能力，从而取得最优化的学习效果的学习方式"②。黎加厚（2004）认为，混合式学习是对所有的教学要素进行优化选择和组合，以达到教学目标的一种学习方式③；具体而言，就是师生在学习活动中将多种教学方法、策略、媒体或技术等根据学习需要进行熟练地运用的一种学习方式或状态。④ 黄荣怀（2009）将辛格和瑞德的概念解释为：混合式学习是在适当的时间，运用适当的技术满足学习者适当的学习风格需求，提高其适当的能力，进而取得最优化学习效果的学习方式。⑤ 邵秀英和刘敏昆（2015）结合教师角色对混合学习给出了新的阐释，认为混合学习是以培养学生自主学习能力为出发点，运用多种信息技术、学习技术、教学方法和学习方式的教学模式，为学生提供最优化的学习环境，旨在提高教学质量和教学效率。⑥

综合国内外专家学者的学术观点，本书认为：混合式学习即针对学习者风格、学习内容的特点和需求，选择不同的学习媒体和技术手段，将传统的课堂面授和数字化在线学习进行有机的融合，追求学习方式、技术手段、学习内容与学习者之间的适切性，进而实现教学效果的最优化。

---

① 李克东、赵建华：《混合学习的原理与应用模式》，《电化教育研究》2004年第7期，第1—6页。
② 祝智庭：《远程教育中的混合学习》，《中国远程教育》2003年第10期，第30—32页。
③ 黎加厚：《关于"Blended Learning"的定义和翻译》，http://ytumetcqcm.bokee.com/1283321.html，2004年12月20日。
④ 黎加厚：《关于"Blended Learning"的定义和翻译》，[2008-06-10]，http://www.jeast.ne/jiahou/arehives/000618.html。
⑤ 黄荣怀、马丁等：《基于混合式学习的课程设计理论》，《电化教育研究》2009年第1期，第9—14页。
⑥ 邵秀英、刘敏昆：《浅谈混合学习中教师角色的转变》，《中国教育信息化》2015年第22期，第70页。

二 混合式学习的基本内涵

通过分析和概括前面国内外学者提出的定义或解释，可以将混合式学习的基本内涵聚焦在"混合"一词，具体混合的内容或对象，可简单概括如下。

一是指学习理论的混合。混合式学习之所以能够以新的学习方式出现，就在于新的学习理论与传统学习理论的有机融合，随着混合式学习的不断发展和教学实际需要，可将愈来愈多的学习理论进行融合使用，主要有建构主义学习理论、人本主义学习理论、认知主义学习理论、行为主义学习理论等，只有将上述学习理论进行有机融合，才能为混合式学习提供扎实的理论指导，切实为师生的教与学服务。

二是指学习方式的混合。这是混合式学习的典型特征，是指将传统的面对面的学习（线下学习）方式与基于网络的在线学习方式进行混合，也是当前日常教学环境中普遍应用的学习方式。

三是指学习环境的混合。目前的学习环境主要可以划分为两大类：一类是基于传统的实物设备、器材、仪器等的物理环境，又称真实的学习环境；另一类是基于计算机网络、多媒体信息技术、数据库技术和移动终端等的虚拟学习环境，将真实的学习环境与虚拟的学习环境进行混合使用，以此来满足教学活动的不同需求。

四是指学习资源的混合。主要指资源类型之间的混合，一类是包括纸、笔、教科书等的传统学习资源；一类是包括音频、视频、动画、图片、电子文档等数字化学习资源，根据学习活动设计与开展需要，可将传统学习资源与数字化学习进行融合，以满足教学活动对学习资源的需求。

五是指学习媒体的混合。主要指传统媒体和现代媒体间的混合，也指传统媒体间或现代媒体间混合，传统学习媒体主要包括教科书、粉笔、黑板等，现代学习媒体主要包括由计算机软件和硬件构成的电子媒体，在直观性、交互性、现场性等方面形成优势互补，满足了学习活动对不同形式的信息传播的需要。

综合上述分析，混合式学习是对学习活动进行多角度、多方面的混合，以此来满足学习活动的多重需求。其实质即根据不同的学习需要，选择不同的学习理论作为指导，运用恰当的学习方式、学习媒体、学习环境等条件因素以追求最佳的学习效果。

三　混合式学习的支撑理论

混合式学习理论的提出，主要从人的发展和媒体选择两大方面进行考虑，为以建构主义、人本主义、麦克卢汉的媒体理论等理论和施兰姆的媒体选择定律为理论支撑。具体观点如下。

首先，以麦克卢汉的"媒体是人体的延伸"理论来指导对教学媒体的认识和理解。马歇尔·麦克卢汉（Marshall Mcluhan）是加拿大著名原创媒介理论家，在其出版的《媒介通论：人体的延伸》（1964）一书中，提出了一种重要的观点：即媒体是人体的延伸，这一理论对教育产生了重要影响。媒体的延伸既提高了人的思维感觉能力，又打破了感官之间的平衡，可以使某一感官能力明显优于其他感官；由于媒体的延伸方向各有不同，这就意味着媒体功能具有互补性，也意味着各种媒体都有其优势和不足，进而可以引申为媒体是可以相互补充的；同时媒体延伸也促进媒体自身进一步向更深更广发展，以求生存。[①]

其次，以施兰姆的媒体选择定律为媒体技术的选择依据。施兰姆（W. Schramm）是美国著名传播学家，于1954年提出了媒体选择定律，用来阐释影响人们选择和应用媒体的行为依据，该定律可以用公式表示为"预期选择概率＝可能得到的报酬/需要付出的代价"，"可能得到的报酬"是指学生通过媒体应用可能获得的知识和技能，"需要付出的代价"是指制作媒体所需的费用和付出的努力，亦可概括为成本。从定律公式可以看出，媒体的选择使用应追求提高报酬与代价的比值为价值导向，混合式学习与这一定律的价值导向相契合。

[①] 李克东、赵建华：《混合学习的原理与应用模式》，《电化教育研究》2004年第7期，第1—6页。

再次，以建构主义学习来指导混合式学习的重点是促进学习者的意义建构。建构主义学习理论强调学习是学习者对知识内容积极建构过程，而不是被动地接受知识或来自外界的信息。建构主义学习者能够根据自身学习特征和认知情况，与学习内容进行交流反馈，实现有效的学习意义建构。建构主义关注的学习要素也是混合式学习的重要构成要件，建构主义学习所需要的情境和交流正是混合式学习环境构建过程中的主要任务和目标，通过传统课堂面授和网络在线学习的有效融合，满足学习者的学习交流和意义建构。

最后，以人本主义学习理论来指导混合式学习的目的是促进学习者的全面发展。人本主义学习理论主张应充分关注学习者的个性化发展，让学生在知识、能力、情感态度等方面得到充分的发展，可以说促进学习者的全面发展是人本主义学习理论的更高追求，这也是混合式学习的目标之所在。混合式学习通过打破时间和空间的局限，为学习者提供了更方便的学习条件和环境支持，借助网络等信息技术手段为学习者提供丰富的数字化学习资源，同时也为学习者创设了虚拟的学习空间和学习环境，激发了学习者学习兴趣和动机，促进了学习者与教师和同伴之间的交流和反馈，为思维教学和深度学习奠定基础和理论支持。

四 混合式学习的应用模式

学习模式是在具体的学习理论指导下体现出的特殊的学习样式，该样式由特殊的学习流程或学习方式来表征出区别于其他学习样式的特征，对学习者或教师而言具有指导作用。典型的混合式学习模式主要有乔希·贝尔辛提出的四环节模式、李克东的八环节模式和黄荣怀的三环节模式。

（一）乔希·贝尔辛的四环节模式

乔希·贝尔辛模式将混合式学习流程划分为四个环节，如图4-6所示，第一个环节主要是对学习需求进行识别和定义，由于学生的学习需求是个性化且复杂多样的，所以设计和开展学习活动之前对学习需求进行明确是十分必要的，只有明确了学习需要才能更好地提供精准教学。

第二个环节是对学习者特征进行分析，制订相应的学习计划和测量策略，为开展学习活动提供任务规划和评价方法。第三个环节是选定必要的学习基础设施和准备学习内容，为开展学习活动做好实施前的准备。第四个环节是执行学习计划，跟踪学生的学习过程并对学习结果进行有效测量。该模式的核心环节是选择适合的基础设施，为学习活动创设适切的学习环境。①

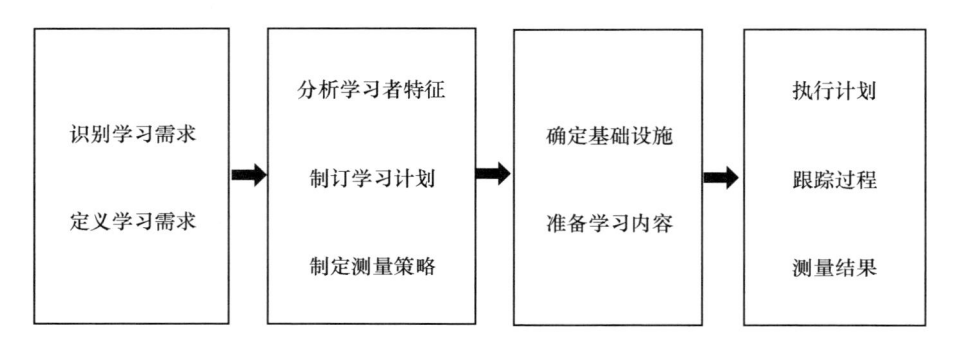

图 4-6　乔希·贝尔辛的四环节模式图

（二）李克东的八环节模式

李克东模式主要由八个教学环节组成，如图 4-7 所示，第一个环节是要确定学习活动的目标，为后续的其他环节提供目标导向；第二个环节是制定完成目标任务的绩效标准；第三个环节是选择合适的信息传递媒体或通道；第四个环节是进行具体的学习活动设计；第五个环节是制定系统的学习支持策略；第六个环节是实施学习计划并对学生进行行动观察；第七个环节是对学习活动进行系统评价和反馈；第八个环节是结合行动观察和评价反馈对学习计划进行修改和完善，以此来提高下一轮学习活动质量。②

---

① Valiathan, P. Blended Learning Models [DB/OL] www.learningcircuits.org/ 2002/。转引自李克东、赵建华《混合学习的理论原理与应用模式》，《电化教育研究》2004 年第 7 期，第 1—4 页。

② 马志强、孔丽丽、曾宁：《国内近十年混合式学习研究趋势分析——基于 2005—2015 教育技术领域学位论文》，《现代远距离教育》2015 年第 6 期，第 73—81 页。

第四章 基于技术的批判性思维教学实践的理论基础 / 133

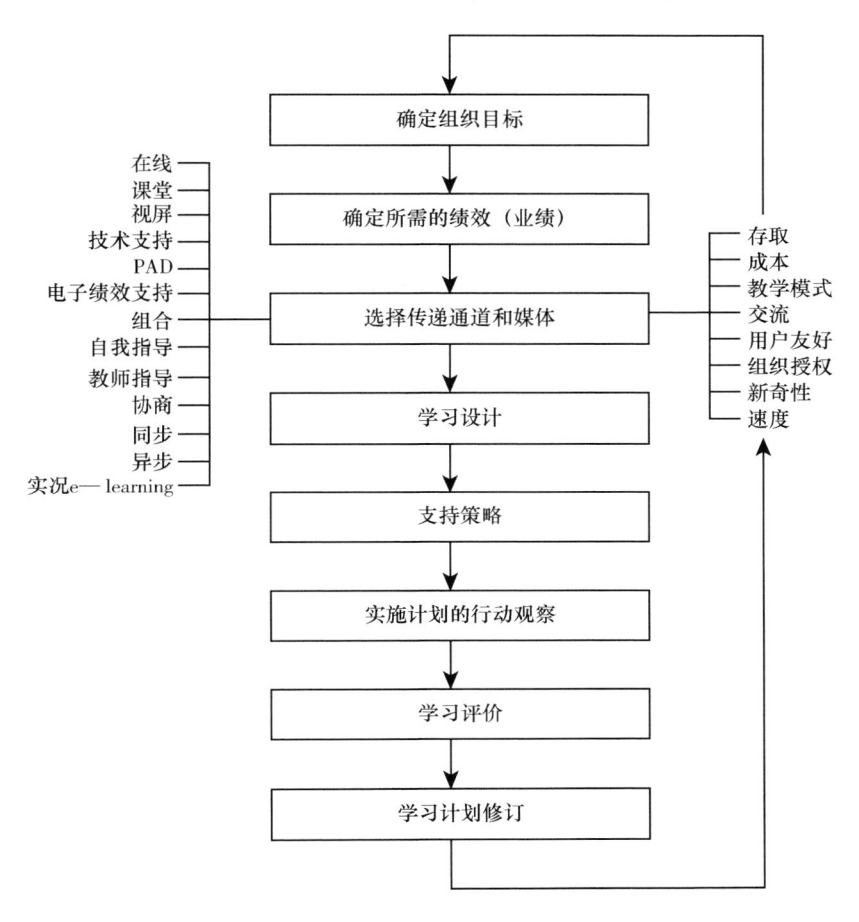

```
                    ┌─→ 确定组织目标 ──┐
                    │         ↓        │
在线 ┐               │  确定所需的绩效（业绩）
课堂 │               │         ↓        │
视屏 │               │                  ├─ 存取
技术支持 ├──→          选择传递通道和媒体 ├─ 成本
PAD  │               │         ↓        ├─ 教学模式
电子绩效支持 ┤          │                  ├─ 交流
组合 ┤               │     学习设计      ├─ 用户友好
自我指导 ┤              │         ↓        ├─ 组织授权
教师指导 ┤              │                  ├─ 新奇性
协商 ┤                │     支持策略      ├─ 速度
同步 ┤                │         ↓        │
异步 ┘                │  实施计划的行动观察
实况e—learning         │         ↓        │
                    │     学习评价      │
                    │         ↓        │
                    │    学习计划修订 ──┘
```

图 4-7 李克东的八环节模式图

（三）黄荣怀的三环节模式

黄荣怀模式依照先后顺序将混合式学习划分为前端分析、活动与资源设计、教学评价设计三个环节，如图 4-8 所示。在前端分析环节，主要完成对学习者特征、学习对象和学习环境进行系统分析，并形成分析报告为下一环节参考使用。在活动与资源设计环节，主要完成包括学习单元、传递策略和学习支持条件在内的总体设计，包括绩效定义、活动目标、活动组织和单元评价的单元设计，以及包括内容选择、案例开发和呈现设计与开发的资源设计与开发三个部分，同时要形成总体设计报告，供下一环节参考使用。在教学评价设计环节，主要包括学生学习过程评价、课程考核方案和活动组织评价三个方面。①

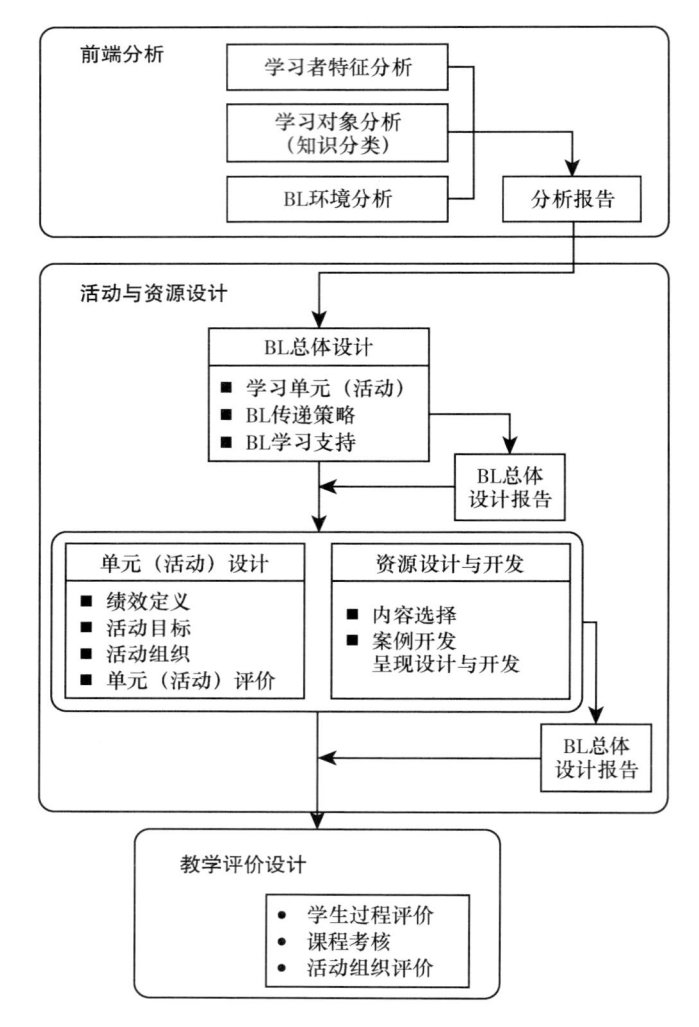

图 4-8　黄荣怀的三环节模式图

综上所述，关于混合式学习的研究已经基本成熟，国内外学者们已经对混合式学习概念内涵、理论基础、具体模式和选择依据等进行了系

---

① 黄荣怀、马丁、郑兰琴等：《基于混合式学习的课程设计理论》，《电化教育研究》2009年第1期，第9—14页。

统而深入的研究，相关研究成果和结论得到了认可并达成了共识，为开展混合式学习的理论与实践研究奠定基础。

五 小结

混合式学习是通过在学习理论、学习方式、学习环境、学习资源和学习媒体等方面的混合，来追求学习内容、学习者和技术的适切性，目的是促进学习者的全面发展。学校日常的学科教学正是在上述学习要素的混合样态下进行的，这与混合式学习的思想理念相契合。本书就是想在真实的学科教学情境中，通过技术手段来促进学生批判性思维的发展，这也就说明了本书选择混合式学习理论的目的和原因。

第五章

基于技术的批判性思维教学活动模型的建构与验证

前面几章已经对技术促进学生批判性思维发展的教学实践研究的现状及基础理论进行了研究和梳理,主要针对初中生的批判性思维水平不高、意识不强,以及相关因素分析、厘清问题要素和系统评改方案方面的发展短板问题,本章对"促进学生批判性思维发展的学习活动模型"进行了理论构建,并分别在线下学习环境和在线学习环境下对活动模型进行了实践验证,同时还在实践中对思维导图式的议论文写作评改支架和虚拟在线交流平台应用进行了探索,为后面的教学实践研究奠定了基础。

第一节 基于技术的批判性思维教学活动模型的理论构建

学习活动模型,就是以框架模型的形式来对学习活动实施的步骤或流程进行系统表征,为教师和学生设计和参与学习活动提供模型指导。促进学生批判性思维发展的学习活动模型,就是针对批判性思维教学活动的实施流程进行的一种系统表征,为教师和学生设计和参与批判性思维学习活动提供参考和指导。

国内学者王楠(2014)在活动理论和学习活动框架的基础上,提出了在线学习活动设计模型,模型共由背景分析、任务设计、场景设计、辅导支持设计和评价设计五个部分组成①,为学习活动的设计提供了模型参考。

保罗(2018)及其团队根据特殊厘定的构成要素,开发了批判性思维和标准的在线学习模型,主要由目的、问题、信息、推理、概念、假设、隐含的问题和观点八个部分组成。②冯莹倩等(2014)在保罗模型的基础上,增加了清晰、缜密、准确、重要、相关、完整、逻辑、公平、广度、深度等十项思维标准,构建了批判性思维提问交互模型。③

格尔森(Garrison,2011)认为批判性思维培养的过程就是问题解决的过程,并将问题解决的流程分为心理和外部两个世界,心理世界以思维活动为主,外部世界以认知会话为主,两者相互促进并循环。具体流程可分成起始阶段、探究阶段、整合阶段和总结应用阶段四个阶段,各阶段的活动的开展需要结合问题情境和现实经验。④

俞树煜及其团队围绕问题解决过程提出了促进批判性思维发展的问题解决学习活动模型,模型主要从问题设计、角色设计和资源工具设计三个维度,并在角色设计维度分别关注教师和学生的角色分工。⑤

郭炯(2014,2015)等从技术支持的视角,围绕发现问题、信息处理和问题解决三个阶段构建了"技术支持批判性思维培养模型"⑥,后又运用支架学习策略对该模型加以修改,进而构建了"学习支架支持的批判性思维培养模型"⑦。

---

① 王楠:《在线学习活动设计模型研究》,《中国远程教育》2014年第4期,第31—34页。
② Foundation for Critical Thinking. To Analyze Thinking We Must Identify and Question its Elemental Structures [OL]. http://www.criticalthinking.org/ctmodel/logic-model1.htm 2007. 浏览时间:2018年3月27日。
③ 冯莹倩、徐建东、王海燕:《异步在线交流中促进学生批判性思维的提问模型构建》,《现代教育技术》2014年第6期,第31—34页。
④ Garrison DR, Anderson T, Archer W., Critical Thinking, Cognitive Presence, and Computer Conferencing in Distanceeducation, *American Journal of Distance Education*, Vol.15, No.1, 2001, pp.7-23.
⑤ 俞树煜、王国华等:《在线学习活动中促进批判性思维发展的问题解决学习活动模型研究》,《电化教育研究》2015年第7期,第35—41、72页。
⑥ 郭炯、郭雨涵:《技术支持的批判性思维培养模型研究》,《电化教育研究》2014年第7期,第41—47、65页。
⑦ 郭炯、郭雨涵:《学习支架支持的批判性思维培养模型应用研究》,《电化教育研究》2015年第10期,第98—105页。

以上学习活动模型的构建，可以说都是具体某一相关理论的再现，旨在为有效开展批判性思维教学实践提供指导工具。

一 模型建构的理论基础

前面已经提到，任何模型的构建都需要具体的理论为基础，该理论基础从构成要素、结构功能、价值取向等方面为模型构建提供指南，故模型通常被视作相关理论的再现。所以，构建基于技术是批判性思维教学活动模型，要从批判性思维内涵的界定和在线学习活动的特质出发，为下一步构建模型时厘清要素、明确结构和价值应用奠定基础。本书对批判性思维内涵的界定，是在对恩尼斯批判性思维概念理解的基础上，结合实际问题解决而给出的描述性定义。无论是运用批判性思维来帮助问题解决，还是借助问题解决来促进批判性思维发展，均体现了二者的内在一致性。关于问题在教育教学中的价值毋庸置疑，并且霍华德·巴罗斯（HowardBarrows）已经提出了基于问题的学习理论——PBL（Problem-basedLearning）理论；关于学习活动的设计，列昂捷夫（A. Leontyev）和恩格斯托姆（Y. Engestrom）等人也为相关研究提供了学习活动模型理论作为指导。

（一）恩尼斯的 FRISCO 概念模型

FRISCO 概念模型是恩尼斯批判性思维理论的核心部分，恩尼斯将批判性思维分为技能和意识两个部分，FRISCO 模型理论是技能领域的重要观点，该理论认为批判性思维技能主要包括聚焦（Focus）、探究（Reasons）、推论（Inference）、情境（Situation）、厘清（Clarity）、评价（Overview）六种技能，这六种技能具有系统性和连续性（黄芳，2013）。[①]聚焦技能，即明确问题、提出问题和聚焦问题本质的能力；探究技能，即探究问题的成因，在聚焦问题本质的基础上找出问题形成原因的能力；推论技能，从给定的情境和理由中得出结论的能力；情境技能，即遇到问题能够结合具体情境的能力，为问题解决把握情境要素；厘清技能，

---

① 黄芳：《大学生批判性思维能力培养方式实践探索》，博士学位论文，上海外国语大学，2013 年。

指在问题聚焦、探究和推理中排除干扰因素的能力；评价技能，指对思维的其他过程或环节进行反省审视的能力。上述六种技能是问题解决的重要环节，为学习活动的设计提供了结构要素的参考。

（二）基于问题的学习理论（PBL）

基于问题的学习理论（PBL）由霍华德·巴罗斯提出，最早应用于医学研究领域，后被推广到其他学科领域。基于问题的学习是以问题为起点、以问题解决为导向的一种学习方式，霍华德·巴罗斯总结提出了基于问题学习的教学流程，这一流程主要分为"组织学习小组—创设问题—执行问题—成果展示—反思评价"五个环节（付晓丽，2017）[①]。基于问题学习中的"问题"应该是需要学习者分工协作、思考探究来加以解决的劣构问题，Hong将问题解决归纳为问题表征、问题解决和监控评估三个阶段，问题表征阶段主要是通过筛选信息来描述和定位问题，问题解决阶段主要是制定并实施问题解决方案，监控和评估阶段是监控方案的实施过程并对可行性进行评估（俞树煜等，2015）[②]。学者赵玉洁（2017）将基于问题的学习概括为是一种有意义的学习，体现了建构主义的学习特质，同时具有"以人为本""关注学生学习需要"和"以学生为中心"等特点[③]。

（三）活动结构理论

活动理论的萌芽产生于维果斯基（L. Vygotsky）对人类实践活动的认识，他认为人的实践活动具有中介性。列昂捷夫在维果斯基认识的基础上将人类活动补充为实践活动和思维活动两个部分，认为个人内部的思维活动与外部的实践活动具有结构的相同性，并且都指向具体的对象。恩格斯托姆在继承二者观点的同时也发展了活动理论，强调人类活动的社会属性（于璐，2011）[④]。活动系统作为活动理论研究的基本单位，活动系统有六个基本要素，它们分别是主体、客体、群体、工具、规则和

[①] 付晓丽：《基于问题的深度学习研究》，硕士学位论文，河南师范大学，2017年。
[②] 俞树煜、王国华、聂胜欣等：《在线学习活动中促进批判性思维发展的问题解决学习活动模型研究》，《电化教育研究》2015年第7期，第35—41、72页。
[③] 赵玉洁：《基于问题的中学历史教学研究》，博士学位论文，华东师范大学，2017年。
[④] 于璐：《列昂捷夫的活动理论及生态学诠释》，博士学位论文，吉林大学，2011年。

分工，其中主体、客体和群体为核心要素，工具、规则和分工为次要要素（余亮等，2014）。① 人类活动结构模型如图 5-1 所示，主体与客体通过工具这一中介建立联系，工具是主体意识作用于客体在达到活动结果这一过程中所应用到的一切事物；主体与共同体通过规则建立联系，规则主要指共同体内部的道德约束、行为规范、文化认同和伦理关系等；共同体与客体间通过分工建立联系，分工是共同体对客体实施活动影响过程中的角色分工和利益分配等。

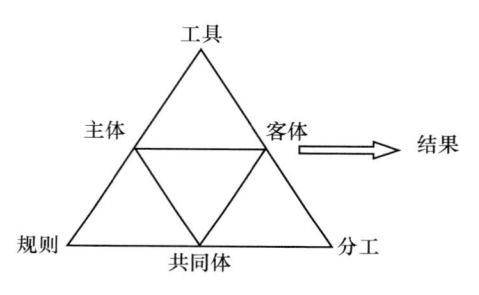

图 5-1　人类活动的结构图②

二　模型要素与流程的确定和设计

关于"基于技术是批判性思维教学活动模型"的构建，主要以恩尼斯的 FRISCO 模型理论和基于问题的学习理论为基础，运用活动结构理论做设计指导，结合开展在线学习活动的实际需求，尝试进行了模型建构。

首先，根据活动结构理论，将学习活动分为思维过程和实践过程两个部分，同时根据学习活动具体实施，确定主体、客体和共同体的要素。由于模型构建的目的是使学生通过在线学习来发展批判性思维水平，所以学生是学习活动主体，用来发展学生思维的活动（问题）为客体，教师和同学（同伴）为学习共同体，故在模型构建时将站在学生主体视角来对要素和结构加以呈现（如图 5-2 所示）。根据有效实施学习活动的

---

① 余亮、黄荣怀:《活动理论视角下协作学习活动的基本要素》，《远程教育杂志》2014 年第 1 期，第 48—55 页。

② EngestromY., Learning by Expanding: An Activity-Theoretical Approach to Developmental Research, Helsinki, Finland: Orienta-Konsultit, 1987, pp. 15-16.

实际需要，将教师和同学（同伴）这一学习共同体按照角色不同加以分工，并根据在线学习活动特点出发，提供软硬件资源作为活动工具。

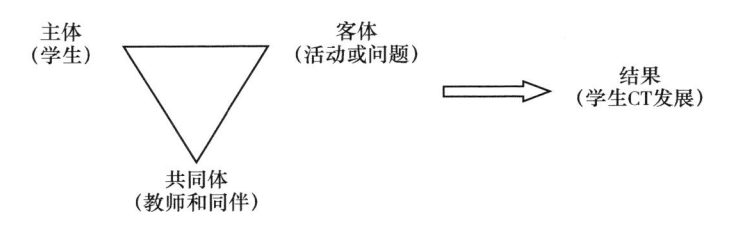

图 5-2　促进学生 CT 发展的在线学习活动结构图

其次，将恩尼斯的 FRISCO 模型理论与基于问题的学习理论进行系统整合，整合过程中发现 FRISCO 模型中的六要素与基于问题的学习中的"组织学习小组—创设问题—执行问题—成果展示—反思评价"五环节存在一定程度的对应关系，调整后基于问题的学习活动环节要素为"问题情境（S）—问题确定（F）—因素分析（R）—厘清要素（C）—提出方案（I）—系统评估（O）—问题解决（P）"，不难发现，新的学习活动环节要素是在 FRISCO 要素基础上补充了"问题解决"（如图 5-3 所示），这是为了满足活动理论的实践需要基于问题学习理论的问题解决需要。

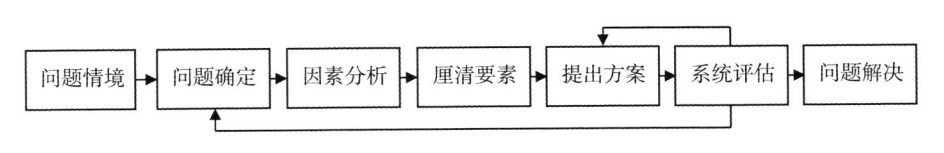

图 5-3　促进学生 CT 发展的问题活动流程图

再次，将问题活动流程要素按照活动结构理论中思维过程和实践过程进行划分。考虑到在促进批判性思维发展的问题解决活动中，无论是思维过程还是实践过程，均需要在具体的问题情境中来进行思考实践，所以将"问题情境"要素作为其他六个要素的背景。其余六要素除"问题解决"是活动的实践过程外，其他五要素均为思维过程。同时，分别明确教师和同伴分工，教师负责创设情境、提供支架、制定规则、参与评价等，同伴作为学习共同体，参与问题解决中的角色分工和学习评价。在线学习平台和在线学习资源是开展在线学习活动的基础，也是该学习活动模型构建的前提（如图 5-4 所示）。

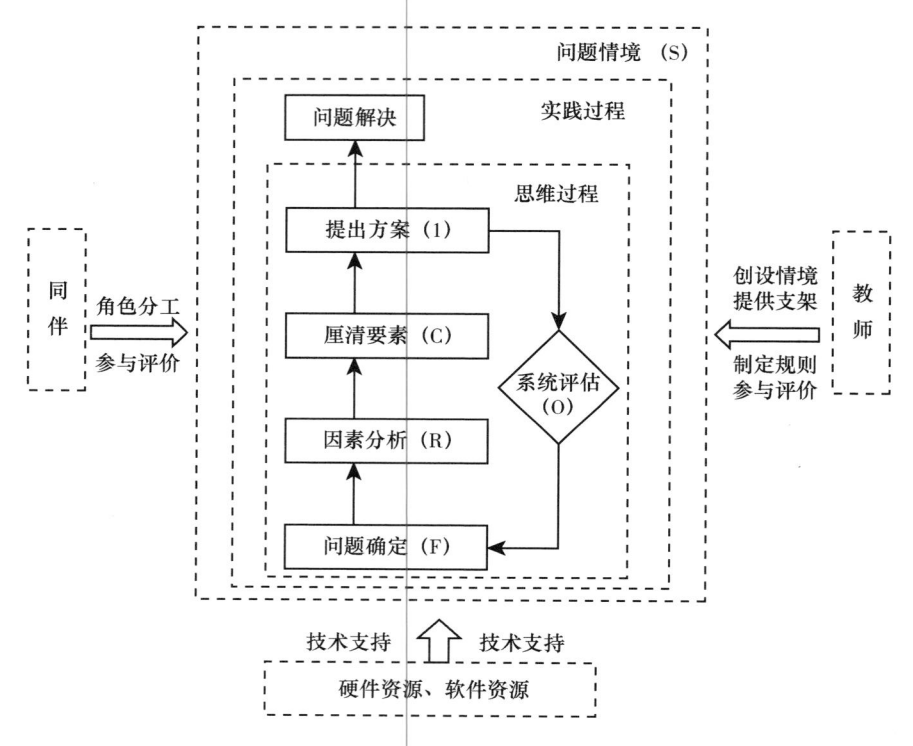

图 5-4 基于技术的批判性思维教学活动模型

最后，关于活动模型的要素与使用说明。学习活动模型主要由在线学习平台及资源、教师、同伴和问题解决活动过程主体四个部分组成，从开展学习活动所需的平台和资源、教师和同伴的角色分工、活动（问题解决）的过程环节方面给出了逻辑框架和操作指南。学习活动模型主要用于促进学生批判性思维发展的 PBL 学习活动，由于批判性思维教学的对象群体的认知发展应达到形式运算阶段，认知发展阶段理论认为处于这一认知发展阶段的儿童一般应在 12 岁以上，所以本书构建的学习活动模型适用于 12 岁以上的学习者。

第二节 基于线下学习环境的模型验证及技术探索

一 基于写作课程开展批判性思维教学的研究现状

作文写作是作者经过思维考虑和语言组织并通过文字表达的一种思维表达方式。有研究认为写作活动能够促进个体进行更广视角、更深层次的自我反思（Pennebaker et al.，1990）。[1] 议论文是中国学生在初中阶段新学习的一种文体，主要通过摆事实或讲道理的方式来对生活中的人、事、物或社会现象发表自己的看法、见解，有效的议论文写作训练可以促进学生思维能力的发展，有助于优化学生思维品质。目前初中生的议论文写作存在一系列的问题，主要集中在审题立意、论据、论证三个方面。审题立意方面的问题主要表现为立意不够准确，混淆事实和观点、错把事实描述成观点，立论的高度不够；论据方面的问题主要表现为罗列论据、缺乏分析，论据材料角度单一，叙述过详、叙议部分，论据与论点不符；论证方面的问题主要表现为问题不符，不会点题，游离论点和逻辑性不强等（徐敏，2018）。[2]

作文与批判性思维的关系非常密切，有学者认为写作是批判性思维的过程和结果（Bean，1996[3]；Zeiser，1999[4]），布鲁姆认为批判性思维是在了解材料的基础上组织成自己的语言（bloom，1956）[5]，梅耶认为批判性思维的主要特征是在理论联系实际、分析复杂情况和综合竞争方法

---

[1] Pennebaker, J. w., Czajka, J. A., Cropanzana, R., & Richards, B. C., Levels of Thinking, *Personality and Social Psychology Bulletin*, Vol. 16, 1990, pp. 743–757.
[2] 徐敏：《晒晒写作议论文中的那些"老毛病"》，《学语文》2018 年第 9 期，第 82—84 页。
[3] Bean, J. C., Engaging Ideas: The Professor's Guide to Integrating Writing, Critical Thinking, and Active Learning in the Classroom, San Francisco: Jossey-Bass, 1996, pp. 105–108.
[4] Zeiser, P. A., Teaching Process and Product: Crafting and Responding to Student Writing Assignments. Political Science and Politics, Vol. 32, 1999, pp. 593–595.
[5] Nancy, N., Ruth, Z. Ruth, Z., Using Bloom's Taxonomy to Teach Critical Thinking Skills to Business Students, College & Undergraduate Libraries, 2008, pp. 159–172.

的基础上能够评估论证（Meyers，1986）①。De（2012）等人认为，能够对多种观点相互冲突的信息来源进行评估和解释是产生有效论据的前提，其实质就是个人批判性思维能力的具体体现。写作中的批判性思维是通过分析和评估构建学生元认知的论据来训练和发展的（Swartz，2008）②。Newell（1986）针对11年级学生的作文写作进行了实践研究，发现具有说服力的写作能够锻炼探索问题和批判思考的能力，并明确地提出，对于发展批判性思维而言，写作本身就是一种教学工具。③ Quitadamo & Kurtz（2007）明确提出，写作是提高学生批判性思维能力的最佳方法之一④。

二 基于活动模型的议论写作评改学习活动设计探索

（一）基于活动模型的议论文写作评改学习活动流程设计

根据《促进学生批判性思维发展的学习活动模型》的设计思想，将学习活动与问题解决紧密联系起来，围绕问题解决的思维过程来开展学习活动并促进学生批判性思维的发展。因此我们将议论文写作与评改视为有待解决的具体问题，参照活动模型来对其进行流程设计，具体的学习流程是：第一步是教师在写作之前进行集体指导，第二步是学生完成初稿的写作，第三步是对作文进行同桌互评，第四步是对作文进行小组互评，第五步是对作文进行全班互评。以此来增进彼此间的学习交流和意见表达，通过学生们不同观点的表达交流来促进个体间的思维碰撞，训练学生对他人意见的分析判断能力和对自己观点的表达和说服能力，从而提升学生的批判性思维发展水平，进而提高学生的作文写作水平。

---

① Meyers, C. Teaching Students to Think Critically. San Francisco: Jossey-Bass. 1986, pp. 86 – 91.

② Swartz, R. J. Teaching Students How to Analyze and Evaluate Arguments in History, *The Social Studies Journal*, Vol. 99, No. 5, 2008, pp. 208 – 216.

③ Newell, G. E., Learning From Writing: Examining our Assumptions, *English Quarterly*, 1986, Vol. 19, No. 4, pp. 291 – 302.

④ Quitadamo, I. J., & Kurtz, M. J., Learning to improve: Using Writing to Increase Critical Thinking Performance in General Education Biology, *CBE—Life Sciences Education*, Vol. 6, No. 2, 2007, pp. 140 – 154.

（二）对基于活动模型的议论文写作评改学习活动流程的实验检验

1. 实验对象

根据目前初中阶段的教育实际，议论文是初中生新接触的一种写作文体。鉴于 7 年级初步学习议论文写作而训练难度较大，而 9 年级学生又面临中考升学压力等因素考虑，因此，选择初中 8 年级的学生来做实验被试更为合适。所以，本书选择了吉林省 S 市 E 中学八年级一班和二班两个自然班的学生作为实验对象，两个班的语文课程教学同时由于老师承担，满足了开展对比教学的条件控制要求。

2. 实验时间

2016 年 4—5 月，共计四周。

3. 实验内容

以"保护大自然"为主题，题目自拟，完成一篇 800 字左右的作文。

4. 实验环境

两个班均在没有网络的线下自然课堂教学环境中进行教学。

5. 活动设计

变量设计：自变量是由实验者操纵、掌握的变量，本书的自变量是议论文写作评改学习活动流程设计；因变量是实验中由于实验变量而引起实验对象的变化和结果，本书的因变量是学生的学业水平（批判性思维发展水平和议论文写作能力）。关于无关的控制主要采用以下几种手段，一是要求实验班和对照班的学生在开展教学实验前，在学业水平方面保持同质，二是两个班均由同一名教师开展教学实验活动，三是聘请任课教师之外的语文教师来对学生的学业水平进行评价，四是实验班和对照班均采用单盲实验的方法，即只有实验教师知道变量的控制情况，学生不知道自己正在参加教学实验，更不知道自己是在实验组还是控制组，这样处理可以避免研究对象的主观因素对实验带来的影响。

对照班：采用传统的作文写作教学，基本上可以概括为四个步骤：首先，由语文教师在写作之前进行集体指导，着重在文章立意和写作素材方面给学生以举例和提示；其次，是由学生按照教师前面的指导独立完成作文初稿并统一提交；再次，教师对学生作文进行批阅，并结合批阅中发现的问题进行课堂讲评；最后，学生结合教师的评语自行修改和完善。

实验班：实验班学生的写作学习严格按照前面提出的基于活动模型设计的写作评改学习活动，通过实验来检验这一议论文写作评改学习活动流程的学习效果。

6. 实验班观察记录

（1）写前指导

教师在学生写作之前，针对《保护大自然》这一指定题目的写作活动进行了较为系统的指导。教师首先在作文写作立意方面进行了重点说明，教师结合党的十八届五中全会上提出的"五大发展理念"即"创新发展、和谐发展、绿色发展、开放发展、共享发展"中的绿色发展理念，并借用习近平总书记讲话中提到的"绿水青山就是金山银山"经典语句来诠释保护大自然的重要意义，为写作立意奠定了基础。

在文章构思方面，教师建议学生将写作尝试与环境保护、水污染、大气污染、保护动物、全球变暖等人与自然和谐发展的写作素材联系起来，可以从正面的事例入手，也可以从分析反面素材入手，确保文章主题立意鲜明。

在文章结构方面，教师结合初中升学考试作文阅卷的评分规则，建议学生采用"总分总"的写作结构方式。"总分总"的结构表达即文章开篇点题，在文章首段就点明文章立意，在文章主体部分围绕中心立意来组织材料进行写作，做到材料一致且详略得当，在文章结尾部分要进行扣题，使文章的整体结构鲜明有序，首尾呼应。

在语言表达方面，教师提醒学生在写作中注意书面语言的应用，并追求语言的丰富优美。

（2）写作环节

学生在写作过程中几乎没有与教师和同伴交流，也看不到学生在行文前拟定写作提纲现象。学生在写作初始阶段经过较长时间的思考，有个别学生在写完开头段落后，后面的段落写作进展缓慢，这部分学生多会伴有"抓乱头发"和"咬烂笔头"现象。在写作初稿完成后，学生很少对初稿进行反复阅读和修改现象。

（3）评改环节

由于第一次让学生对作文初稿进行互评，教师首先对作文评改进行基本辅导，教育学生评改作文主要关注内容和形式两个方面。内容方面主要有文章立意是否正确，中心思想是否突出，整体结构是否完整，结尾扣题是否紧密，内容表达是否充实，详略安排是否得当；形式方面主要有文笔是否精练，语句是否通顺，字词是否确切，标点是否准确。

△评改的内容：学生们更多修改标点符号、错别字，以及调整个别语句等形式方面评改。

△评改的比例：占整篇文章的很小比例，仅仅个别几处，浅尝辄止。

△评改的态度：评改者不愿意提出更多实质性的问题或不足，担心让被评改者难堪或引起被评改者的反感，评改者更愿意肯定作文的优点，反而对缺点和不足只是蜻蜓点水、一笔带过。无论是评改者还是被评改者，都更加注重作文的评分，而对具体的优点和不足相对关注不够。被评改者认为评改者的意见与教师相比没有权威性，不愿意接受对方的意见，不喜欢对方的指手画脚。（甚至有两名同学因作文批改引发了口角摩擦！）整个进程需要教师的推动，学生的积极性和自主性显得相对较弱。

△交流途径：课堂的面对面交流，小组内同一时间只能有一位同学发言，其他需要保持安静地倾听和思考，如有插言会影响对方表达的流畅性。现场交流时学生有时为了照顾情绪、碍于情面不便充分表达，影响了评改的深入和效果。受课堂时间限制，评改交流时间控制在一节课（40分钟）以内，问题交流不够深入。

△媒体应用：缺少形象直观的表达工具或媒体。

△评改质量：整体质量不高，未能深入作文评改的本质，既对作文质量没有提升，对学生的批判性思维发展也没有促进。

△教师地位：整个评改活动是在教师的组织和指导下来完成的，教师的主导地位和作用十分突出和明显，但学生们对这样评改活动表现出积极的参与热情，比之前的传统评改方式更有学习兴趣。

7. 学生访谈

通过写作阶段的教学观察，我们分别选取了作文写作水平优秀学生（WYR和ZHH）和能力欠缺学生（LX和SXY）各2名作为访谈对象。在学生访谈阶段，主要针对学生在本次作文写作中存在的问题、困难和感受等进行了交流和访谈。

学生访谈之一：

问1：你平时对作文写作是否感兴趣？

WYR：挺喜欢的。

问2：你认为自己的作文写作能力水平如何？

WYR：还可以，基本上在我们班的同学中能处于上等水平，几乎每次作文都会被教师选作范文在讲评课上进行交流。

问3：请阐述一下你对本次作文题目的理解情况。

WYR：刚看到《保护大自然》这一作文题目的时候，我就感觉这是关于环保类的作文，应该写成议论文，围绕保护野生动植物、爱护草坪和植被、减少汽车尾气排放、防治大气污染等来进行写作，主要表达的观点是人们要与大自然交朋友，人与自然要和谐相处。当语文老师在写前指导时提到了"五大发展理念"后，我就在想，这篇作文不能仅仅写如何保护大自然，更重要的是要阐述清楚保护大自然的意义，最好是能够将其上升到一定的理论高度，这样文章就会上层次。

问4：请自我评价一下本次作文的完成情况。

WYR：我对自己这篇作文不是特别满意，距离理想的水平还有一定差距。虽然在文章立意方面我结合了语文老师提示的"五大发展理念"而进一步上升到和谐发展、命运共同体层面，但在素材的积累方面还是觉得有些欠缺，特别是缺少具有新意且重复性不高的写作素材。另外在词句修饰、语言表达等方面还需要加大学习力度，作文读起来辞藻不够华丽，还需要注意在遣词造句等文学修养上下功夫。

问5：你对本次的评改活动有什么样的看法？

WYR：这次评改活动跟以往语文老师的做法有较大的不同，之前老师都是在批阅完全班作文后来进行系统讲评，主要针对同学们在写作中存在的问题进行分析和说明，同时会给大家阅读几篇范文，供大家借鉴和学习。这次的评改活动把更多时间留给了学生自己，让我们有机会在作文评改活动中对自己和他人的作文发表见解，第一次参与这样的评改活动，显得有些不习惯，原来总感觉评改作文是教师的工作，学生没有资格和能力来对自己和其他同学的作文进行评改。在评改时觉得应该对自己的作文提出更多的缺点和不足，而对他人的作文应该给予更多的肯定和表扬，这样感觉更礼貌，才能更容易让别人接受。

问6：你在本次作文活动中还存在哪些困难或问题？

WYR：我在写作时经常会出现思路的突然短路或者写作过程中就改变了思路的现象，感觉自己在写作提纲的拟定方面还需要加强，在拟定提纲方面的方法技术还非常欠缺，影响作文写作的进度和质量。我作文的主题思想是要打造人类与自然发展的命运共同体，以此来促进人与自然的和谐发展，这从文章立意的角度来看是没有问题的。但是，在写作过程中我想到了另外一个观点，就是人们常提到的"人定胜天"，这一观点主要是强调人的主观能动性，鼓励人要勇于挑战大自然，这样看起来一方面强调要保护大自然，另一方面强调要挑战大自然，二者是矛盾对立的，我没有想明白。当时，我也请教过老师，老师告诉我既然想不明白就不要写进作文里面。但我觉得，二者是应该说清楚的，从保护大自然的角度来分析和评价"人定胜天"这句话，应该给出一个观点。

问7：在后续的写作活动中你对语文老师有哪些具体的要求和建议？

WYR：通过这次作文活动的尝试，我发现自己的写作思维受语文老师的影响很大，特别是教师在写前指导时提到的一些素材和建议均被同学们运用到了作文写作当中，导致了大量的素材重复问题，所以希望老师在写前指导时要尽量少讲、精讲，免得局限了学生的写作思路。在写作过程中同学们遇到的问题可能是多种多样，例如我前面提到的问题，希望老师能够提供指导、解决方法或思路等。在评改环节，对于我们多数同学来说还不是很习惯，但我们觉得比之前仅仅教师讲评要好许多，我们有机会对自己和同学的作文发表见解，而不是一味地坐在下面被动地听老师的点评，但我们缺少评改方面的能力和水平，需要老师继续来对我们进行训练和培养。

学生访谈之二：

问1：你平时对作文写作是否感兴趣？

ZHH：算是比较感兴趣吧。

问2：你认为自己的作文写作能力水平如何？

ZHH：我的作文水平不是非常好，每次考试能够得43分左右（满分50分），但每次都与最高分有4—5分的差距。

问3：请阐述一下你对本次作文题目的理解情况。

ZHH：看到《保护大自然》这个作文题目，觉得这个题目并不陌生，第一时间就联想到了姚明的广告词"没有买卖就没有杀害"，因为平时关于自然环保问题的宣传非常多。我认为这篇作文应该按照议论文体裁来展开写作，主要讲人们应该如何来保护大自然的，例如如何树立环保意识？怎样从身边的小事做起？聚焦当前在保护自然生态方面存在的问题和不足，以引起人们的关注和解决。

问4：请自我评价一下本次作文的完成情况。

ZHH：我对自己这篇作文的完成情况不是很满意，因为《保护大自然》这个题目虽然看上去比较熟悉，但是真正写起来时又发现很难写出新意。在写作中发现可以写进作文中的典型素材并不多，发现自己平时积累的素材还不够丰富，感觉自己的写作思路没有超越教师的指导范畴。

问5：你对本次的评改活动有什么样的看法？

ZHH：这次作文评改中老师主要让同学们相互评改，然后老师提供个别的指导，这种评改方式跟以前不一样。以前都是由语文老师来进行作文的讲评，教师会结合同学们普遍存在的问题和不足来进行分析和点评，同时挑选学生作文中出现的优秀素材或语句在课堂上进行交流，供学生反思和借鉴。特别明显的是这次作文评改活动的时间比以往宽裕了很多，之前语文老师会用半节课或一节课的时间来进行讲评，而本次作文评改经过了同桌互评、小组评改、班级评改环节，在时间方面远远超过了以前的教师评改用时。学生相互评改让我有机会去借鉴更多同学的作文，同时也让我围绕同学的作文思考了更多。

问6：你在本次作文活动中还存在哪些困难或问题？

ZHH：我作文的主题思想是要打造人类与自然发展的命运共同体，以此来促进人与自然的和谐发展，这从文章立意的角度来看是没有问题的。但是，在写作过程中我想到了另外一个观点，就是人们常提到的"人定胜天"，这一观点主要是强调人的主观能动性，鼓励人要勇于挑战大自然,这样看起来一方面强调要保护大自然,另一方面强调要挑战大自然,二者是矛盾对立的,我没有想太明白。当时,我也请教过老师,老师告诉我既然想不明白就不要写进作文里面。但我觉得,二者是应该说清楚的,从保护大自然的角度来分析和评价"人定胜天"这句话,应该给出一个观点。

问7:在后续的写作活动中你对语文老师有哪些具体的要求和建议?

ZHH:通过这次作文活动的尝试,我发现自己的写作思维受语文老师的影响很大,特别是教师在写前指导时提到的一些素材和建议均被同学们运用到了作文写作当中,导致了大量的素材重复问题,所以希望老师在写前指导时要尽量少讲、精讲,免得局限了学生的写作思路。在写作过程中同学们遇到的问题可能是多种多样,例如我前面提到的问题,希望老师能够提供指导、提供解决方法或思路等。在评改环节,对于我们多数同学来说还不是很习惯,但我们觉得比之前仅仅教师讲评要好许多,我们有机会对自己和同学的作文发表见解,不是一味地坐在下面被动听老师的点评,但我们缺少评改方面的能力和水平,需要老师继续来对我们进行训练和培养。

学生访谈之三:

问1:你平时对作文写作是否感兴趣?

LX:没什么兴趣,每次写作文都是应付了事。

问2:你认为自己的作文写作能力水平如何?

LX:我的写作成绩不好,在我们班我的作文水平属于中下等水平。

问3:请阐述一下你对本次作文题目的理解情况。

LX:《保护大自然》这个题目是写环保类的作文,应该是围绕如何保护生态平衡、珍惜野生动物、不浪费自然资源等角度来进行写作。文章的立意应该像老师指导的那样,主要是关注人与自然和谐发展。

问4:请自我评价一下本次作文的完成情况。

LX:我的作文写得很一般,就是按照老师指导的思路来完成的。在写作过程中把主题立意、核心思想表述完后,就没有啥可以写的了,感觉该说的都已经说完了,没啥说的了。所以,文章的篇幅不大,几乎在写作后半程时间就是在凑字数。

问5：你对本次的评改活动有什么样的看法？

LX：评改环节跟以往不大一样，以往我的作文偶尔会被选为负面典型列举出来，很伤自尊；这次同学们互相评改，虽然同学也会为我提出修改意见，但感觉从面子上还能够接受。这样评改，让我也有机会对别人的作文发表见解，觉得机会很难得。同时，同学给我提出了好多修改建议，我觉得其中大部分建议对我都很有帮助。总之，这样的评改活动挺好的，以后应该继续。

问6：你在本次作文活动中还存在哪些困难或问题？

LX：我觉得最大的问题就是开篇点题之后不知道说什么，觉得没有啥可以继续写的了。另外就是自己的语言表达能力较弱，跟同学们的作文比起来显得太过于平淡，没有文采。由于自己的写作能力不强，在评改时觉得自己缺乏自信，所以有时候不愿意多提建议和意见。

问7：在后续的写作活动中你对语文老师有哪些具体的要求和建议？

LX：语文老师一直都很重视作文教学，每次在写作之前都会进行系统的指导，写作之后会进行讲评。结合我个人的写作学习需要，首先是建议语文老师在今后的作文教学中在如何有效积累写作素材方面进行更多的指导；其次是在写作思路的拓展方面进行教学指导，帮助学生打开思路并整理思路；再者是希望老师能给作文评改活动更多的时间，通过评改来给我更多机会与作文优秀学生交流和学习；最后是希望老师能够针对我写作中存在的问题给予有针对性的指导和帮助，切实有效地帮我把作文写作能力提上来。

学生访谈之四：

问1：你平时对作文写作是否感兴趣？

SXY：我比较害怕写作文，谈不上感兴趣。

问2：你认为自己的作文写作能力水平如何？

SXY：我的作文水平较差，作文写作是我最头疼的事情，在我们班级同学中我的作文虽然谈不上倒数，但是肯定是成绩较差那一部分的。

问3：请阐述一下你对本次作文题目的理解情况。

SXY：我对《保护大自然》的理解是人类应该跟大自然交朋友，由于近年来人类对大自然的破坏，大自然已经出现了很多问题，我们需要友好地对待自然界中的动物和植物。

问4：请自我评价一下本次作文的完成情况。

SXY：我的作文是在语文老师的写作指导下完成，选择主题立意时参照了语文老师给出的人与自然和谐相处这一主题，写作素材也是围绕老师列举的例子进行展开的，整体写作基本体现了教师的写作思想。

问5：你对本次的评改活动有什么样的看法？

SXY：在同学们相互评改中我可以通过阅读其他学生作文来进行比较和学习，对于我来讲是一个十分好的学习机会。但在评改过程中，由于自己与其他写作成绩好的学生在写作能力方面存在差距，所以自己很难给其他同学的作文提出修改建议，觉得只有老师才更有能力和资格来对他们的作文进行评价和修改。

问6：你在本次作文活动中还存在哪些困难或问题？

SXY：在审题立意方面还存在困难，刚接触作文题目时距离老师的思路和想法还有距离，在老师指导过后又很难跳出教师的思路，感觉这方面的能力非常欠缺。还有就是感觉在写作时没有什么可说的，把主要思想和核心语句表达完后，就没有啥可写的了，勉强达到作文的字数要求。

问7：在后续的写作活动中你对语文老师有哪些具体的要求和建议？

SXY：希望老师能够针对我这种写作能力有困难的学生给予特别的帮助和指导，例如在思想凝练和素材积累方面，最好能给出一些技巧的指导。

学生访谈意见汇总：对上述四位同学的访谈记录进行整理如表5-1所示，通过对学生交流反馈信息进行汇总分析得知，不同写作能力水平的学生对作文写作的态度不同，但均能对作文主题有基本的理解。同学们普遍对自己的作文写作不是很满意，说明在写作能力方面还有一定的提升空间。四位同学均认为评改过程给学生留出了更宽裕的时间，并且可以听取他人提出的修改建议，自己也可以对他人的作文进行评改；但写作水平较差的学生仍然认为教师更具评改资格。学生认为主要欠缺作文提纲拟定的技术和方法，并且多数存在思路打不开的问题。大家一致认为教师应该为学生在写作评改过程中留出更多的时间，并希望教师能够提供有针对性的指导。上述信息为后续的教学实验方案的调整和完善提供了思路和参考。

表 5–1　　学生访谈信息汇总

	学生 1	学生 2	学生 3	学生 4
是否感兴趣	挺喜欢	比较感兴趣	没兴趣	害怕写作，谈不上兴趣
写作能力的自我评定	上等水平	中上等水平	中下等水平	较差
作文题目的理解	基本能够自我理解，教师指导后有所加深	基本能够自我理解	基本能够自我理解	基本能够自我理解
写作活动自我评价	不是特别满意	不是很满意	很一般，按照教师的指导完成写作	按照教师的指导完成写作
对评改活动的看法	给学生留有更多评改机会和时间	评改活动的时间比以往宽裕了很多	有机会对别人的作文发表见解，同学给我也提出了好多有帮助的建议	是向他人学习的机会，自己很难给他人提建议，教师更具评改资格
个人存在困难	欠缺提纲拟定的技术和方法	对于"保护大自然"和"人定胜天"仍心存纠结	思路打不开，缺少文采和自信	审题立意困难，思路打不开
对老师的建议	写前指导不要过于具体，评改时给学生留出更多机会	希望老师能够提供指导、提供解决方法或思路等	在素材积累、拓展写作思路等方面提供有针对性的指导，并给予更多评改时间	在思想凝练和素材积累方面给予有针对性的指导

8. 任课教师访谈

问 1：您认为初中阶段作文教学的重点和难点是什么？

T：大家都知道，作文写作是从小学阶段开始训练和学习的，到了初中阶段学生已经具备了作文写作的基础能力和素养，主要是涉猎更多的文体、拓展写作思维和提升写作素养。教学重点是训练和拓展学生写作思维、丰富和积累写作素材、凝练和提高语言表达，教学难点是学生思维的启而不发和写作创新能力不够。

问2：写作前教师指导的目的和作用是什么？

T：写作前给学生们进行指导是必要的，主要是领着学生们来明确写作任务的基本要求和注意事项，更主要的是来确定作文主题和素材的写作立意，也会在提供一些写作素材来启发学生写作思维，尽量让学生们在写作中做到不跑题和有素材可写，这样有助于学生们创作出主题明确、素材丰富、符合写作要求的合格文章。

问3：您觉得两个班级的学生们整体的写作水平如何？

T：两个班级的语文课从初一开始就是由我来承担，通过一年多的教学和训练，两个班级学生的作文写作能力水平基本一致，都存在着不同程度的问题和不足，且问题的种类和表现形式相似甚至相同。

问4：您认为自己的作文教学对学生们的影响如何？

T：作为语文教师，普遍认为作文教学对学生写作能力的促进作用并不理想，这一问题的原因虽然是多方面的，但是教师一定需要在教学理念和教学方法等方面进行思考和改革。就我个人而言，作文教学对不同学生群体来说作用也不一样，对于学优生来说作用是有但不明显，对于中等生来说起到的作用相对明显，而对于学困生来说几乎不怎么起作用。

问5：本次作文写作活动中学生的整体表现是否达到了您的预期？

T：可以这样讲，本次作文教学共有两个目的，一是训练和发展学生的命题作文写作水平，二是验证对比教学的实验结果。从作文写作水平方面来看，两个班级的学生都能够按要求完成命题作文的写作，学生们作文的主题思想和写作立意相对明确，能够围绕教师的写作指导来组织素材进行个性化的写作表达，在这一点上基本达到了教学预期。从两个班级的对比教学的实验效果来看，实验班学生通过评改交流环节锻炼了其评改作文的能力，在评改过程中也促进了学生的交流与批判性思维的发展，但这方面的效果还不是很明显，可能还存在教学时间不够长、作文类型不够契合、讨论交流不够深入、媒介方法等不够适合等影响因素，需要在后续的教学实践中加以关注和解决。

问 6：您在本次作文活动中发现学生还存在哪些问题？

T：通过教学观察和作文的文本分析来看，在主题立意和素材组织方面存在一定程度的重复和雷同现象，学生在作文写作中思维创新能力不够，还不能超越教师的指导来进行个性化的创作；在文章的素材积累方面体现出明显不足，课外阅读和积累仍需加强；评改的交流还停留在作文的形式方面，很少有能够针对作文的内容方面进行修改和建议；发现一些学生存在认识问题，认为评改只有教师才能做、同学不具备评改的能力或资格的错误认知。

问 7：您在评改环节中扮演什么角色？

T：由于之前在传统的写作教学中，语文教师进行系统的写作指导，所以在评改环节我基本上不过多参与其中，只是偶尔对同学们遇到的困难进行帮助和指导，其余的时间都留给学生自己，让学生们围绕他们感兴趣的问题展开交流和讨论，这样既能促进学生之间进行相互学习和分享写作思维，又能锻炼和发展学生的批判性思维水平。

问 8：您认为评改环节的设计还有哪些不足，如何调整？

T：由于以前的评改都是由我们教师来结合学生写作情况进行点评，而目前的评改环节主要是想调动学生主动参与评改活动中来，充分发挥学生的积极性和主体性，鼓励学生在独立完成作文写作任务的基础上，能够对其他同学的作文给出具体的评价和修改建议，通过评改中相互意见的交流表达来训练和发展学生的批判性思维，以此来获得作文能力和批判性思维水平的双重发展和提高。但在评改过程中发现，学生目前还不习惯和擅长这样的评改方式，多数同学遇到了评改困难，导致评改交流的深度不够、评改的质量不高，针对上述问题，考虑在后续的教学中通过教学分组、提供学习支架、拓展交流途径等方式来加以完善和解决。

9. 总结与反思

（1）教师对批判性思维教学认识程度有待加深

语文教师并没有把培养学生的批判性思维作为作文教学的重点和难点，说明初中语文教师在批判性思维能力对写作能力影响的认识程度还有待加深，对初中生批判性能力培养的重视程度还有待提高。

（2）议论文写作教学中缺少必要学习支架

语文教师对写作困难学生的教学影响有限，并且学生普遍希望教师能够提供有针对性的指导和帮助，说明教师写作教学的针对性不强，教师在教学过程中未能提供有效的议论文习作评改支架。

（3）教师的角色定位应进一步明确

教师在评改中的角色定位还需进一步明确，教师不仅是评改活动的指导者更是设计者，应该在整个交流评改的活动设计中充分发挥教师的主导作用，保证评改交流活动有序开展并达到预期目标。

（4）写作评改活动之后应补充学习反思环节

学生普遍希望教师能给学生留有更多的评改时间，教学中互评环节为学生之间的论证式学习提供了平台和机会，论证式学习过程激发了学生的思维活动，能够围绕议论文的论点、论据和论证三个要素进行分析和论证，但学生思维的系统性还不强，建议在原有学习环节的基础上补充学习反思，以此来加强学生对学习过程的系统反思，旨在训练思维的同时提升写作能力。

10. 完善学习活动流程

根据四周的实验检验发现，该学习活动的流程需要在原来流程环节的基础上，补充学习反思这一环节，以此来加强学生对学习过程的系统反思，旨在训练思维的同时并提升写作能力。故将基于活动模式的议论文评改学习活动流程调整为：第一步是教师在写作之前进行集体指导；第二步是学生完成初稿的写作；第三步是对作文进行同桌互评；第四步是对作文进行小组互评；第五步是对作文进行全班互评；第六步是学生对写作评改活动进行系统的学习反思。从学习者的角度对该流程可以简单地概括为"一写三改一反思"学习流程。

三 思维导图式学习支架应用于批判性思维教学的实验探索

鉴于前面教学实验中存在的问题和不足，在写作学习活动设计时有针对性地做出了调整。首先，为进一步提高语文教师对批判性思维的重视程度，考虑通过对教育研究数据统计和分析，证明批判性思维能力对写作能力的影响和促进作用。其次，为锻炼学生的审题立意能力，将原来的命题作文改为"给材料作文",让学生阅读写作材料后自己总结提炼写作主题,给学生在解读写作材料方面留有空间和余地,便于学生写作思维的训练和提升。再次,为确保学生评改活动有序开展,本阶段特别建构了《议论文写作评改支架》,为学生的议论文写作和评改提供指导和帮助,同时还进一步强化了教师在学习活动设计中的主导作用,要求教师在设计评改活动时应做到任务清晰、分工明确,使学生在学习任务和角色分工的驱动下有序完成。最后,根据学生在写作训练中存在的不同困难,教师应尽力提供个性化的指导和帮助,满足学生写作训练的个性化学习需要。

(一)思维导图式学习支架的设计

1. "学习支架"的概念意涵

"支架"(Scaffold)一词的提出始于1300年,是建筑学领域的专业用语,意指施工时用的"脚手架"。目前学界认为,伍德等人(Wood, Bruner & Ross,1976)最早将"支架"一词引入教学研究领域,并将其定义为能力较强的他人对学习者在学习活动中提供的支持和帮助[1];维果斯基(Vygotsky,1978)发现支架理论中蕴含着丰富建构主义思想和理念,并在此基础上提出了"最近发展区"理论[2];斯来温(Slavin,1994)认为"支架"即是教师对儿童在建构和内化知识技能、提高自身发展过程中给予的引导和帮助[3];梅耶等人(R. E. Maye C. Stieh & JC. Greeno,1995)把儿童自身比喻为建筑物,儿童的学习即不断建构过程,教师的教学即是为儿童自我建构提供支架的过程。[4] 普利斯里等人(Pressly, Hogan, Wharton-Mcdonald, Mistretta, Ettnberger)认为"支架"即根据学

---

[1] David Wood, Jeromes. Bruner. , Gail Ross The Role of Tutoring in Problem Solving Journal of Child Psychology and Psychiatry, No. 2, 1976.

[2] 刘佳霞:《支架式教学模式在高中体育教学中的应用》,硕士学位论文,石河子大学,2018年。

[3] Slavin, R. E. , Educational Psychology: Theory and Practice, Boston: Allyn and Bacon, Pearson Education Company, 1994.

[4] R. E. Maye C. Stieh & 7C. Greeno, Acqietion of Understanding and Skill in Relation Tosubjects Preparation and Meaningfulness of Instruction Journal of Educational Psycholgy, 1995.

生需要来提供帮助、在能力发展到一定程度时撤出帮助。① 综上所述，学习支架是为学习者从现有发展水平达到潜在发展水平提供的必要且适时的辅助与支持，更是成功跨越"最近发展区"的有效支撑和保障。

从梳理概念和内涵着手，基本可以对"学习支架"的特点总结概括为以下几点：一是学习支架能帮助学习者面对自身不能完成的任务时获得成功，使学习者能够发现自身的发展潜力，同时也能增强学习者的学习信心和学习动机；二是学习支架促使学习情境保留了真实性、复杂性和有难度等，使得学习者能够切实体验真实、复杂的问题情境，为学习者有效运用所学的知识与技能奠定基础；三是学习支架让学习者体验到了比自身经验丰富的他人（学习者或教师）经历的思维过程，这有助于学习者对缄默知识和内隐知识的学习和掌握，同时也为其独立面对问题铺垫了前提。随着对"学习支架"研究的深入和应用的普及，支架式学习理论逐渐形成，并成为教学活动中一种重要且常用的教学理念。

2. "学习支架"的分类

美国圣地亚哥教育技术基金项目组根据支架使用目的不同，将学习支架划分为接收支架、转换支架和输出支架，接收支架是在学习者的知识建构和组合时提供的支持，以帮助学习者鉴别、筛选和记录信息，引导学生聚焦关键信息，提高学生搜集发现信息的效率和效果；转换支架是在学习者进行知识转换和内化过程中提供的支持，有助于学习者对知识信息的清晰理解和结构化处理；输出支架是在学习者知识外化过程中提供的支持，有助于学习者将学习、理解、建构的东西转化为可见的事物，即将学习结果固化下来，如演示文稿、创作作品等。②

希尔和汉娜费恩（Hill, J. & M. Hannafin, 2001）根据学习支架的功能不同，将学习支架划分为概念支架、程序支架、策略支架和元认知

---

① "Providing Assistance to Students on an As-needed Basis with Fading of Assistance as Their Competence Increase". 转引自严寒冰《信息化教学的助学事件研究》，博士学位论文，华东师范大学，2003年，第92页。

② Technology Challenge Grants, http://projects.edtech.sandi.net/projects/index.html。转引自严寒冰《信息化教学的助学事件研究》，博士学位论文，华东师范大学，2003年，第93页。

支架四种。① 概念支架的功能主要是帮助学生理解核心概念，或者是形成清晰的概念网络；程序支架的主要功能是为学生引导学习路径，是学生围绕学习任务开展学习活动的行动指南；策略支架的功能是为学生完成特定任务提供多样化的方法和途径；元认知支架的功能在于帮助学生管理自己的思维和学习过程并引导学生进行反思。

闫寒冰（2003）根据学习支架的表现形式不同，将学习支架划分为范例、问题、建议、指南、图表等可设计的表现形式，同时也包括解释、对话、合作等随机形式。② 其中，图表是以可视化的形式来呈现指导信息，依据布鲁姆教育目标的分类，图表支架对分析、综合、评价等高阶思维活动支持作用较为明显。图表的形式和种类较多，例如思维导图、概念地图、组织结构图、流程图、维恩图等是教学活动中常用的图表支架形式。

3. 思维导图式学习支架的功能与设计原则

议论文写作评改学习支架作为学习支架的一种，在具有学习支架共同属性的同时，还应该结合学生写作学习的需要，也就是针对学生在写作学习活动中的初稿创作和文本修改等环节遇到的问题或困难，通过支架的形式向学生提供帮助和支持。鉴于支架式学习的已有研究，尝试对写作学习支架进行设计与构建，主要涉及写作学习支架的功能和作用、设计原则、理论基础、要素框架等。

（1）写作评改学习支架的功能和作用

根据写作学习支架的设计初衷，在具体设计之前，对学习支架的功能和作用进行了基本设定，主要包括以下几个方面。

一是能够帮助学生在不能独立完成写作任务的情况下获得成功。这是学习支架所共有的功能和作用，意在帮助学生解决写作学习活动中遇到困难，有助于学生克服困难后获得学习的成就感和喜悦心情。

二是能够使写作学习情境的呈现更具真实性和复杂性。学习支架的

---

① Hill, J. & M. Hannafin, Teaching and Learning in Digital Environments: The Resurgence Ofresource-based Learning ETR & D, Vol. 49, No. 3, 2001, p. 46.
② 闫寒冰：《信息化教学的助学事件研究》，博士学位论文，华东师范大学，2003年，第93页。

主要作用就是代替教师来指导和帮助学生完成学习任务，使得学生能够真实面对学习活动中遇到的问题，并在问题解决过程中通过独立思考和寻求解决办法，完成问题解决和学习活动的体验。

三是能够让学生体验其他写作经验丰富者的思维过程，便于学生领悟其中的隐性知识。学习支架呈现给使用者的是设计者思维，是设计者针对学习者遇到问题的分析思路和解决路径，便于学生领略设计者的解决思路和方法，并可从中习得潜在的知识和问题解决策略。

四是引导学生在日后独立写作遇到困难时能够主动寻找和使用学习支架来解决问题。[①] 学习支架本身就是为学习者提供帮助的一种支持问题解决的辅助性工具，学习支架为学习者提供了问题解决思路，省去了学生向老师或同学寻求帮助环节。这样有助于对学生在日后工作或学习中遇到困难时能够主动寻求和应用问题解决支架。

（2）写作评改学习支架的设计原则

写作学习支架的设计原则是人们在设计和搭建学习支架时的根本遵循，为学习支架的设计提供目标指南，也为明确和确定搭建学习支架的目的支点、形式奠定基础[②]，主要概括为以下四个方面。

一是要对准学习支架的目标，即抓住落脚点。就是在设计之初一定要明确设计支架的目标是什么，写作学习支架的目标是为学生写作学习服务，当学生在写作评改活动中遇到困难时，通过学习支架为学生提供帮助和支持，争取打开学生写作思维的黑箱。针对学生在写作中存在的写作表述逻辑不清和评改不系统不深入等问题，我们在设计学习支架时应考虑如何能更好地服务于学生对以上两个问题的解决。

二是要找准支架的搭建基础，即把牢起始点。就是在设计支架时一定要充分了解学习内容的特点和学习者的知识能力的发展水平，这些是搭建学习支架的根基和支点。前面已经开展了关于初中生作文写作教学调研和第一轮教学实验工作，通过上述工作，我们已经对初中

[①] 周子房：《写作学习支架的设计》，《语文教学通讯》2015 年第 7—8 期，第 10—15、23 页。

[②] 侯器：《语文学习支架搭建的实践操作》，《现代中小学教育》2012 年第 5 期，第 37—39 页。

生的写作能力有了基本了解和掌握，这为确定写作学习支架的支点奠定了基础。

三是要定准学习支架的形式，即扣住关键点。就是要选定以何种形式来呈现支架的结构和内容。关于支架的内容和形式的关系，应该非常明确的一点是形式是服务于内容的，否则就犯了形式大于内容的错误，所以在确定写作学习支架的形式之前明确支架的内容，并厘清内容之间的逻辑关系，然后确定学习支架的表现形式，以方便学习者使用。

四是要校准学习支架的归宿，即瞄准发展点。就是要明确设计和搭建写作学习支架的目的是什么，我们之所以要设计和搭建写作学习支架，就是针对在写作和评改时为遇到问题的学生提供支持和帮助，旨在促进学生提高其作文写作思维的发展和写作能力的提升。

（3）写作评改学习支架的具体设计

围绕前面调研和教学实验发现的问题，我们主要针对学生在议论文写作学习中遇到的逻辑思路不够清晰、评改不够系统和深入的问题和困难，设计并建构了议论文写作与评改的学习支架。关于学习支架的设计，首先应选定科学合理的理论模型，作为学习支架设计的理论基础，为具体的设计提供理论指导；其次要选择恰当的学习技术手段，来提供并呈现学习支架，以便于学习者来使用学习支架；最后要制定使用方案，为学生和教师熟悉和使用学习支架提供指南。

1）参考理论

议论文是初中生主要学习的一种文体，曾任中国青年写作理论家协会首任会长的马正平教授认为，议论文也可以称之为说理文或论理文，也就是说议论文的核心重在对"理"的论述和表达，核心的三个要素即论点、论据和论证。议论文是议论文体的主要表达方式，一般通过分析与综合等方法来对具体的现象或事件发表观点或主张，进行议论和表述的文章。[1]

鉴于议论文的文体特点，我们主要参考了吐尔敏的论证模型，来为议论文学习支架的设计提供理论基础。吐尔敏论证模型是吐尔敏论证思

---

[1] 马正平：《中学写作教学新思维》，中国人民大学出版社2002年版，第194页。

想的代表,在哲学、逻辑学、法学领域均有较高的影响,该模型主要由主张(claim)、材料(data)、理由(warrant)、必要条件(backing)、限定(qualifier)和反驳(rebuttal)六个要素构成,其中主张、数据和理由三个要素是每个论证中都需要出现的,是论证的基本要素。

谢小庆曾参照吐尔敏模型理论建构出了他理解的论证图示(如图5-5所示),我们在这一模型的启发下,将吐尔敏论证模型与初中生的写作学习需要进行有机整合,构建了议论文写作学习支架(如图5-6),该支架主要由议论文的论点、论据和论证三个要素构成,同时将吐尔敏模型中的材料、必要条件、限定条件和特殊例外等要素纳入其中,为学生议论文写作的思维创作提供指导和帮助。学生可以在议论文学习支架的指导下,按照模型的程序结构相应起草写作框架,参照支架的程序指南相应对号入座,如确定议论文的论点、说明支撑论点的理由、给出论据的必要条件和相应支撑材料,同时为保证论证的准确性,根据需要补充论证的限定条件和特殊例外两个条件。

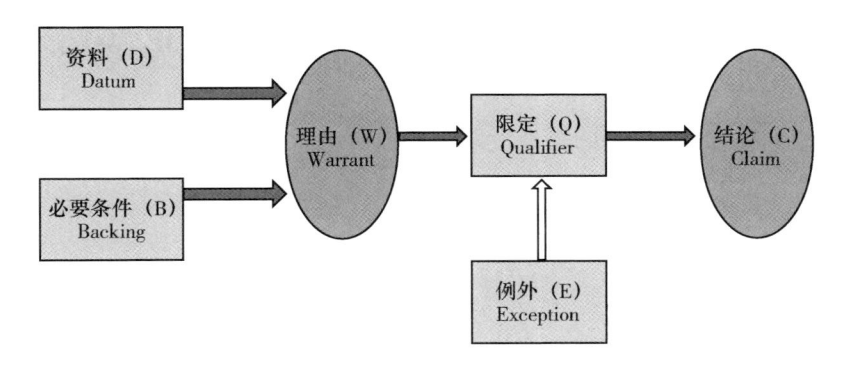

图 5-5 吐尔敏论证模型

对于议论文写作存在困难的学生可按照学习支架给出的写作程序框架,以模块填空的形式来逐步确定和建构议论文写作要素,完成模块填空即意味着议论文的写作思路和作文框架敲定,这是议论文写作的基础部分,也是进行文字表达的前提,议论文框架的合理性和新颖性将直接影响议论文的质量和水平。至于后面的文字表达和语言润色等工作,对于前期的厘清思维和敲定框架工作而言,仅仅是锦上添花之事。

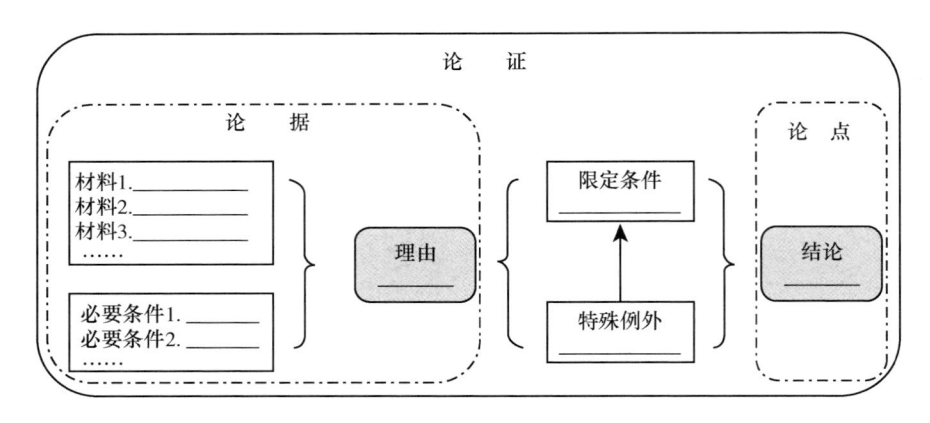

图 5-6　议论文写作评改支架

2）技术选择

根据理论模型内容和学习支架要素之间的结构特点，以及批判性思维训练的特殊需要，思维导图的功能和特点与学习支架需求较为契合。Buzan（1993）被认为是思维导图研究使用者，认为思维导图是一种模仿大脑思维轮廓的可视化技术，其主要类别为中心图像辐射，较小的类别被描绘为较大分支的分支。[①] Kotcherlakota，Zimmerman 和 Berger（2013）的观点认为，"思维导图可以帮助学生澄清他们的思想，并为他们梳理研究重点、文献综述和概念框架等奠定基础"（Kotcherlakota, et al., 2013）[②]。Shamma（2011）的研究验证了使用在线思维导图可以帮助学生有效地规划英语写作任务[③]，Mento & Jones（2012）在研究中发现，利用思维导图策略的教学模式的实验班学生的写作成绩明显比对照班学生的成绩高。[④] Alama（2013）的研究中发现，教师使用思维导图软件讲解

[①] Buzan, T., & Buzan, B., The Mind Map Book: How To Use Radiant Thinking to Maximize Your Brain's Untapped Potential, New York: Plume, 1993.

[②] Kotcherlakota, S., Zimmerman, L., & Berger, A. M., Developing Scholarly Thinking Using Mind Maps in Graduate Nursing Education, Nurse Educator, Vol. 38, No. 6, 2013, pp. 252–255.

[③] Shamma, A. N., The Use of Mind Mapping to Develop Writing Skill in Uae School, Education Business and Society: Contemporary Middle Eastern Issue, Vol. 4, No. 2, 2011, pp. 120–133.

[④] Mento, A. J. & Jones, R. M., Mind Mapping in Executive Education: Applications and Outcomes, The Journal of Management Development, Vol. 18, No. 4, 2012, pp. 1–25.

写作、构建写作知识框架，可以提高学生写作能力，增加词汇量和提高创造力。① Fan（2016）的研究中把思维导图软件运用在英语写作教学中，有效地验证了思维导图有利于提高学生的写作信心，发散学生的思维。②

鉴于上述分析，可将学习支架的理论模型运用思维导图来进行呈现，具体的构成要素及相互之间的逻辑关系均用框图及联系进行表征，具体的学习支架的模型建构如图 5-6。

3）使用方案

根据议论文的写作与评改需要，已经将议论文的三个基本要素呈现在学习支架的思维导图之中，并且将各要素之间的逻辑关系运用线条和文字进行了表征。学习支架中围绕论点、论据和论证三个要素搭建了系统关系框架，首先，围绕论点学生需要给出个人的结论或观点并填入横线处的空格内；其次，为了支持个人的论点进行论述理由并填到对应横线空格处，围绕这一理由需要给出若干支撑材料和相关必要条件（分别填到对应的材料和必要条件的横线空白处）；最后，为了使论述理由能够科学、合理、准确来支撑论点，列出具体的限定条件和特殊例外的个案（分别填到对应的材料和必要条件的横线空白处），以确保论证的严谨性和论述的合理性。

（二）思维导图式学习支架的教学实验探索

1. 实验对象：与初始阶段的实验对象保持一致
2. 实验时间：2016 年 6 月至 2016 年 7 月，共计 6 周。
3. 实验环境：两个班均在没有网络的线下课堂教学环境中进行教学。
4. 实验内容：阅读给出的作文材料，结合材料自行拟定题目并完成一篇 600—800 字的作文。

作文材料：

北宋著名的文学家、政治家晏殊，他 5 岁时被推为"神童"，14 岁时

---

① Alma, P. N., The Use of Mind Mapping Technique in Descriptive Text, *Journal of English an Education*, Vol. 3, No. 2, 2013, pp. 12-13.

② Fan, Y. S., Thinking Maps in Writing Project in English for Taiwanese Elementary School Students, *Universal Journal of Educational Research*, Vol. 4, No. 1, 2016, pp. 36-57.

便可以免试做官。但他为了公平，毅然放弃推荐，参加考试。凑巧那天的试题是他曾经做过的，而且曾得到几位名师指点，于是，他便脱颖而出。在接受皇帝复试时，他如实禀告了皇帝，并要求另出题目。于是，皇帝与大臣们商议后，出了一道难度更大的题目让晏殊当堂作文，结果，他的文章又受到了皇帝的夸奖。皇帝因为他的诚实，就重用他，没过几年，晏殊就当了宰相。后来晏殊的故事一直被视为诚实做人的典范而被传颂着。

材料解析：材料主要讲述的是历史人物晏殊的个人诚实案例，当年晏殊因在考试中的诚实表现而得到皇帝重用并官拜左丞相一职，说明要想赢得别人对你的信赖，要想成功，坚守诚信是必要的条件。坚守诚信，拒绝利诱，我们就能在鲜花和掌声中走向成功，走向辉煌。

5. 活动设计

对照班：采用传统的作文写作教学，基本上可以概括为四个步骤：首先，由语文教师在写作之前进行集体指导，着重在文章立意和写作素材方面给学生以举例和提示；其次，是由学生按照教师前面的指导独立完成作文初稿并统一提交；再次，教师对学生作文进行批阅，并结合批阅中发现的问题进行课堂讲评；最后，学生结合教师的评语自行修改和完善。

实验班：实验班学生的写作学习严格按照前面提出的基于活动模型设计的"一写三改一反思"的写作评改学习活动流程。

6. 评价方法

对研究被试分析进行教学实验的前测（如图5-7）和教学实验的后测（见图5-8），并通过对教学实验的后测与前测成绩进行比较，以此来发现教学干预对批判性思维发展的作用和影响。

7. 作文修改案例分析

案例一：《揣着诚实上路》

从作文的题目即可看出学生写作的立意准确，作文在开篇就引用孔子的"民无信不立"来点题，论点鲜明。后面通过门德尔松事例和国王选继承人与富翁失信两个典故来加以论证，最后又以"诚实"扣题，做到了首尾呼应。

图 5-7 教学实验前测场景　　　　图 5-8 教学实验后测场景

但在作文的题目之处就出现错写和更改，显得写作之前的思路不够清晰、欠缺系统考虑。如图 5-9 所示，评改者针对作文做了四处修改，第一处是在开篇首段末尾，在初稿的基础上进一步扣题到"揣着诚实上路，你会得到别人的尊重"。第二处和第三处是在国王选继承人的材料表述段落，一处是关于国王对撒谎者的表情描写，略显牵强；另一处是国王对诚实者的细节描写，修改后的意思表达更清晰更具体。第四处是在富翁失信段落的末尾，修改者针对初稿中关于富翁由于失信导致第二次落水无人搭救的议论不到位情况，修改并补充了"你自己如果不讲诚信，别人帮了你一回，但绝不会帮助你第二回！"是对这一典故的高度概括。在评改者给出的四处修改中，仅对第四处修改做了修改原因说明，其余三处仅仅是给出了修改方案，但没有原因的解释和说明，这样反馈给作者时会影响作者对修改建议的理解和解读。

从评改情况来看，评改者能够发现作文初稿中存在的问题或不足，并结合自己的观点提出修改建议，这是评改者批判性思维的基本体现。

案例二：《诚者，为上者》

作文用孟子的"诚者，天之道也；思诚者，人之道也"经典语句开篇，显得自然简捷。作文通过列举学生撞车后主动赔偿、韩信信守承诺封王后报答早年恩人、尼泊尔少年翻山越岭为游客代买啤酒、国王考验继承人是否诚实四个素材来论证诚信使人生变得精彩。

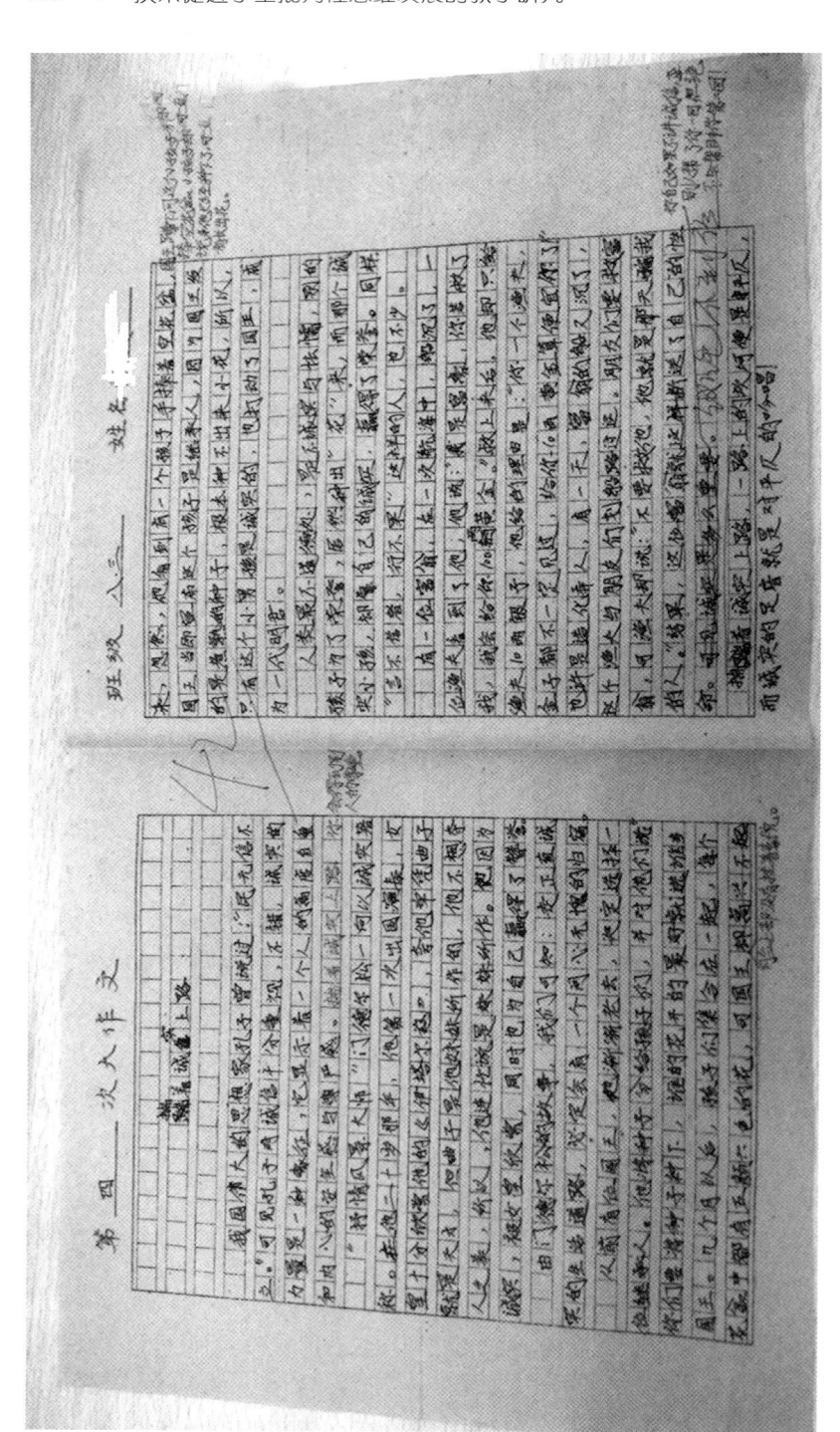

图5-9 写作评改案例一：《揣着诚实上路》

如图 5-9 所示，修改者共提出两条修改建议，一处是关于开篇处引用孔子名言后概括不够精准，显得论点不够鲜明，另一处是关于国王考验继承人是否诚实素材的论述概括不够准确。从作文的修改痕迹可以看出，作者针对修改者的建议作出了相应的修改，并在每段的结尾处都围绕论点进行补充和概括。

从评改情况来看，修改者对作文初稿的内容提出了修改建议，并得到了作者的认可。同时，作者根据修改者的建议进行修改，使得作文论点更加鲜明，结构更加紧凑，论证也更加系统有力。

案例三：《守住你的金矿》

作文题目鲜明，将诚信视为一个人的金矿，可见诚信对个人的意义和重要性。文章用国画大师李苦禅兑现承诺为已故老友作画、秦朝末年季布因诚信而得到好友冒死搭救、华盛顿主动向父亲承认砍树知错三个正例和尼克松因"水门事件"失信而被迫辞职的反例进行论证，说明了诚信对个人事业和生活的重要性。

如图 5-11 所示，评改者对作文开篇第一句话"我们都是一样的人，都有着空洞的皮囊，过着一样重复的生活"提出了质疑，认为作者这样表述是片面的，不够精准。鉴于此，作者将这句话改为了"人们生活中不经意的小细节就能反映出他的品行"，并由此在三个论述段落分别补充了"诚信，乃为人之本"、"诚信，乃立身之道"、"诚信，乃修身之道"，增强了作文分论点与核心论点的紧密联系。

文章通篇没有将金矿与诚信进行联系，在点题和扣题方面凸显严重的缺陷，但评改者未能予以指出，对作文仅仅提出了一条前面提到的评改意见，影响了作文的修改质量。这既表明评改者写作能力的不足，也体现了其批判性思维能力的欠缺。

案例四：《"诚信"无价》

作文题目观点鲜明，用"诚信"无价直接表达了文章的立意。作文列举了韩信信守承诺封王后报答早年恩人、曾子为儿杀猪来替妻子兑现承诺、张良因信守诺言而学得《太公兵法》三个事例来说明诚信的重要性。

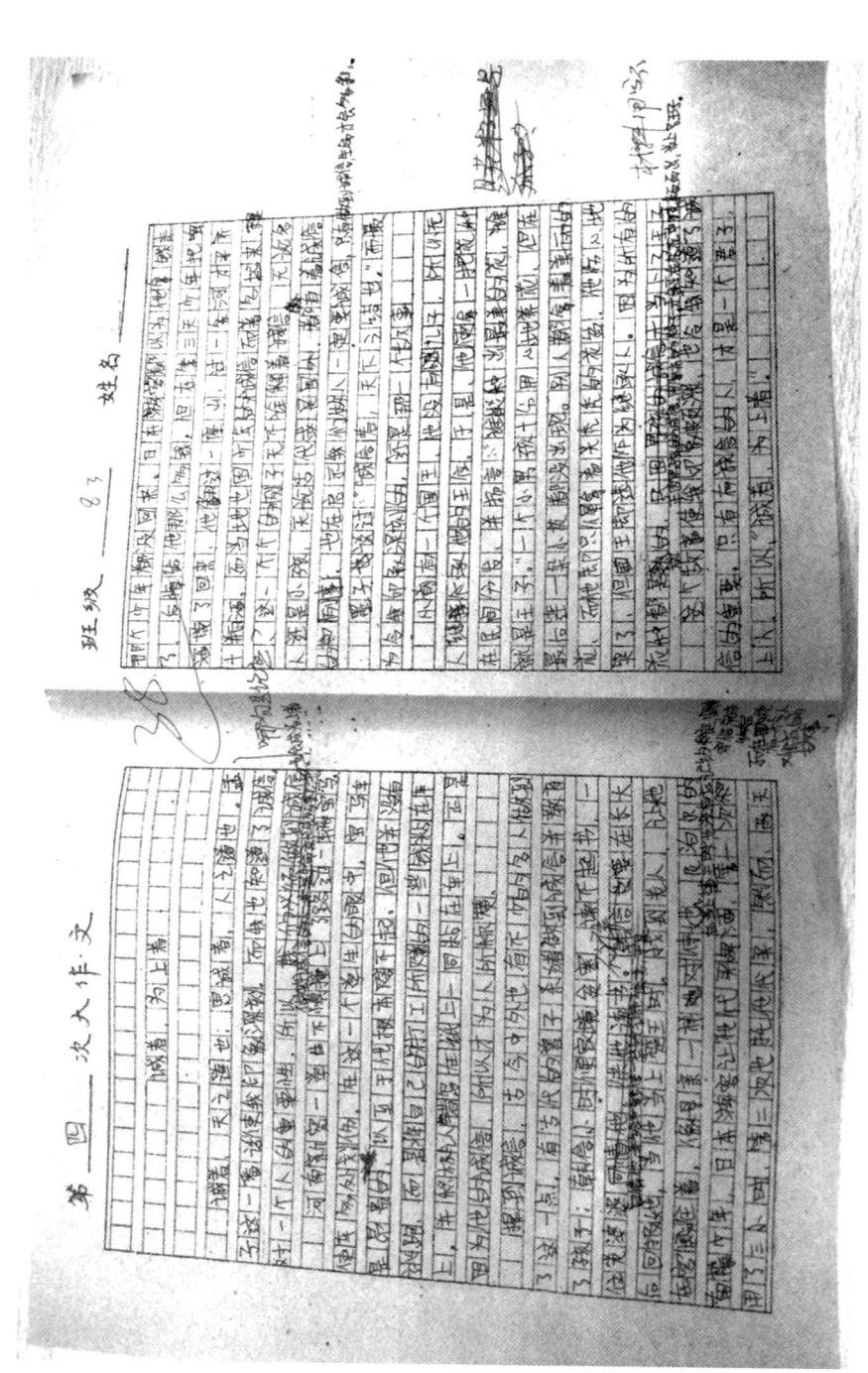

图5-10 写作评改案例二：《诚者，为上者》

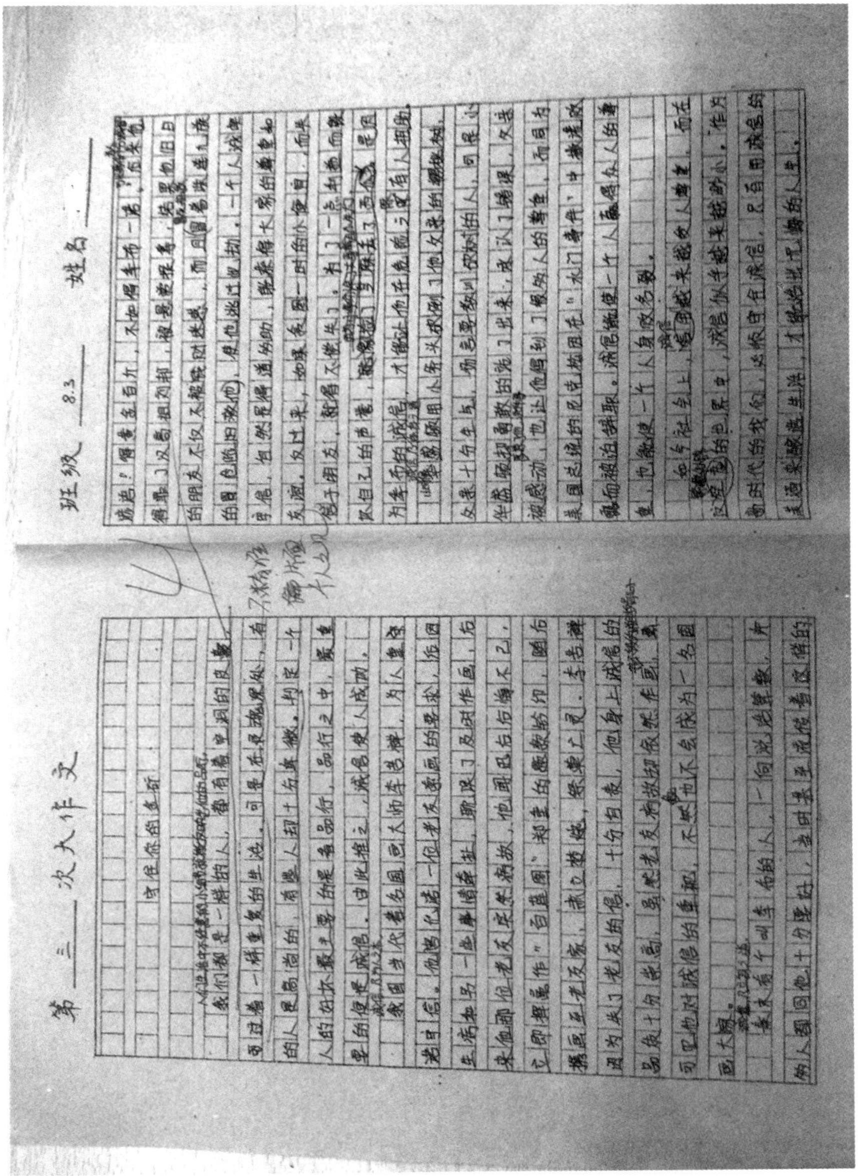

图5-11 写作评改案例三：《守住你的金矿》

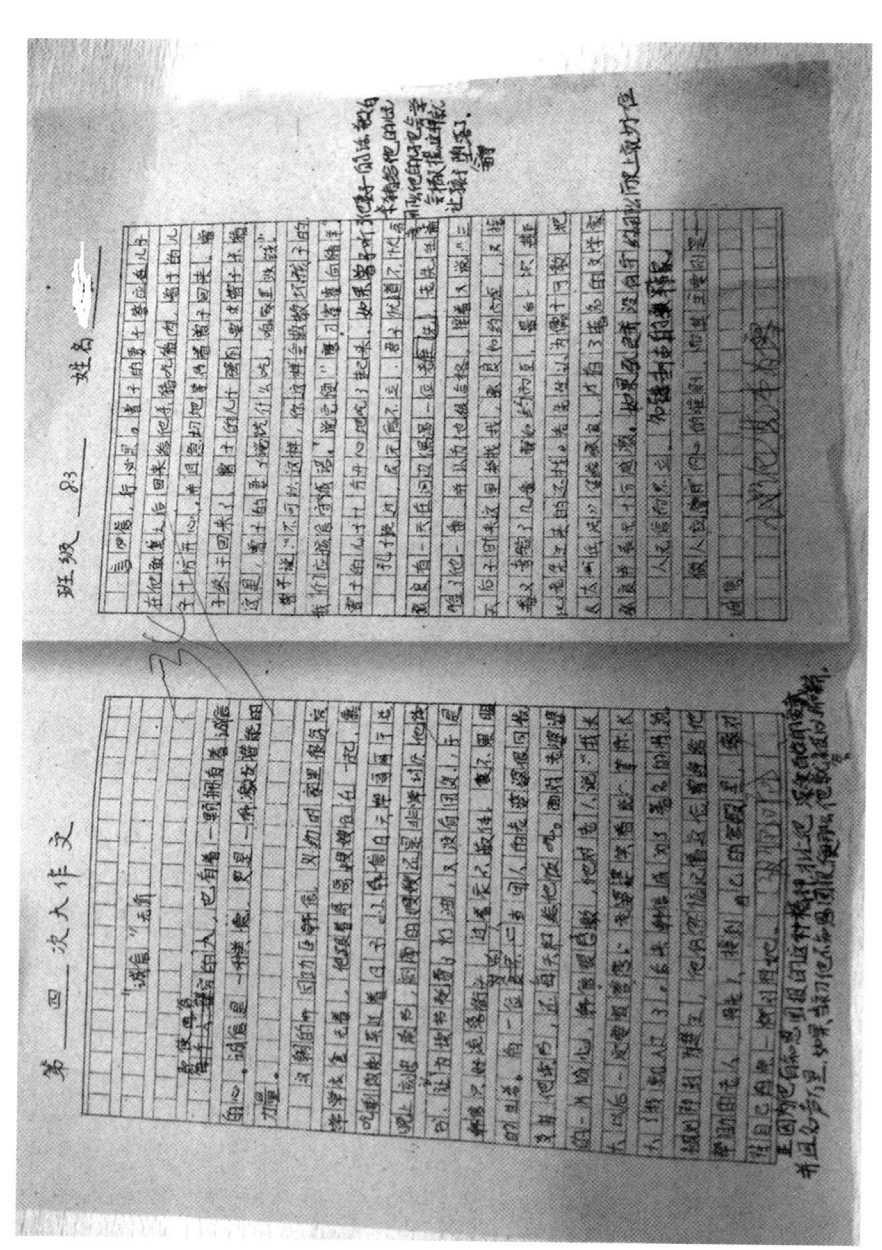

图5-12 写作评改案例四：《"诚信"无价》

如图5-12所示，评改者针对初稿中的论证材料仅仅是事例讲述而缺少议论的现象进行了点评，认为几乎没有议论！从作文卷纸上可以看出，作者在看到评改意见后相应地在论证的段尾补充了议论语句。

但仔细阅读修改后的文章，仍存在诸如"敢（赶）集""诚（承）诺"的错别字现象，并且将韩信信守承诺封王后报答早年恩人素材概括为韩信有感恩精神而非信守诺言，可见该段落的议论出现了严重的跑题现象。

从评改效果看，评改者仅指出来初稿缺少议论一个问题，缺少指导；作者的语文基本素养欠缺，论述概括能力明显不足。可见，作者和评改者的写作能力一般，批判性思维能力有待提高。

案例五：《诚信为人之本》

从作文题目能看出作者对材料正确理解和准确把握，作文在第一段点明了"诚信是做人的根本"。在论证过程中首先通过华盛顿幼年主动向父亲承认砍树的正例以及尼克松的"水门事件"和克林顿绯闻事件两个反例来说明诚信对政治人物的重要影响，其次通过宋庆龄冒着大雨与小学生赴约和商鞅信守诺言以重金酬谢搬动木头工人两个事例来说明讲诚信的人受人尊敬和爱戴。

如图5-13所示，评改者共提出了两条评改建议，一是针对作者错误认知，指出"商鞅统一中国"的错误历史知识；二是指出作者在事例论证过程中议论色彩不浓，缺乏概括和论述能力。作者针对评改建议，对文中的语句进行了补充和梳理，但对论述的完善程度不够明显。

从评改效果看，作者尝试针对评改者的意见进行了修改，但效果并不明显。可见，作者批判性思维能力还有待加强和提高。

案例六：《穷有信》

从题目看，这篇作文是要说明，人即使经济穷困也要讲究诚信，是符合作文材料的基本立意的。但作者在写作过程中，对于"信"的解读出现了混乱，开篇用学生撞宝马车后主动面对来说明其讲"诚信"，而第二段用刘盛兰女士长期靠拾荒助学阐述了穷人也要有"志气"，第三段用女孩郭静辍学后自学英语考取硕士并成为律师来证明人要有"信念"，第四段又用旅游途中经历的诚信老板主动还钱的事例来说明人要有"诚信"，明显存在论据不能支撑论点问题。

图5-13 写作评改案例五:《诚信为人之本》

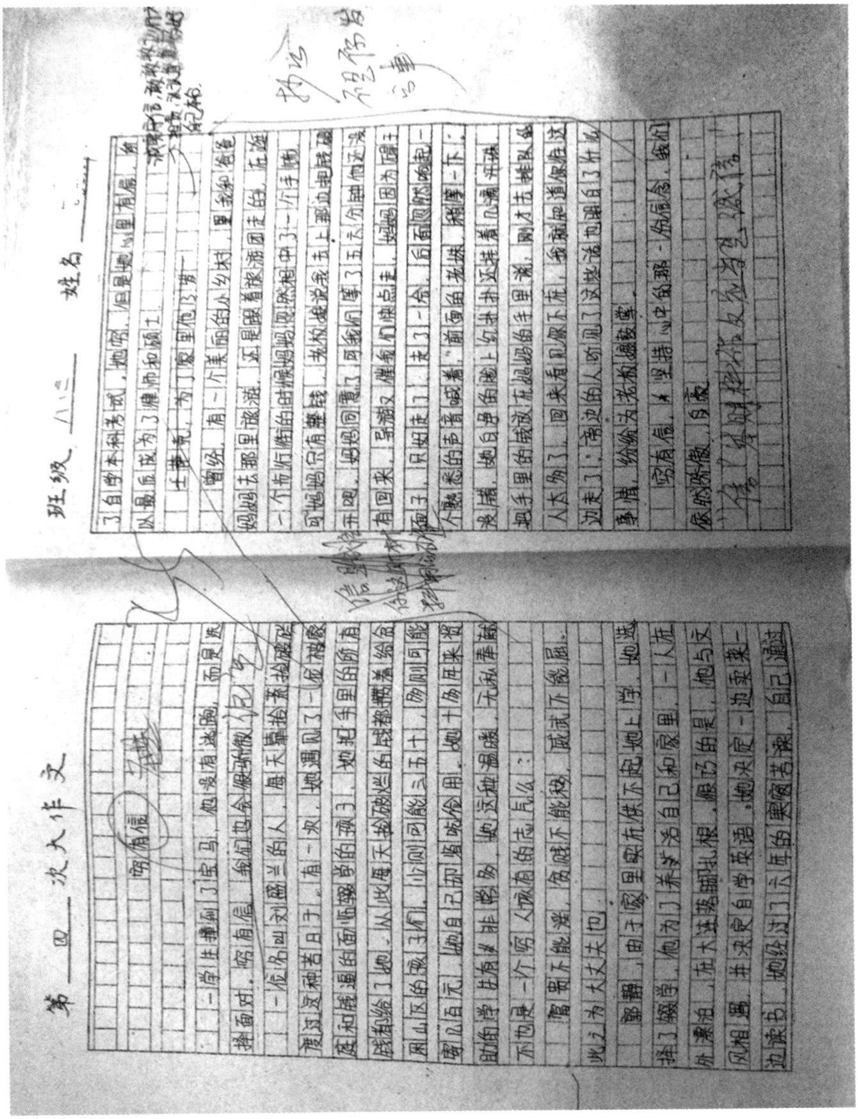

图5-14 写作评议案例六：《穷有信》

如图 5-14 所示，评改者准确地指出了作者写作中存在的问题，并对作者列举的旅游途中遇到诚信老板的案例提出了质疑，认为这个素材存在抄袭或仿照杜撰现象。但作者未对作文进行相应的修改和完善，可能并不认可评改者的意见，也可能是写作能力欠缺。

从作文的写作质量看，这是一篇非常典型的作文样本，出现了典型的分论点与中心论点不一致的问题，也就是通常所谓的"跑题"现象，这是作者的写作思维混乱的典型表现。并且，在评改者指出初稿存在的问题后，作者仍然未做相应修改，说明其批判性思维能力是十分欠缺的。

总结：

从上面几篇作文案例的文本写作及修改情况来看，学生对于作文材料的理解和概括基本准确，一致认为"诚信"是作文材料的核心意涵，并将"人应该讲诚信"作为写作的主题，并在作文题目的命题上都做到了主题鲜明，立意明确，言简意赅。

同时，发现了同学们的作文写作水平存在差别，都存在各种不同程度的问题，例如有错别字、个别语言不通顺、事例论证不到位、素材间逻辑性不强，甚至有论证跑题现象，可以说同学们的写作能力都有一定的提升空间。通过对比几篇作文的内容素材，发现同学们在论证中引用的素材事例存在重复现象，说明大家平时的素材积累的数量还不够丰富。

同学们在评改他人作文时，能够切中要害指出问题和不足，多数同学能够根据评改建议进行修改和完善，说明同学们能够客观分析作文样本并提出个人的评改意见或建议，被评价者在对反馈信息进行分析判断后作出修改或完善。但同学们在评改他人作文时，指出问题的数量集中在两个左右，未能对作文进行系统的分析和指正；被评改同学也个别存在看到评改意见后未做修改现象，说明被评改同学可能是对评改意见并不认同，或者是认同评改意见但不知道如何修改。由此，我们分析其原因可能是由于评改过程中同学们的交流还不够深入，考虑后续在教学实验中会进一步拓展学习交流空间和实践，促进学习的深度交流。

8. 数据分析

（1）关于学生写作能力提升情况

学生写作能力的表征方式很多，学生创作作文的质量是直观有效的表征方式之一，本书为分析教学实验对学生写作能力影响效果，采用对教学实验活动之前和之后的两次考试（上次期末考试和本次期末考试）的作文成绩作对比的方法来分析两次成绩的变化情况。为确保作文成绩对作文质量的客观有效，我们邀请除于老师之外的两位资深语文教师分别对学生作文进行赋分，并取两位老师所赋分数的平均数作为学生的作文得分，如果两位教师之间的分数差距大于8分，则需要补充第三位教师参与作文评价赋分并取三位教师所赋分数的平均分。

对照班共有学生49人，实验班共有学生51人，对两个班同学的两次作文成绩进行了分别统计（见表5-2），并运用SPSS Statistics 21软件进行分析处理，相关数据及结果见表5-3。

表5-2　　两个班作文成绩前、后测统计量

班别	人数	第一次全班平均分（总分50分）	第二次全班平均分（总分50分）
对照班	49	40.8	41.6
实验班	51	40.5	41.8

表5-3　　两个班前、后测作文成绩成对样本T检验

	成对差分					t	df	Sig.（双侧）
	均值	标准差	均值的标准误	差分的95%置信区间				
				下限	上限			
对照班	0.796	2.168	0.887	1.025	0.723	0.857	48	0.396
实验班	1.275	2.127	0.298	1.873	0.676	4.280	50	0.000

从统计数据看，在开展教学实验活动之前，实验班和对照班两个班学生作文的平均分分别为40.5分和40.8分，可以说两个班学生的作文成绩基本一致，说明在教学实验之前两个班学生的写作能力水平一致。通过10周对比教学实验后，两个班级的作文成绩均有提高，其中实验班学生的作文平均分提高到了41.8分，较前测成绩提高了1.3分，提高幅度达3.2%；对照班学生的作文平均分提高到了41.6分，较前测成绩提高了0.8分，提高幅度达2.0%，提高幅度小于实验班。对两个班学生的作文前、后测成绩分别作了成对样本T检验，发现实验班学生的后测成绩与前测成绩存在显著性差异（p=0＜0.05），说明实验班学生整体的作文成绩提升明显，教学效果作用显著；对照班学生的后测成绩与前测成绩不存在显著性差异（p=0.396＞0.05），说明实验班学生整体的作文成绩提升不明显，教学效果的作用不够显著。进而我们可以得出结论：实验班以同学相互评改的作文教学方式与对照班的传统作文教学方式相比，对于提升学生写作能力的学习效果更明显。

（2）关于学生批判性思维能力提升情况

为分析教学实验对学生批判性能力发展的促进作用，分别在教学实验前后对两个班级的学生进行批判性思维能力测试，并对两次测试成绩进行对比分析。

1）两个班之间的数据对比分析

实验班前后测的平均成绩分别为40.843分和44.460分，对照班前后测成绩分别是41.735分和41.025分（见表5-4）。对两个班的前测数据进行对比（独立样本t检验）分析，由于Sig.（=0.243）＞0.05且P1（=0.689）＞0.05（见表5-5前测部分），两个班级数据无显著差异。说明在学习活动开展前两个班级学生的批判性思维发展水平相同。

表5-4　　　　　　　两个班学生CT测试的数据统计量

	班级	N	均值	标准差	均值的标准误差值
前测	实验班	51	40.843	10.653	1.492
	对照班	49	41.735	11.527	1.647

续表

	班级	N	均值	标准差	均值的标准误差值
后测	实验班	50	44.460	11.001	1.556
	对照班	46	41.025	10.647	1.570

表 5-5　前、后测实验班与对照班之间 CT 测试的数据比较

		方差方程的 Levene 检验		均值方程的 t 检验					差分在 5% 的置信区间	
		F	Sig.	T	df	Sig.（双侧）	均值差值	标准误差值	下限	上限
前测	假设方差相等	1.382	0.243	-0.402	98	0.689	-0.892	2.219	-5.294	3.511
	假设方差不相等			-0.401	96.634	0.689	-0.892	2.219	-5.294	3.511
后测	假设方差相等	0.020	0.888	1.681	94	0.096	3.721	2.213	-0.674	8.115
	假设方差不相等			1.684	93.751	0.096	3.721	2.213	-0.668	8.109

2）实验班与对照班之间的后测数据对比分析

对两个班的后测数据进行对比（独立样本 t 检验）分析，由于 Sig.（=0.888）>0.05 且 P2（=0.096）>0.05（见表 5-5 后测部分），所以两个班级无显著差异。但是 P2（0.096）远小于 P1（0.689），可见实验班与对照班相比，后测较前测存在差异扩大的显著趋势。说明通过学习活动的训练和干预，在批判性思维发展水平方面，实验班学生优于对照班学生的趋势越发明显。

3）对照班的前、后测数据对比分析

将对照班的前、后测数据进行配对样本检验，发现 Sig.（=0.247）>0.05（见表 5-6 对照班），P3（=0.663）>0.05，两次成绩无显著差异。说明对照班学生的批判性思维发展水平学习前后没有变化。

表 5-6 对照、实验班前后测之间 CT 测试的数据比较

		方差方程的 Levene 检验		均值方程的 t 检验					差分在 5% 置信区间	
		F	Sig.	T	df	Sig.（双侧）	均值差值	标准误差值	下限	上限
对照班	假设方差相等	1.356	0.247	0.437	93	0.663	0.996	2.281	-3.534	5.525
	假设方差不相等			0.438	92.978	0.663	0.996	2.275	-3.522	5.513
实验班	假设方差相等	0.017	0.897	-1.679	99	0.096	-3.617	2.155	-7.393	0.659
	假设方差不相等			-1.678	98.732	0.097	-3.617	2.155	-7.894	0.660

4）实验班的前、后测数据对比分析

对实验班的前、后测数据进行配对样本检验，发现 Sig.（=0.897）> 0.05（见表 5-7 实验班），P4（=0.096）> 0.05，两次成绩无显著差异。但是 P4（0.096）远小于 P3（0.663），可看出实验班后测数据较前测有差异扩大的显著趋势。说明实验班学生的批判性思维发展水平学习有进一步提升的趋势。

综合上述分析，可以得出以下结论：实验班的相互评改活动对于发展学生的批判性思维具有一定的促进作用，可能会随着教学时间的增长，其促进作用的效果会愈加明显。

（3）批判性思维能力与写作能力相关性分析

通过前面的数据统计分析，我们得知通过同学间的作文评改训练能够有效促进学生的写作能力提高，同时也对发展学生的批判性思维具有一定的促进作用。那么，我们有必要厘清学生的批判性思维能力与其写作能力二者之间的关系怎样？如果存在正相关的关系，即可说明由于学生批判性思维能力发展促进了其写作能力的发展，进而也对之所以选择作文写作这一内容承载来开展批判性思维发展教学提供有力的支撑和

证明。

表5-7　　　　批判性思维能力与写作能力相关性分析

		作文成绩变化	ct 变化
作文成绩变化	Pearson 相关性	1	0.423*
	显著性（双侧）		0.047
	N	51	51
批判性思维变化	Pearson 相关性	0.423*	1
	显著性（双侧）	0.047	
	N	51	51

注：*. 在0.05水平（双侧）上显著相关。

通过对实验班学生的作文成绩变化量与批判性思维变化量进行Pearson相关性分析，得知二者的Pearson相关性的系数为0.423，说明批判性思维与作文成绩存在正相关的关系。0.423大于0.2且介于0.4—0.6（相关系数在0.8—1.0表示极强相关，0.6—0.8表示强相关，0.4—0.6表示中等程度相关，0.2—0.4表示弱相关，0.0—0.2表示极弱相关或无相关），说明学生的批判性思维能力与其写作能力存在显著性的正相关，即学生批判性思维能力发展与作文成绩的提高是相互促进的。所以，通过相关性数据分析，进一步坚定了以作文写作为学科内容载体来开展促进初中生批判性思维发展教学实践的信心。

四　验证结论

（一）活动模型对线下学习环境的批判性思维教学具有指导作用

经过对比教学实验发现，实验班采用了基于模型设计的"一写三改一反思"议论文写作评改学习活动流程，该学习流程鼓励学生围绕议论文的评改活动进行讨论交流，讨论过程主要针对议论文的论点、论据和论证方式与过程发表自己观点，并对他人观点进行评价和交流，以此来训练学生的议论文写作能力和促进学生的批判性思维发展取得了显著性的教学效果，明显优于未采用"一写三改一反思"学习流程的对照班，说明活动模型适用于线下环境的议论文写作评改教学，同时也说明活动模型适用于线下环境的批判性思维教学。

（二）思维导图式学习支架对批判性思维教学具有促进作用

议论文写作是初中生新接触的一种写作文体，是初中写作教学的重点和难点，更是初中生写作学习领域的一道难题。同时，对于绝大多数学生而言，之前很少有机会评改他人的作文，缺少评改作文的经验。鉴于上述原因，在本轮实验的后阶段，建构并应用了《思维导图式议论文写作评改支架》，为学生的写作议论文初稿和议论文评改等活动提供指导和帮助，从作文写作能力和批判性思维水平的数据比较发现，应用学习支架后的教学效果明显优于之前的教学效果，说明思维导图式学习支架对学生的议论文写作评改及批判性思维教学具有促进作用。

（三）学生的议论文写作能力与批判性思维水平存在正向相关

通过对教学实验数据的统计分析发现，学生的议论文写作成绩与批判性思维的测量值之间存在中等程度的正向相关，说明学生的议论文写作能力与批判性思维发展水平存在正向的相关关系，也进一步说明选择议论文写作这一学习内容来开展批判性思维教学是比较适当且合理的，在一定程度上肯定了本书对实验内容选择的正确性，这在较大程度上增强了笔者的信心，也为后面围绕初中议论文写作持续深入开展批判性思维教学实践奠定了基础。

（四）批判性思维教学的周期应该长于 10 周

思维型教学的周期相对较长是学界基本共识，通过本次对比教学实验发现，10 周的批判性思维教学已经促进了学生批判性思维发展水平的提升，但效果还不是非常显著。根据数据统计分析得知，虽然批判性思维发展水平提升效果还不显著，但已出现进一步显著的趋势，说明批判性思维教学周期不止于 10 周。因此，若想取得显著性的教学效果，应该再进一步延长教学周期，初步预期在 15 周左右。

第三节 基于在线学习环境的模型验证及技术探索

一 通过在线学习交流促进学习者批判性思维发展的相关研究

Gokhale（1995）的实验发现通过观点表达、评价他人意见等，在线学习对学习者批判性思维的发展有促进作用。Newman，Webb 和 Cochrane（1995）通过对比研究发现，在促进批判性思维发展方面，在线交流研讨比面对面交流效果明显。Salmon（2002）得出了同样结论，通过在线讨论促进了被试的行动反思和批判性思维发展。Yang，Newby 和 Bill（2005）通过准实验设计，研究了大学生使用异步在线讨论（AOD）和苏格拉底式提问来增强批判性思维的效果，结果表明使用结构化 AOD 和苏格拉底式提问可以成为提高学生 CTS 的有效教学方法。吴亚婕等人（吴亚婕、赵宏、陈丽，2015）在相关研究基础上设计了批判性思维培养模式，通过实证研究发现教师设计在线学习活动为学生提供在线深度互动、交流的机会，混合式教学对于学生批判性思维的发展更有优势。Paul（1995）构建了批判性思维和在线学习的交互模型，此模型能够有效地提升学习者批判性思维能力。冯莹倩等人（冯莹倩、徐建东、王海燕，2013）在对 Paul 的模型进行改进的基础上，构建了提问交互模型（QICT 模型），此模型针对在线交流中促进学习者批判性思维发展而设计，实证研究显示：通过使用此模型，学习者的思维深度和清晰度都有了显著的提升，对学习者批判性思维的培养具有促进作用。Perkins（2006）提出了在线交流讨论中学习者批判性思维发展模型，通过在线交互促进学习者澄清、评定、推理等能力的提升。还有研究发现，基于在线讨论环境可以通过教学策略提升批判性思维技能（Anderson et al.，2001；Angeli et al.，2003；Angelo，1995；Collison et al.，2000；Duffy et al.，1998；Garrison et al.，2000）。综上所述，学者们已开始对运用在线交流方式促进批判性思维教学开展研究，并取得了初步的研究成果，为本轮实验提供了基本参考，也为后续研究增强了信心。

二 实验活动的设计

根据研究需要，我们开展了为期 16 周的教学实验验证工作，按照"促进学生 CT 发展的在线学习活动模型"设计和实施学习活动，以检验活动模型是否适用于在线学习环境下的批判性思维教学。

（一）实验对象选择

本书的教学实验对象是吉林省 S 市 F 中学八年级三班和四班两个班级的学生，该年级学生年龄普遍在 14—15 岁，按照皮亚杰的认知发展阶段理论分析，这一年龄段学生的认知处于形式运算阶段，适合开展批判性思维教学。

（二）活动主题确定

活动内容选取的是四篇作文的写作与修改课程，其中两篇为命题作文，题目分别是《幸福》和《老师，我想对您说》；另外两篇是给材料作文，主题基本集中在"爱护环境"和"生命贵在坚持"两个方面。

（三）活动方案设计

为了验证该模型的教学效果，实验中采用了等组对照教学的实验方法。选择的三班和四班是两个自然班，这两个班学生作文水平和批判性思维发展水平基本相同，且由同一位老师承担语文教学任务。将三班、四班分别确定为实验班和对照班，经过 16 周的作文修改训练后，比较两个班级学生的批判性思维能力水平，以验证学习活动模型对学生批判性思维发展的作用效果。

变量设计：自变量是由实验者操纵、掌握的变量，本书的自变量是虚拟在线交流平台的应用；因变量是实验中由于实验变量而引起实验对象的变化和结果，本书的因变量是学生的学业水平（批判性思维发展水平和议论文写作能力）。关于无关的控制主要采用以下几种手段，一是要求实验班和对照班的学生在开展教学实验前，在学业水平方面保持同质，二是两个班均由同一名教师开展教学实验活动，三是聘请任课教师之外的语文教师来对学生的学业水平进行评价，四是实验班和对照班均采用单盲实验的方法，即只有实验教师知道变量的控制情况，学生不知道自己正在参加教学实验，更不知道自己是在实验组还是控制组，这样处理可以避免研究对象的主观因素给实验带来的影响。

实验班活动设计：实验班学生基于虚拟学习空间开展在线学习，根据模型中活动设计的问题情境、问题确定、因素分析、厘清要素、提出方案、系统评估、问题解决七个环节来对作文修改过程进行设计，主要围绕同桌互评、小组修改、全班修改、学习反思四个环节来完成一次作文的系统修改。修改过程中，学生自发担任组织者、协调者、发言人等角色，并依次轮换角色；教师负责学习活动过程中的分组和协作，并及时提供帮助和指导，起到学习支架的作用。通过虚拟学习空间实现师生间、生生间的同步或异步交流，由于交流中会出现观点的不同，会使学习者个体产生认知冲突，通过相互间观点、思维的表达与交流，促使学习者的认知发生同化和顺应，从而训练和发展学生的批判性思维。

对照班活动设计：对照班由语文教师按照传统的教师批改的方式对学生作文进行批改。由教师针对学生的作文初稿，进行批注和修改说明，并利用课堂集中进行信息反馈，针对典型写作案例加以详细分析和说明。学生在得到作文批改信息后，通过课上和课下进行参照修改和完善，保证在作文修改时间上基本一致。

（四）平台技术支持

CTCL 范式强调学习技术的选用要与学习内容具有适切性，并且学习环境的创设应鼓励学习者积极参与到学习活动中来。[①] 在 CTCL 范式的指导下，鉴于学习交流是训练思维的有效手段，所以实验班的在线学习活动是在虚拟学习空间中展开的，虚拟学习空间主要通过 UMU 互助学习交流平台来实现，UMU 平台具有文字、声音、图像、视频等文件的传输与分享交互功能，为学生进行在线学习和混合式学习提供技术支持，图 5-15、图 5-16、图 5-17 为 UMU 平台的应用界面展示。

[①] 董玉琦、王靖等：《CTCL：教育技术学研究的新范式（3）》，《远程教育杂志》2014 年第 3 期，第 23—32 页。

图 5-15　UMU 在线交流平台应用界面首页

图 5-16　UMU 在线交流平台课程界面首页

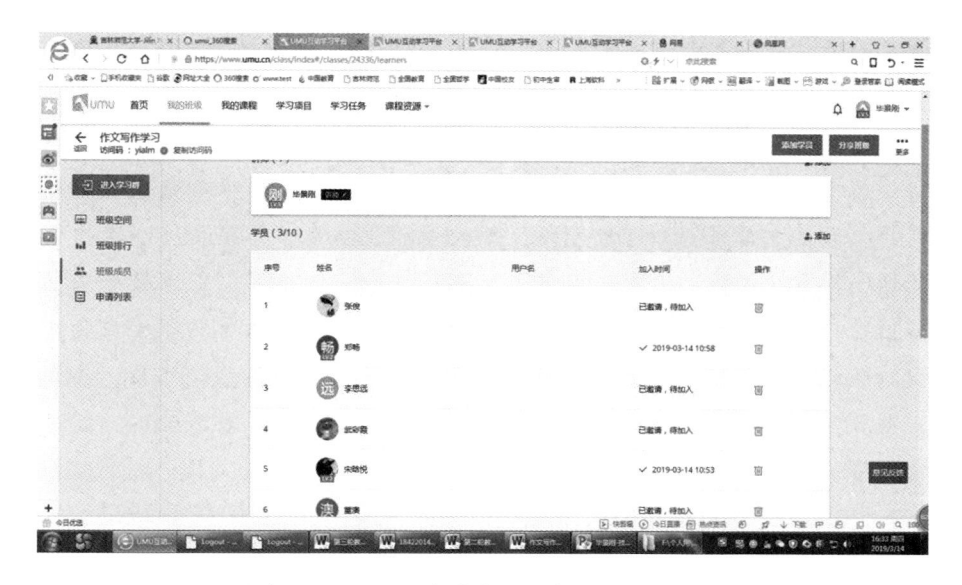

图 5-17　UMU 在线交流平台学员名单界面

三　教学实验实例

（一）写作前的技术培训

在写作学习活动之前，对实验班的学生进行两个学时的学习技术应用培训。面向实验班的学生分别进行在线协作交互平台的使用和思维导图的绘制训练方面的技术培训，主要包括应用软件的下载、安装、注册及界面操作方面的培训和思维导图制作软件的安装及界面操作的培训。通过对实验班学生的技术应用培训，满足了学生在写作学习活动时对技术的需求，也为后续开展实践教学奠定了基础。

（二）给材料作文写作与修改

阅读给出的作文材料，结合材料自行拟定题目并完成一篇800字左右的作文。

作文材料：

生命是大自然的奇迹。美国蒙特里海湾的沿岸，一棵柏树，历经沧桑，独自守候了百年；浩浩戈壁，茫茫沙漠，胡杨将根深深扎进地下20多米，挺拔的身姿顽强撑起一片生命的绿洲；奇寒无比的雪山上，雪莲花傲然绽放……在如此恶劣的环境里，却有如此震撼人心的生命奇迹在上演。大自然就是以其神奇来导演一幕幕神话和传奇。请怀着一份敬畏之心去看待大自然，请珍惜、呵护每一个生命。

材料解析参考：

该作文材料开头和结尾均扣题到生命，显然这是跟生命相关的一则材料。材料中列举了海湾沿岸的百年柏树、沙漠戈壁的胡杨和寒冷雪山的雪莲花三种植物在恶劣环境下与自然相抗争，体现了它们不畏艰苦而活出自我的生命态度和精神。从这则材料我们可以看出自然界生命的顽强和努力，基本可以概括出生命的坚强、顽强、不可战胜、坚持、伟大等特点。学生可以围绕材料中倡导的自然生命的特征来展开论述，完成主题鲜明、素材丰富、详略得当的文章。

实验班学生写作案例

天空越黑，星便因坚持而璀璨

生命本是奇迹，只要坚持不懈，一定能走出困境，柳暗花明。

萨可曼·可汗，创立了可汗学院，成为全球最有影响力的100人之一，可谁曾想过，他出身贫穷，父亲过世，本来幸福的家庭变得支离破碎，他努力学习，考上了麻省理工学院，多少个日子，三餐忘食，多少个夜晚，独对孤灯，他不放弃，坚信坚持会创造奇迹，就像钱学森所说："不要失去信心，只要坚持不懈，就终会有成果的。"可现在也通过他的坚持努力有了自己的大好河山。

有一个笑容甜美的姑娘来自浙江宁波，1993年进入国家体操队，在以往比赛中，桑兰正在进行跳马比赛前的热身时，在她跳起的一瞬间，外队教练干扰了她，导致她动作变形，头先着地摔下，一辈子无法站起，得知这个消息后，她依旧甜美地笑着，她努力做术后康复，相信自己一定会再次站起。如果你想创造奇迹，你一定要有坚定的意志和坚持的心，因为阳光总在风雨后，没有风雨的磨砺，何来阳光的灿烂。

熊顿，一位著名青年漫画家，她热爱生活，创造了一本一本的漫画，但不幸的是被诊为淋巴瘤，一旦患上很难治好，她并没有自暴自弃，没有认为人生无味，而是努力画好每一篇漫画，不因疾病而放松，绘出了

《滚蛋吧,肿瘤君》后与世长辞。熊顿坚持创作,坚持与命运做斗争,生命本是奇迹,坚持下去,可能下一秒就会翻盘。

如果没有帕格尼尼入狱后的不放弃,努力坚持,何来小提琴之神;如果没有侯宝林家庭贫穷手抄《谑浪》,何来的相声大师;如果没有屠呦呦190次失败后191次的重头来过,努力坚持,何来治病救人的青蒿素。

由此可见,生命本是奇迹,人生路上并不是一路鲜花相随,定会有荆棘阻挡,重要的是要坚持不懈,不放弃最后的希望。

图5-18和图5-19分别是对该案例进行评改的纸质版和电子版。

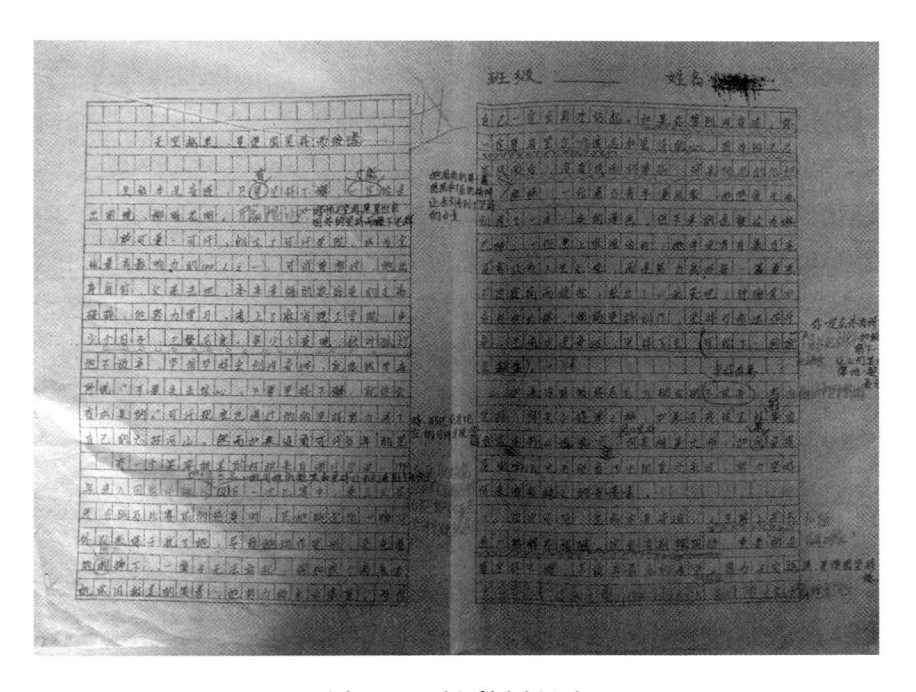

图 5-18　纸质评改记录

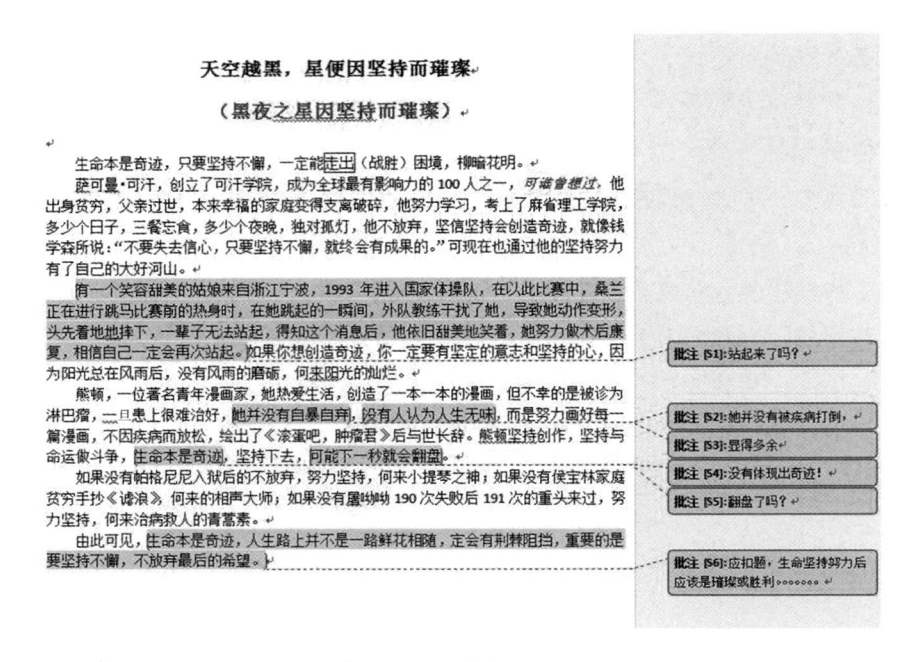

图 5-19 网络评改记录

四 活动过程发现

（一）实验班学生之间的学习交流讨论逐步加深

从学习交流平台上的交流数据发现，实验班学生通过 16 周的在线学习交流，学生之间的学习交流和讨论无论在频度上还是在深度上都明显加强。起初，学生很少在平台上发起交流，往往需要教师组织和引导；后来学生们能够主动在平台上发起讨论并寻求问题解答，讨论的深度也从早期的简单回复到深入交流，说明实验班学生在学习交流的意愿和程度上有所加强。对照班学生间的学习交流更多局限于课上或课间，其他时间很少有机会围绕共同的主题来开展交流活动。整体比较发现，实验班学生在学习交流的频度与深度方面优于对照班学生。

（二）实验班学生的批判性思维态度倾向有所改善

由于在互相修改过程中，同学之间会提出各种不同于作者本人的意见和建议。在活动之初，同学们不愿主动对他人的论文提出问题并给出建议，作者本人对他人的观点和意见持排斥的态度，个别学生间出现了因作文修改而面红耳赤，甚至吵架，学生们普遍认为只有教师才有资格和权利来对学生的作文进行修改。导致这一现象的原因是学生缺少批判精神和态度，不能容纳和接受异见。通过教师的积极引导和16周的训练，实验班学生在批判精神和态度上有较大改善。

（三）实验班学生问题分析能力和作文水平得到提升

从交流的主题内容看，学生之间在提出修改建议时，开始时经常会含有学生个人的先入之见或个人偏见，不能结合具体的问题具体分析，并有针对性地给出修改建议。随着交流强化的持续和深入，发现后来学生给出的修改建议逐渐能够基于作文语境进行阐释和提出，并具有较高参考价值。同时也通过论文的逻辑架构、语言表达、修辞造句等方面得到了改善，作文写作整体水平得到提升。

五　实验数据统计分析

（一）学生作文成绩的数据

如表5-8所示，从统计数据看，在开展教学实验活动之前，实验班和对照班两个班学生作文的平均分分别为39.2分和39.5分，可以说两个班学生的作文成绩基本一致，说明在教学实验之前两个班学生的写作能力水平一致。通过16周对比教学实验后，两个班级的作文成绩具有提高，其中实验班学生的作文平均分提高到了43.6分，较前测成绩提高了4.4分，提高幅度达11.2%；对照班学生的作文平均分提高到了41.4分，较前测成绩提高了0.8分，提高幅度达4.8%，提高幅度小于实验班。对两个班学生的作文前、后测成绩分别作了成对样本T检验（如表5-9），发现实验班学生的后测成绩与前测成绩存在显著性差异（$p=0<0.05$），说明实验班学生整体的作文成绩提升明显，教学效果作用显著；对照班学生的后测成绩与前测成绩不存在显著性差异（$p=0.427>0.05$），说明实验班学生整体的作文成绩提升不明显，教学效果不够显著。进而我们可以得出结论：实验班以同学相互评改的作文教学方式与对照班的传统作文教学方式相比，对于提升学生写作能力的学习效果更明显。

表 5-8　　　　　　　作文成绩前、后测组统计量

	班级	N	均值
前测	实验班	66	39.2
	对照班	65	39.5
后测	实验班	64	43.6
	对照班	61	41.4

表 5-9　　　　　两个班前、后测作文成绩成对样本 T 检验

	成对差分					t	df	Sig.（双侧）
	均值	标准差	均值的标准误	差分的 95% 置信区间				
				下限	上限			
对照班	0.863	2.159	0.623	1.126	0.871	0.826	58	0.427
实验班	1.387	2.132	0.274	1.685	0.658	4.281	62	0.000

（二）批判性思维测查数据

1. 样本数量

实验班和对照班的班级人数均为 66 人，通过实验前测和后测共回收测试量表 264 份，其中有效回答量表为 258 份，有效样本量占 98%。

2. 数据有效性分析

对有效样本进行数据统计，并对量表得分数据进行 K-S 检验，最极端差别（峰度偏度）的绝对值为 0.078 < 1（见表 5-10），且渐近显著性概率（双侧）为 0.093 > 0.05，说明样本数据服从正态分布，量表有效。

表 5-10　　　　　单样本 Kolmogorov-Smirnov 检验

	得分
N	258
最极端差别绝对值	0.078
渐近显著性（双侧）	0.093

3. 实验效果分析

表 5-11　　　　　　　　CT 值前、后测组统计量

	班级	N	均值
前测	实验班	66	40.581
	对照班	65	40.218
后测	实验班	64	43.289
	对照班	61	42.152

表 5-12　　　　　前、后测实验班与对照班之间数据比较

		方差方程的 Levene 检验		均值方程的 t 检验		
		F	Sig.	T	df	Sig.（双侧）
前测	假设方差相等	1.382	0.137	-0.402	89.254	0.587
	假设方差不相等			-0.401	87.652	0.586
后测	假设方差相等	0.021	0.533	1.681	93.245	0.048
	假设方差不相等			1.684	92.362	0.048

（1）实验班与对照班的前测数据对比分析

实验班前后测的平均成绩分别是 40.843 分和 51.627 分，对照班前后测成绩分别是 41.735 分和 41.834 分（见表 5-11）。对两个班的前测数据进行对比（独立样本 t 检验）分析，由于 Sig.（=0.137）>0.05 且 P1（=0.587）>0.05（见表 5-12），两个班级数据无显著差异。说明在学习活动开展前两个班级学生的批判性思维发展水平相同。

（2）实验班与对照班的后测数据对比分析

对两个班的后测数据进行对比（独立样本 t 检验）分析，由于 Sig.（=0.533）>0.05 且 0.01<P2（=0.048）<0.05（见表 5-12），所以两个班级后测数据存在显著差异。说明通过学习活动的训练和干预，在批判性思维发展水平方面，实验班学生明显优于对照班学生。也进一步证明，本书构建的在线学习活动模型对基于作文修改教学的促进批判性思维发展教学具有指导作用。

表 5-13　　　　　　　　　对照班、实验班前后测数据比较

		方差方程的 Levene 检验		均值方程的 t 检验		
		F	Sig.	T	df	Sig.（双侧）
对照班	假设方差相等	1.356	0.285	0.437	92.758	0.578
	假设方差不相等			0.438	92.961	0.577
实验班	假设方差相等	0.017	0.752	-1.679	95.230	0.033
	假设方差不相等			-1.678	94.187	0.033

（3）对照班的前、后测数据对比分析

将对照班的前、后测数据进行独立样本检验，发现 Sig.（=0.285）>0.05（见表 5-13），P3（=0.578）>0.05，两次成绩无显著差异。说明对照班学生的批判性思维发展水平学习前后没有明显变化，进一步证明传统的作文修改学习方式对学生批判性思维发展没有影响。

（4）实验班的前、后测数据对比分析

对实验班的前、后测数据进行独立样本检验，发现 Sig.（=0.752）>0.05（见表 5-13），0.01 < P4（=0.033）< 0.05，两次成绩存在显著差异。说明实验班学生的批判性思维发展水平在学习活动之后有显著提升，同时也证明认知冲突和问题解决对发展和训练学生批判性思维具有促进作用。

4. 批判性思维能力与写作能力相关性分析

通过数据统计分析发现，实验班学生在学习活动模型指导下运用在线协作平台有效发展了批判性思维水平，同时实验班学生的作文成绩也得到了显著提高，实现了 11.2% 的提升。为进一步验证选择"作文评改"作为初中生批判性思维教学实验"学习内容"的适切性，我们有必要对批判性思维能力发展与写作能力提高做相关性分析。具体分析如表 5-14 所示：

表 5-14　　批判性思维能力与写作能力相关性分析

		作文成绩变化	ct 变化
作文成绩变化	Pearson 相关性	1	0.461*
	显著性（双侧）		0.045
	N	64	64
批判性思维变化	Pearson 相关性	0.461*	1
	显著性（双侧）	0.045	
	N	64	64

注：*. 在 0.05 水平（双侧）上显著相关。

通过对实验班学生的作文成绩变化量与批判性思维变化量进行 Pearson 相关性分析，得知二者的 Pearson 相关性的系数为 0.461，说明批判性思维与作文成绩存在正相关的关系。0.461 大于 0.2 且介于 0.4—0.6（相关系数在 0.8—1.0 表示极强相关，0.6—0.8 表示强相关，0.4—0.6 表示中等程度相关，0.2—0.4 表示弱相关，0.0—0.2 表示极弱相关或无相关），说明学生的批判性思维能力与其写作能力存在显著性的正相关，即学生批判性思维能力发展与作文成绩的提高是相互促进的。所以，通过相关性数据分析，进一步坚定了以作文写作为学科内容载体来开展促进初中生批判性思维发展教学实践的信心。

六　验证结论

（一）活动模型对在线学习环境下批判性思维教学具有指导作用

本轮教学实验是以活动结构理论和基于问题的学习理论（PBL）为基础，在恩尼斯 FRISCO 概念模型的基础上尝试构建的旨在促进学生批判性思维发展的学习活动模型，该模型以在线协作交流平台支持，对教师和同伴（同学）进行了角色分工，并将在线学习活动划分为系统连续的七个过程环节。通过教学实验检验发现，在线虚拟学习社区促进了学习共同体之间的交流与协作，通过不同观点间的辩论与交流，促进了学生个体的批判性思维发展，实验数据表明，该活动模型对批判性思维教学具有促进和指导作用。该模型的构建，不仅补充了批判性思维教学的实践工具，而且在一定程度上丰富了恩尼斯批判性思维理论。我们深知，任何模型的构建都不是一蹴而就的，该模型仍需要针对不同学科、面向不同的学习者开展实践检验，进而不断修正和完善模型系统，切实为批判性思维教学提供支持和指导。

（二）作文写作能力与批判性思维水平的相关性

本轮实验发现，随着学生的写作能力的提升，学生的批判性思维水平也获得了发展，通过对两个班学生相关数据进行统计分析，再次证明了学生的写作能力与批判性思维水平存在正向相关的关系，并且相关度处于中等程度。这也进一步说明，通过议论文写作教学来训练和培养学生的批判性思维是可行的，即议论文写作与评改这一学习内容与发展学生批判性思维这一教学目标具有较高的适切性。

（三）16周的教学时长基本满足批判性思维教学需要

第一轮教学时长为10周，通过对实验班学生批判性思维水平的前测和后测进行数据统计分析发现，在数值方面后测与前测相比较仅出现了进一步扩大差距的趋势，但未能出现显著性差异。第二轮教学时长为16周，同样通过对比实验班学生前测与后测的批判性思维测量值，出现了显著性差异，说明16周的教学取得了显著性的教学效果。也进一步说明，16周的教学满足了批判性思维教学对教学时长的基本需求。

（四）在线交流平台相对削弱了教师的"中心化"影响

学生、师生之间通过虚拟在线交流平台进行学习交流，除打破了传统面对面交流方式对时间和空间的限制之外，也改变了学习交流的环境和气氛。通常学生在课堂上与教师或同学进行学习交流时，首先要顾及教师在场的"中心化"影响因素，会影响学生交流的语气、频率、时长、表情等方面，其次要考虑交流对象的情绪、表情、感受等。通过虚拟在线交流平台进行学习交流，使学生相对减少了由教师"中心化"等因素引起的交流紧张或焦虑，有助于交流人员之间真实的表达和深度的交流。

第四节　小结

本章在基于问题的学习理论、活动结构理论的指导下，结合恩尼斯的 FRISCO 模型要素的基础上构建了"促进学生批判性思维发展的学习活动模型",旨在为科学设计批判性思维学习活动提供模型指导,进而有效提升批判性思维教学实践的质量。

为了验证"促进学生批判性思维发展的学习活动模型"的适用性和有效性,分别在线下环境和在线环境两种学习环境下对活动模型进行了实践验证,并对思维导图和虚拟在线交流平台在批判性思维教学中的应用进行了实践探索,通过相关教学实践,得出以下几点结论。

第一,活动模型同时适用于在线学习和线下学习两种环境。

通过两轮的教学实验验证,发现基于活动模型设计的"一写三改一反思"议论文写作评改学习活动流程,对在线学习环境和线下学习两种学习环境下学生的议论文写作能力和批判性思维发展水平具有促进作用,说明活动模型对线下和在线两种学习环境下的批判性思维教学均具有指导作用,即活动模型对两种学习环境下的批判性思维教学是有效的和适用的。

第二,议论文写作评改学习内容适用于批判性思维教学。

对两轮实验教学的数据统计分析,发现"一写三改一反思"议论文写作评改学习活动流程促进了学生议论文写作能力的提升,同时也促进了学生批判性思维发展水平的提升,通过对学生议论文写作能力和批判性思维发展水平两组数据的相关性分析,发现二者之间存在正向相关的关系。所以说,议论文写作评改学习内容适用于批判性思维教学。

第三,思维导图式学习支架的应用对批判性思维教学具有促进作用。

在第一轮教学实验验证过程中,发现学生在议论文写作评改学习时缺少有效的学习支架。为此,笔者运用思维导图技术设计了议论文写作评改学习支架,以满足学生在议论文写作评改过程中对学习支架的需求。经实验对比发现,思维导图式的学习支架能够为学生的写作评改提供指导和帮助,促进了学生议论文写作能力和批判性思维能力的提升,说明思维导图式学习支架的应用对批判性思维教学具有促进作用。

第四,虚拟在线交流平台的应用对批判性思维教学具有促进作用。

通过第一轮教学实验,发现学生在议论文写作评改学习中缺少师生间和同学间的学习交流。为解决这一问题,在第二轮教学实验过程中选用了虚拟在线交流平台来补充学生之间、师生之间的交流。经实验对比发现，虚拟在线交流平台能够为学生的写作评改提供指导和帮助，促进了学生议论文写作能力和批判性思维能力的提升，说明虚拟在线交流平台的应用对批判性思维教学具有促进作用。

第六章

基于技术的批判性思维教学实验研究

通过前面两轮教学实验，已经证明促进学生批判性思维发展的学习活动模型对在线学习环境和线下学习环境下的批判性思维教学均具有指导作用，同时发现思维导图式的议论文写作评改支架和虚拟在线交流平台对批判性思维教学均具有促进作用。在前面实验研究的基础上，系统开展了技术促进学生批判性思维发展的教学实验研究，旨在探究技术对批判性思维教学所产生的具体作用效果。

第一节 研究设计

一 研究问题

本轮教学实验研究主要尝试解决以下三个问题，它们分别是：

一是议论文写作评改学习对学生批判性思维发展的具体作用是什么？

二是思维导图与虚拟在线交流平台对批判性思维教学的作用效果如何？

三是思维导图与虚拟在线交流平台二者混合使用的教学作用效果如何？

二 指导思想

教学实验主要是在 CTCL 范式和混合式学习思想的指导下，对批判性思维教学中的学习活动、教师和学生的角色分工、技术方法选择应用等进行系统设计,为有效开展批判性思维教学实践夯实基础。

在 CTCL 范式思想的指导下,基于批判性思维型学习文化的促动和统领,将学习者(个体思维刚好处于从形象思维向逻辑思维发展过渡期的初中生)、学习内容(议论文写作这一初中作文教学的重点和难点)、技术(有助于整理思维的思维导图技术和促进深度学习交流的虚拟在线交流平台)进行统合考虑,通过对上述学习要素的系统设计,以取得最优化的批判性思维教学效果。

在学习方式和技术手段的选择运用方面,主要参照混合式学习策略的指导思想,在学习理论、学习方式、学习环境、学习资源和学习媒体等多方面进行混合,以此来满足批判性思维教学活动的多重需求,并追求最佳的教学效果。在本书中,混合式学习的思想具体体现在学习理论、学习方式和技术手段等方面。在学习理论方面,主要以建构主义学习、基于问题的学习、论证式学习等学习理论为指导;在学习方式方面,将传统的面对面的线下学习和现代的网络在线学习相混合;在技术手段方面,既将思维导图和虚拟在线交流平台相混合,又将教学方法和媒体技术进行有机融合。正是通过对以上学习要素的混合设计和使用,为取得理想的教学实践效果提供保障。

三 总体设计

本轮教学实验从活动流程上将其设计成师生培训、教学前测、教学实施、教学后测、分析总结五个阶段(如图 6-1),每个阶段都有着各自任务和目标,将这五个阶段综合起来考虑便是教学实验的系统设计。

师生培训:面向师生的教学培训是有序开展教学实验活动的前提和开端,面向学生的培训主要是对议论文写作评改支架、虚拟在线交流平台、批判性思维量表 APP 的熟悉和操作应用,以确保学生在议论文写作评改过程中能够熟练地应用虚拟在线交流平台来进行学习交流,在遇到困难问题时能够恰当使用学习支架,以及在前测、后测时运用批判性思维量表 APP 来进行在线测试,保证学生能够顺利完成议论文写作评改学习任务。面向教师的培训主要是对"促进初中生批判性思维发展的学习活动模型"、虚拟在线交流平台、批判性思维量表 APP 的操作应用，以确保教师在教学过程中能够合理运用活动模型、交流平台和 APP 应用程序，促进教学活动的顺利开展。

教学前测：在教学活动之前分别对学生的议论文写作能力和批判性思维发展水平进行测试，将测试结果作为教学实验前学生的前测数据，用来与教学实验前的学生前测数据进行比较之用，以此来发现教学的作用效果。

教学实施：是教学实验的主体部分，按照预先设计来实施议论文写作评改学习活动，并在学习活动中通过教学干预来影响学生的学习效果，以此来发现干预要素与学习效果之间的关系。教学实施既是教师教学设计的具体体现，也是教学要素对学生产生作用和影响的过程。

教学后测：在教学活动之后分别对学生的议论文写作能力和批判性思维发展水平进行测试，将测试结果作为教学实验前学生的后测数据，用来与教学实验后的学生后测数据进行比较之用，以此来发现教学的作用效果。同时，教学后测也是对教学效果的一种检验。

分析总结：这一环节是整体设计的最后环节，主要是对前测和后测的数据进行比较，以此来发现教学干预产生的影响效果。同时还要对前面四个环节进行系统总结，通过这一环节来总结教学实验的经验，更重要的是发现教学实践中存在的不足，为进一步修改和完善教学设计提供依据和参考，以追求最优化的教学效果。

师生培训 → 教学前测 → 教学实施 → 教学后测 → 分析总结

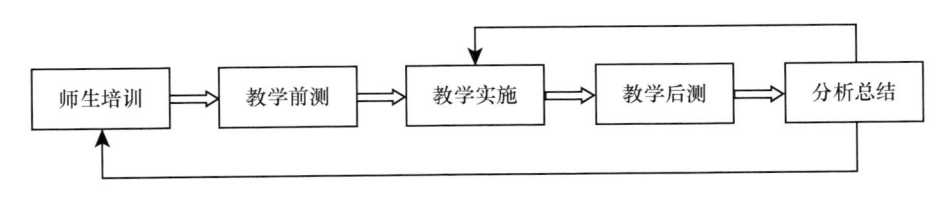

图 6-1　教学实验研究的整体设计流程图

四　研究方法

本轮实验研究中主要采用了教学准实验研究法、思维量表测试、作品评价法和 SPSS 软件数据分析四种研究方法。

（一）教学准实验研究法

出于不打破学校日常学科教学的真实环境的考虑，研究采用教学准实验研究法，以保证实验在学生正常的学习状态下进行，主要是不改变原有的班级编排、课程计划、课表设置等。实验设计无法做到像实验室那样严格控制各种影响要素，是接近真实验的一种设计。实验设计上采用经典的"前测—后测"对照组设计方式。

（二）思维量表测试

运用《X阶康奈尔批判性思维量表》的APP应用程序对学生的批判性思维水平进行教学前测和后测，学生可通过智能手机或网络计算机等终端进行在线填答，教师可以通过APP程序直接获得统计结果，方便了师生的批判性思维测量与统计工作。

（三）作品评价法

关于学生议论文写作能力的测量，主要采用作品评价法，即对学生创作的议论文文稿进行文本分析和评价，以此来衡量学生议论文写作能力。

（四）SPSS软件数据分析

运用SPSS Statistics 21对实验中的数据进行统计分析，主要进行相关性分析、T检验和方差分析等，为教学实验提供客观的数据结果，通过数据来说明教学实验效果的有效性。

五　详细设计

（一）变量界定

1. 自变量界定

自变量是由实验者操纵、掌握的变量，也称为实验变量。在本书中，自变量是教学过程中应用到的技术方法，主要是"一写三改一反思"学习活动流程设计方法、基于思维导图的议论文写作评改支架和虚拟在线交流平台三种技术方法。

2. 因变量界定

因变量是实验中由于实验变量而引起实验对象的变化和结果。在本书中，因变量是学生的学业水平，主要包括批判性思维发展水平和议论文写作能力两个部分。其中批判性思维发展水平主要包括问题情境、确定问题、因素分析、厘清要素、提出方案和系统评估等方面，议论文写作能力主要以作文评价得分为主。

3. 变量控制

在本书中，要求三个实验组和控制组的学生在开展教学实验前，在学业水平方面保持同质。四个组均由同一名教师开展教学实验活动，并且聘请任课教师之外的语文教师来对学生的学业水平进行评价。

具体对无关变量的处理方法，主要有以下三个方面。

一是对八年级两个班学生随机分成四个教学组，对学生的学业水平进行前测，并对数据结果进行独立样本 T 检验，保证各组学生的评价学业水平相近，即组间的学生学业水平是同质的。

二是在分组时，将两个班的学生分成四个教学组即控制组、实验 1 组、实验 2 组和实验 3 组。考虑到控制组和实验 1 组均采用线下学习方式，故将一个班级随机分成控制组和实验 1 组；实验 2 组和实验 3 组均用到了在线学习方式，故将另一个班级随机分成实验 2 组和实验 3 组。

三是四个教学组的教学内容、教学安排、教学时长均保持一致，并且四个教学组均由一位语文教师进行教学，以保证教师教学对学生的影响一致性。同时，四个教学组均采用单盲实验的方法，即只有实验教师知道变量的控制情况，学生不知道自己正在参加教学实验，更不知道自己是在实验组还是控制组，这样处理可以避免研究对象的主观因素对实验带来的影响。

(二) 实验分组

研究中主要应用了"一写三改一反思"学习活动流程设计方法（Process，P）、基于思维导图的议论文写作评改支架（Mind Map，M）、虚拟在线交流平台（Online Communication Platform，O）三种技术，为比较发现上述技术对批判性思维教学的作用效果。按照教学中使用技术的不同，将教学对象分成了四组，分别是控制组（Control，C）、实验 1 组（Experiment1，E1）、实验 2 组（Experiment2，E2）、实验 3 组（Experiment3，E3），具体情况如表 6-1 所示。

表 6 – 1　　　　　　　　　教学实验分组情况说明

组别	技术应用	学习方式	实验目的
C	P	线下学习	研究证明"一写三改一反思"学习活动流程设计方法对初中生议论文写作教学的作用效果，同时作为对照组为实验比较提供数据
E1	P + M	线下学习	研究发现思维导图（议论文写作评改支架）对提升初中生议论文写作能力和批判性思维发展水平的作用效果
E2	P + O	线上学习	研究发现虚拟在线交流平台（UMU互动学习平台）对提升初中生议论文写作能力和批判性思维发展水平的作用效果
E3	P + M + O	线上与线下相混合的学习	研究发现混合使用多种技术方法对提升初中生议论文写作能力和批判性思维发展水平的作用效果，并为与其他小组比较提供实验数据

研究设计中将学生分成控制组、实验1组、实验2组和实验3组共四个组别，每个小组根据实验的目的不同，选择应用了不同的技术手段，也限定了学习方式。

1. 控制组

该组在采用"一写三改一反思"的议论文写作学习活动设计流程对学生的议论文写作能力提升和批判性思维水平发展均具有促进作用，这在前两轮教学实验中已经得到了验证。控制组采用了这一学习活动设计流程，不选用其他物质形态的技术手段，以此作为与其他各组之间的实验要素区别。

2. 实验1组

该组在采用"一写三改一反思"的议论文写作学习活动设计流程的基础上，选用了基于思维导图技术的议论文写作评改支架来辅助学生进行写作思维的系统架构和整理，以此来发现思维导图对提升学生议论文写作能力和批判性思维发展水平的作用效果。

3. 实验2组

该组在采用"一写三改一反思"的议论文写作学习活动设计流程的

基础上，选用了虚拟在线交流平台（UMU 互动学习平台）来方便学生学习交流和进行思维的系统表达，以此来发现虚拟在线交流平台对提升学生议论文写作能力和批判性思维发展水平的作用效果。

4. 实验 3 组

该组在采用"一写三改一反思"的议论文写作学习活动设计流程的基础上，同时选用了基于思维导图技术的议论文写作评改支架和虚拟在线交流平台（UMU 互动学习平台）两种技术手段，满足学生在议论文写作评改过程中对学习支架和深度交流的需求，以此来发现两种技术混合使用的教学效果，并与单一技术使用效果进行比较分析，进而来分析技术应用与学习者之间的关系。

第二节　具体实施

一　实验对象

本书的实验对象选自吉林省 S 市 F 中学的八年级 9 班（67 人）、10 班（65 人）两个自然班的全体学生，两个班的语文课程教学工作同时由张老师一个人负责。

二　实验分组

根据研究需要，将 9 班的学生随机分成两组，即控制组（34 人）和实验一组（33 人），根据小组对技术的选择应用情况分析，两个小组均处于线下学习环境，可以在一个自然班的学习环境下开展实验研究，符合实验设计标准要求。

将 10 班的学生随机分成实验二组（33 人）和实验三组（32 人），两个小组均应用了虚拟在线交流平台，需要基于信息网络的在线学习环境，所以两个小组在同一个自然班来开展实验研究也是符合实验设计标准要求的。

综上所述，本书是在原来两个自然班（八年级 9 班、八年级 10 班）的基础上划分为四个小组，其中八年级 9 班为线下的学习环境，八年级 10 班为线上线下相混合的学习环境。

三　实验时间

2018 年 9 月至 2019 年 1 月，共计 16 周。

四　实验内容

本轮教学实验的实验内容是让实验对象在实验期间分别结合以下两则材料完成议论文的写作与评改工作，通过议论文的写作训练，来考查实验对象的作文写作能力与批判性思维发展。

材料一：

生命是大自然的奇迹。美国蒙特里海湾的沿岸，一棵柏树，历经沧桑，独自守候了百年；浩浩戈壁，茫茫沙漠，胡杨将根深深扎进地下 20 多米，挺拔的身姿顽强撑起一片生命的绿洲；奇寒无比的雪山上，雪莲花傲然绽放……在如此恶劣的环境里，却有如此震撼人心的生命奇迹在上演。大自然就是以其神奇来导演一幕幕神话和传奇。请怀着一份敬畏之心去看待大自然，请珍惜、呵护每一个生命。

阅读给出的作文材料，结合材料自行拟定题目并完成一篇 600—800 字左右的议论文。

材料二：

初中毕业离校前的最后一节课，班主任王老师给她的学生们带来三幅画：落花生、向日葵、雁阵。她说："世间万物都有属于自己的姿态：落花生扎根土地，默默生长，这是质朴宁静的姿态；向日葵心中有光，追逐太阳，这是乐观向上的姿态；大雁万里迁徙，互相扶助这是团结友爱的姿态。我把我喜欢的'姿态'分享给大家，老师希望你们在未来的日子里活出自己最美的姿态……"

阅读上述材料，请自选角度完成一篇 600—800 字左右的议论文。

五　实施过程

（一）师生培训

为了满足教学实验过程中学生和教师对技术方法和手段的应用需求，在学习活动开始之前，首先面向师生开展为期两个学时的技术培训工作。

培训的内容主要包括对议论文写作评改支架、促进初中生批判性思维发展的在线学习活动模型、X阶康奈尔批判性思维量表的APP应用程序、UMU互动学习平台等技术手段的应用操作，保证师生在教学实验中能够熟练应用上述技术手段来解决教学中的问题，为师生奠定技术基础。

（二）教学前测

针对实验对象的教学前测主要关注学生的批判性思维发展水平和议论文写作能力两个方面。运用X阶康奈尔批判性思维量表的APP应用程序对四组学生的批判性思维发展水平进行测试，作为教学前的批判性思维发展水平。通过《保护大自然》这一命题式议论文写作来测试学生们在教学之前的议论文写作能力，为了保证对学生作文评价的客观性与科学性，特聘请除任课教师张老师之外的两名初中语文骨干教师来对学生的作文文稿进行赋分（总分50分），取两位教师赋分的平均分作为学生作文的最后得分，如果两位教师所赋分数差距大于8分，将另外聘请一位语文教师对作文文稿进行赋分，取三位教师所赋分数的平均分为该学生作文的最后得分。

（三）教学实施

教学实施环节就是将实验设计付诸教学实践的过程，就是围绕实验内容将四个教学小组按照实验设计来开展教学的过程。四个教学小组均采用"一写三改一反思"的议论文写作评改学习活动流程，来完成对两个给材料议论文的写作与评改任务。

在上述学习活动环节，控制组学生在传统学习环境下进行学习和交流，实验1组学生运用思维导图技术来完成学习活动，这两组同在9班的无网络环境下开展学习活动；实验2组学生运用虚拟在线交流平台来完成学习活动，实验3组的学生同时使用思维导图和虚拟在线交流平台来完成学习活动，这两组同在10班的网络环境下开展学习活动。以此来确保各组间的学习活动独立、互不影响，保证控制变量不受干扰，为后续研究分析奠定基础。

实验组1对思维导图的应用主要体现在学生运用"议论文写作评改支架"来进行拟定写作提纲和评改问题的梳理和推演，实验组2运用虚拟在线交流平台UMU来深化相互关于作文评改的交流，实验组3是融合使用了"议论文写作评改支架"和虚拟在线交流平台 UMU。三个实验分别与控制组进行教学效果的比较分析,同时实验组之间也进行比较分析,查找技术的种类和方式的不同是否对教学效果有不同的影响。

图 6-2、图 6-3、图 6-4 和图 6-5 为课堂学习环境下学生进行初稿写作和教师指导情况的图片记录,图 6-6、图 6-7、图 6-8、图 6-9、图 6-10 和图 6-11 为学生在 UMU 平台上的学习交流情况的画面截图。

图 6-2　议论文写作教学的初稿写作

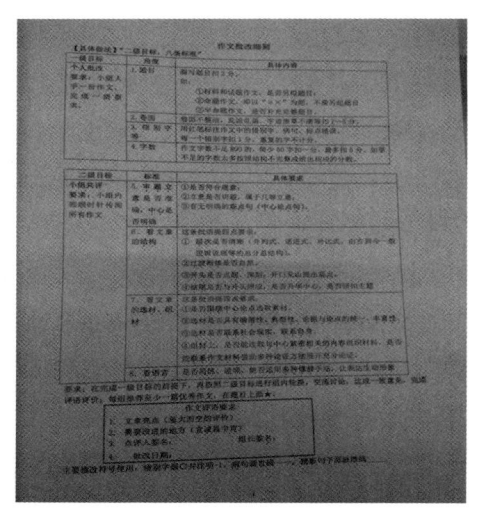

图 6-3　议论文写作评改的指导材料

图 6-4　议论文写作评改活动中全班评改的教师指导

图 6-5　议论文写作评改活动中全班评改的学生交流

图 6-6　UMU 平台上议论文写作评改课程首页界面

图 6-7　学生在线学习表现的积分排名

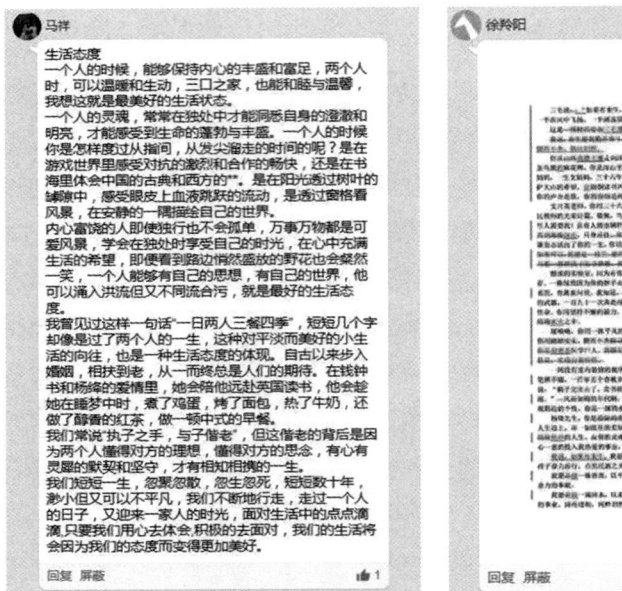

图6-8　学生在线提交作文文本 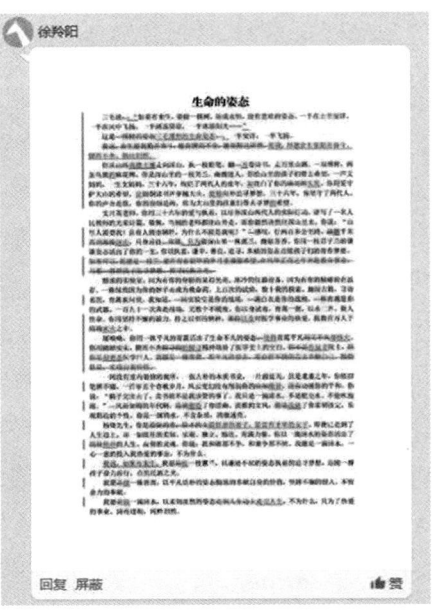　　图6-9　学生在线对他人作文的修订式评改

图6-10　学生个人课程积分详细记录 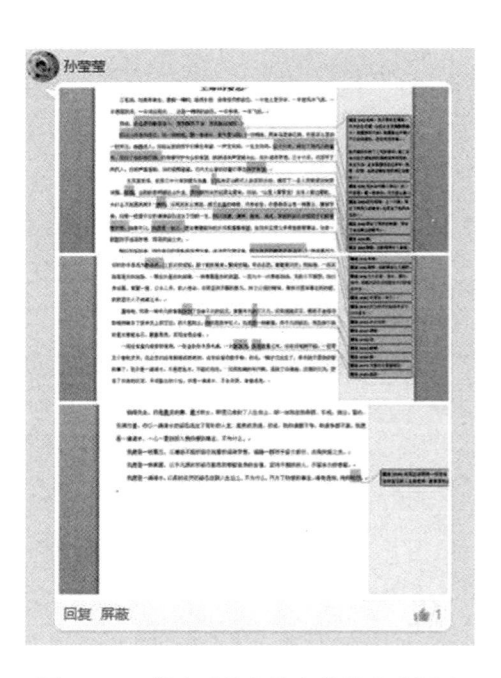　　图6-11　学生对他人作文的批注式评改

(四) 教学后测

同教学前测一样，针对实验对象的教学后测仍然关注学生的批判性思维发展水平和议论文写作能力两个方面。运用 X 阶康奈尔批判性思维量表的 APP 应用程序对四组学生的批判性思维发展水平进行测试，作为教学前的批判性思维发展水平。通过《幸福》这一命题式议论文写作来测试学生们在教学之前的议论文写作能力，为了保证对学生作文评价的客观性与科学性，仍聘请参与教学前测的两名初中语文骨干教师来对学生的作文文稿进行赋分，赋分标准与规则与教学前测保持一致。

第三节 数据分析和讨论

一 教学前、后测的基本统计量

与前两轮实验相同，在教学实验活动的开展之前和结束之后，分别对控制组（34 人）、实验 1 组（33 人）、实验 2 组（33 人）和实验 3 组（32 人）进行了作文成绩检测和批判性思维水平测试。在作文成绩和批判性思维发展水平方面，分别对每组前测、后测进行了平均分和标准差的统计，具体数据如表 6-2 所示。

表 6-2　　　　　　　　　　实验统计量

	作文成绩平均分（满分 50，单位：分）				CT 测量结果（满分 71，单位：分）			
	前测		后测		前测		后测	
	M	SD	M	SD	M	SD	M	SD
控制组 (N=34)	41.572	2.371	42.773	2.129	40.346	6.341	43.647	6.122
实验 1 组 (N=33)	41.216	2.243	43.538	2.235	39.817	7.163	46.855	6.451
实验 2 组 (N=33)	40.855	2.492	43.607	2.089	40.149	6.389	47.803	6.254
实验 3 组 (N=32)	41.709	2.417	45.925	2.196	39.506	6.827	50.219	6.362

二 学生作文成绩的相关分析

运用 SPSS 软件对作文成绩进行了分析（如表 6-3），针对各组前测成绩运用方差分析（Analysis of Variance）进行两两比较，发现 P 值均大于 0.05，说明教学活动前四个组学生的作文成绩基本一致，无显著性差异。针对各组后测成绩运用方差分析进行两两比较，发现实验 1 组、实验 2 组、实验 3 组与控制组相比较，P 值分别为 0.039、0.035、0.016，均小于 0.05，说明各实验组技术的应用对于学生作文成绩的发展具有促进作用，这一结论在对各组的前测、后测作文成绩比较（配对样本 T 检验，如表 6-4 所示）中也得到了印证，即 P 值分别为 0.019、0.021 和 0.013，均小于 0.05。

表 6-3　　前测与后测不同组别之间作文成绩的比较分析

变量	组别（A）	组别（B）	平均值差异（A-B）	P
前测作文成绩	C	E1	0.356	0.395
		E2	0.717	0.372
		E3	-0.137	0.418
	E3	E1	0.493	0.376
		E2	0.854	0.353
	E1	E2	0.361	0.411
后测作文成绩	C	E1	-0.765*	0.039
		E2	-0.834*	0.035
		E3	-3.152*	0.016
	E3	E1	2.387*	0.027
		E2	2.318*	0.023
	E1	E2	-0.069	0.472

*P<0.05

同时，我们也对三个实验组的后测成绩进行了方差分析比较（如表 6-4 所示），发现实验 3 组与实验 1 组和实验 2 组比较的 P 值分别为 0.027 和 0.023，均小于 0.05，说明在学生发展写作能力方面，思维导图技术与虚拟在线交互平台结合使用的教学效果明显优于单一技术使用的教学效果。对实验组 1 和实验组 2 的后测成绩比较的 P 值为 0.472，大于 0.05，说明思维导图和虚拟在线交互平台对发展学生作文成绩的作用相似。

表 6-4　　　　　　　　各组前、后测作文成绩成对 T 检验

	C		E1		E2		E3	
	前测	后测	前测	后测	前测	后测	前测	后测
N	34	34	33	33	33	33	32	32
M	41.572	42.773	41.216	43.538	40.855	43.607	41.709	45.925
SD	2.371	2.129	2.243	2.235	2.492	2.089	2.417	2.196
T	1.826		2.281		2.387		2.619	
P	0.156		0.019		0.021		0.013	

* P < 0.05

三　学生批判性思维水平的相关分析

（一）学生的批判性思维发展水平变化情况

针对调查中发现初中生个体间批判性思维水平差距悬殊和不及格人数占比过高等问题，本书在数据统计时予以了重点关注，笔者分别对控制组、实验 1 组、实验 2 组、实验 3 组和全体学生五个组别学生的评价分、最小值、最大值、全距和不达标人数进行了前测、后测统计和比较分析，如表 6-5 所示。

表 6-5　　　　　　　　学生的 CT 值变化情况分析

组别	平均分 （前测/后测）	最小值—最大值 （前测/后测）	全距 （前测/后测）	不达标人数占比 （参考值为 37 分） （前测/后测）
C（N=34）	40.346/43.647	26—48/33—49	22/16	29%/23%
E1（N=33）	39.817/46.855	28—50/34—51	22/17	30%/21%
E2（N=33）	40.149/47.803	26—50/34—52	24/18	31%/19%

续表

组别	平均分 （前测/后测）	最小值—最大值 （前测/后测）	全距 （前测/后测）	不达标人数占比 （参考值为37分） （前测/后测）
E3（N=32）	39.506/50.219	28—53/34—54	25/20	30%/19%
T（N=132）	39.961/47.081	26—54/33—54	28/21	30%/21%

控制组学生最小值与最大值之间的差异（即全距）由前测的22降为16，缩小6分差距；不达标人数占比由29%降为23%，缩小了6个百分点。说明"一写三改一反思"的议论文写作评改活动流程缩小了学生个体间批判性思维发展水平的差距，并且降低了不达标人数占比，即提升了学生的整体达标水平。

实验1组学生最小值与最大值之间的差异（即全距）由前测的22降为17，缩小5分差距；不达标人数占比由30%降为21%，缩小了9个百分点。说明"一写三改一反思"的议论文写作评改活动流程和思维导图技术的应用缩小了学生个体间批判性思维发展水平的差距，并且降低了不达标人数占比，即提升了学生的整体达标水平。

实验2组学生最小值与最大值之间的差异（即全距）由前测的24降为18，缩小6分差距；不达标人数占比由31%降为19%，缩小了12个百分点。说明"一写三改一反思"的议论文写作评改活动流程和在线交流平台的应用缩小了学生个体间批判性思维发展水平的差距，并且降低了不达标人数占比，即提升了学生的整体达标水平。

实验3组学生最小值与最大值之间的差异（即全距）由前测的25降为20，缩小5分差距；不达标人数占比由31%降为19%，缩小了12个百分点。说明"一写三改一反思"的议论文写作评改活动流程、思维导图和在线交流平台的应用缩小了学生个体间批判性思维发展水平的差距，并且降低了不达标人数占比，即提升了学生的整体达标水平。

全体学生最小值与最大值之间的差异（即全距）由前测的28降为21，缩小7分差距；不达标人数占比由30%降为21%，缩小了9个百分点。说明全体学生的批判性思维水平变化情况与各组间的变化情况基本一致，在缩小了个体间批判性思维发展水平的差距的同时，也降低了不达标人数占比，即提升了学生的整体达标水平。

综合上述比较分析，可以看出基于初中议论文写作评改的批判性思维教学对缩小学生个体间批判性思维水平差异具有一定的效果，同时也整体性地提升了学生的批判性思维发展水平，降低了学生不达标人数占比就是很好的指标说明。

（二）技术应用对批判性思维教学效果的影响

运用 SPSS 软件对 CT 进行了分析（如表 6-6 所示），针对各组前测成绩运用方差分析进行两两比较，发现 P 值均大于 0.05，说明教学活动前四个组学生的 CT 值基本一致，无显著性差异。针对各组后测成绩运用方差分析进行两两比较，发现实验 1 组、实验 2 组、实验 3 组与控制组相比较，P 值分别为 0.021、0.019、0.008，均小于 0.05，说明各实验组技术的应用对于学生 CT 值的发展具有促进作用，这一结论在对各组的前测、后测作文成绩比较（配对样本 T 检验，如表 6-7 所示）中也得到了印证，即 P 值分别为 0.039、0.037 和 0.023，均小于 0.05。

同时，我们也对三个实验组的后测成绩进行了方差分析比较（如表 6-6 所示），发现实验 3 组与实验 1 组和实验 2 组比较的 P 值分别为 0.025 和 0.037，均小于 0.05，说明在促进学生 CT 发展方面，思维导图技术与虚拟在线交互平台结合使用的教学效果明显优于单一技术使用的教学效果。对实验组 1 和实验组 2 的后测 CT 值比较的 P 值为 0.431，大于 0.05，说明思维导图和虚拟在线交互平台对发展学生 CT 的作用相似。

表 6-6　　　　前测与后测不同组别之间 CT 值的比较分析

变量	组别（A）	组别（B）	平均值差异（A—B）	P
前测 CT 值	C	E1	0.529	0.625
		E2	0.197	0.712
		E3	0.840	0.403

续表

变量	组别（A）	组别（B）	平均值差异（A—B）	P
前测 CT 值	E3	E1	-0.311	0.631
		E2	-0.643	0.393
	E1	E2	-0.332	0.672
后测 CT 值	C	E1	-3.208*	0.021
		E2	-4.156*	0.019
		E3	-6.572*	0.008
	E3	E1	3.364*	0.025
		E2	2.416*	0.037
	E1	E2	-0.948	0.431

* P < 0.05

表6-7　　　　　各组前、后测 CT 值成对样本 T 检验

	C		E1		E2		E3	
	前测	后测	前测	后测	前测	后测	前测	后测
N	34	34	33	33	33	33	32	32
M	40.346	43.647	39.817	46.855	40.149	47.803	39.506	50.219
SD	10.341	7.522	10.163	6.851	9.389	7.134	9.827	6.562
T	2.379		2.854		2.692		2.718	
P	1.247		0.039		0.037		0.023	

* P < 0.05

四　批判性思维各要素的变化情况分析

通过对各组学生前后测的批判性思维构成要素得分进行分别统计分析（如表6-8所示），发现四组学生均在 R（因素分析）、I（提出方案）、O（系统评估）三个维度得到了显著提升，说明"一写三改一反思"的写作教学方法对问题的相关因素分析、提出问题解决方案和系统评估解决方案三个方面的能力具有显著的促进作用。

表6-8　　各组前、后测CT要素及总分分值成对样本T检验

组别	类别	S (13)	F (10)	R (14)	C (10)	I (14)	O (10)	T (71)
C	前测得分	8.1	6.4	6.7	5.9	7.9	5.3	40.3
	后测得分	8.3	6.7	7.4	6.3	8.7	6.1	43.7
	提升比例	2.5%	4.7%	10.4%	6.8%	10.1%	15.1%	8.4%
	前后测比较（P值）	0.103	0.075	0.044	0.082	0.042	0.036	0.047
E1	前测得分	8.3	6.3	6.2	6.0	7.9	5.1	39.8
	后测得分	9.2	7.9	7.2	6.9	9.2	6.5	46.9
	提升比例	10.8%	25.4%	16.1%	15%	16.5%	27.5%	17.8%
	前、后测比较（P值）	0.095	0.028	0.031	0.078	0.033	0.026	0.039
E2	前测得分	8.3	5.9	6.3	6.2	7.8	5.6	40.1
	后测得分	9.3	7.0	7.5	7.9	9.3	6.8	47.8
	提升比例	12%	18.6%	19%	27.4%	19.2%	21.4%	19.2%
	前、后测比较（P值）	0.101	0.074	0.041	0.019	0.032	0.023	0.037
E3	前测得分	8.2	6.1	6.4	6.2	7.7	4.9	39.5
	后测得分	9.4	8.3	7.8	8.2	9.6	6.9	50.2
	提升比例	14.6%	36.1%	21.9%	32.3%	24.7%	40.8%	22%
	前、后测比较（P值）	0.047	0.012	0.028	0.016	0.021	0.002	0.023

*$P < 0.05$

在实验1组的数据中，除R、I、O三个维度外，F（问题确定）维度也得到了显著提升，说明思维导图在写作中的应用对明确问题本质方面具有显著的促进作用。

在实验2组的数据中，除R、I、O三个维度外，C（厘清要素）维度也得到了显著提升，说明在线协作交互平台的应用对厘清影响问题的相关要素具有显著的促进作用。

在实验3组的数据中，除R、I、O三个维度外，C、F、S三个维度

也得到了显著提升,说明在写作中通过对思维导图和在线协作交互平台的有效结合应用,在发挥了两种学习技术的自身优势作用的同时,还对联系问题情境来分析问题的能力起到了显著的促进作用。说明在学与教的实践活动中,通过多种学习技术的融合应用,会对学习效果产生化学作用。

五 作文成绩与批判性思维能力相关性的分析

通过对实验班学生的作文成绩变化量与批判性思维变化量进行 Pearson 相关性分析(如表6-9所示),得知二者的 Pearson 相关性的系数为0.561,再一次说明批判性思维与作文成绩之间存在中等程度的正相关。

表6-9　　批判性思维能力与写作能力相关性分析

		作文成绩变化	ct 变化
作文成绩变化	Pearson 相关性	1	0.561*
	显著性(双侧)		0.049
	N	65	65
批判性思维变化	Pearson 相关性	0.561*	1
	显著性(双侧)	0.049	
	N	65	65

注:*. 在0.05水平(双侧)上显著相关。

第四节　小结

通过本轮实验的数据统计分析,对技术促进学生批判性思维发展的教学有了一些总结和发现,可概括为以下五个方面。

一是"一写三改一反思"的教学活动设计流程对于改善学生批判性思维发展的"短板"具有促进的作用。综合三轮教学实验可以发现,"一写三改一反思"的教学活动设计流程不仅对学生有效完成议论文写作与评改的学习任务具有促进作用,而且对学生能够合理解决议论文评改中观点分歧、修改完善等具体问题的解决也有明显的教学效果。特别是对本轮教学四个组同学的批判性思维构成要素得分进行统计分析后发现，"一写三改一反思"的教学活动设计方法对学生的批判性思维发展短板即R（因素分析）、I（提出方案）、O（系统评估）三个要素具有明显的促进作用，也说明对问题解决的相关因素分析、提出问题解决方案和系统评估解决方案三个方面的能力具有显著的促进作用，适合提升学生的问题分析与解决能力。

二是基于思维导图的学习支架、虚拟在线交流平台对批判性思维要素的作用效果愈加鲜明。通过对比研究发现，基于思维导图的学习支架对于批判性思维教学具有促进作用，特别是对学生在F（问题确定）维度的促进作用明显，说明思维导图作为一种典型的思维可视化技术，对于理清学生写作思维、评改思维具有辅助作用，有助于学生在写作和评改交流过程中抓住问题的本质，对后续问题的分析和解决同样具有促进作用。虚拟在线交流平台对批判性思维教学具有促进作用，特别是对学生C（厘清要素）维度的促进作用明显，说明虚拟在线交流交互平台有助于师生围绕问题进行深度交流讨论，对厘清影响问题的相关要素具有显著的促进作用。

三是基于思维导图的学习支架、虚拟在线交流平台对批判性思维教学的促进作用大小趋同，混合使用效果明显优于单独使用效果。通过数据统计分析发现，基于思维导图的学习支架和虚拟在线交流平台对学生的议论文写作能力和批判性思维水平均具有促进作用。通过对数据的比较分析发现，两者对学生的批判性思维水平促进作用的程度相当，说明两种学习技术对批判性思维教学的作用程度相似。通过进一步的比较发现，两种学习技术混合使用的教学效果明显优于任何一种学习技术的单独使用效果，说明在学与教的实践活动中，将多种学习技术的融合应用，会对学习效果产生化学作用，起到 $1+1>2$ 的效果，即在充分发挥学习技术个体作用的同时，会有复合作用效果的产生，即出现了叠加效应。

四是学生的议论文写作能力与批判性思维发展水平存在正向相关的关系。通过对四组学生的议论文写作能力和批判性思维发展水平进行统计分析发现，学生的议论文写作能力与批判性思维发展水平存在正向相关的关系，并且相关程度处于中等程度水平。说明学生的议论文写作能力与批判性思维水平之间是相互影响相互促进的，且通过议论文写作教学来发展学生批判性思维水平是合理的、适切的。

五是教学结果即对 CTCL 范式理论的有力证明。通过对实验结果的相关数据分析发现，通过议论文写作这一学习内容来开展面向初中生的批判性思维教学是科学且可行的，"一写三改一评价"的学习活动设计流程符合议论文写作评改的学习需要，并且思维导图和虚拟在线交流平台为学生在议论文写作评改过程中整理思维、深度交流提供了技术支持，上述因素促进了批判性思维教学效果的提升。这在一定程度上验证了 CTCL 范式学习理论对批判性思维教学的指导作用，即为满足学生批判性思维发展需要，对学生的年龄和认知结构等特征、议论文写作与评改学习内容、思维导图和虚拟在线交流平台等学习技术、思维型学习文化等进行了综合考虑和设计。

第七章

基于技术的批判性思维教学机理与实践路径

本章在认知冲突学习策略、建构主义学习理论和情境认知学习理论的基础上，对技术促进批判性思维教学的活动流程进行了细化，并对学习技术选择应用和应用效果进行了梳理和分析，进而提出了技术促进批判性思维教学的内在机理。同时根据技术促进批判性思维教学的内在机理和教学实践的经验总结，提出了分五步走的技术促进批判性思维教学的实践路径，主要包括了问题情境创设、鼓励质疑、促进交流和强化反思等环节。最后针对当前批判性思维教学存在的问题和不足，提出了相关教学建议。

第一节 基于技术的批判性思维教学机理

一 教学实践中技术的应用效果分析

在以初中议论文写作批改为承载的批判性思维教学实践中，学习活动各环节的有序开展均离不开学习技术的作用和支撑。如表 8-1 所示，在布置学习任务、明确写作标准要求阶段，应用的学习技术为课堂教学活动中所常用的传统技术，如粉笔、黑板、投影屏幕等。在作文初稿写作阶段，学生在学习支架的基础上运用纸、笔完成作文的初稿。在同桌互评阶段，学生借助写作评改支架进行评改，并完成作文的电子稿。在小组评改和全班评改阶段，学生主要通过虚拟在线交流平台进行讨论和争鸣，完成作文的评改工作。在总结反思阶段，学生可使用思维导图或纸笔形成反思报告。概括上述学习环节为"一写三改一反思"，这一学习环节流程的设计也是促进批判性思维教学的方法和技术，为实现教学目标奠定了坚实的基础。

前面已经对学生在各学习活动流程所面对的学习任务进行了梳理，根据学习需要，学生在完成不同的学习任务时选择了不同的学习技术，学习技术的作用效果主要体现在两个方面，一方面是为完成学习任务提供技术支持，另一方面是促进了学生批判性思维的训练和发展。为此，我们对学生在学习活动中的学习流程、学习任务、选用的学习技术种类、与批判性思维发展的关系进行了梳理（如表7-1所示）。

表7-1　　　　学习流程、任务、技术与CT的关系梳理

学习流程	学习任务	学习技术应用	与CT的关系
布置学习任务	明确写作标准要求	纸、笔、投影屏幕	激发CT
作文初稿写作	完成作文初稿	思维导图、纸、笔	活跃CT
同桌评改	消除文字、标点等形式错误，形成作文电子稿	思维导图、word文档	训练CT
小组评改	围绕内容观点提出评改建议，不同观点间进行争鸣	思维导图、虚拟在线交流平台	训练CT
全班评改	深化观点争鸣，提升作文质量	思维导图、虚拟在线交流平台	训练CT
总结反思	系统总结学习过程，形成反思报告	思维导图或纸笔	发展CT

二　技术促进批判性思维发展的教学机理阐释

（一）"一写三改一反思"学习流程对批判性思维教学的促进作用分析

"一写三改一反思"这一流程的设计，主要是针对传统作文写作教学流程中的师生之间、生生之间的交流讨论和学习反思不足来进行的专门设计。传统作文教学活动流程基本由教师布置写作任务并进行写前指导、

学生创作作文初稿、教师评改作文并反馈、学生参照评改建议来修改完善等四个环节构成，传统的活动流程没有对写作与评改过程中的学习交流给以充分的重视。

"一写三改一反思"针对传统学习活动流程设计的不足，对评改环节进行调整和强化。首先是将原来的教师评改环节调整为同桌互评、小组互评和全班互评三个环节，这样既对评改交流环节在交流时长和交流深度方面进行了强化；同时也改变了原来教师单一评价、忽略学生参与评价的局面，突出了学生在议论文写作评改过程中的主体地位，在鼓励和要求学生参与作文评改活动中，给予学生充分表达评价观点或意见的机会和平台。其次是在评改环节的末端补充了学习反思环节，强调学生对写作和评改活动进行系统反思，有助于对议论文写作的初稿创作和相互评改中的自身的思维活动、他人的思路做法进行总结和反思，在不断积累写作评改经验的同时发现自身存在的不足，以此促进写作能力的发展和提升。

"一写三改一反思"的活动流程设计促进了学生在评改过程中的观点交流和意见表达，学生在面对不同的修改建议时，需要对多种意见和建议进行分析和判断，甄别并遴选出合理的修改建议，制定出系统、科学的修改方案，并对修改过程进行系统反思，上述思维活动的运行有助于学生批判性思维能力的训练和发展。同时，当学生个人观点受到质疑或否定时，会引发不同观点之间的思维碰撞，这将进一步引发学生对自己观点的说理和捍卫。上述活动有助于引导学生能够客观面对他人的审视，并能够以乐观开放的态度容许多余化不同观点的存在，并积极维护创建开放、自主、和谐的交流气氛，这对学生而言是对其批判性思维倾向的训练和培养。

(二) 思维导图技术对批判性思维教学的促进作用分析

在本书中，运用思维导图技术设计并建构了议论文写作评改学习支架，所以在技术应用层面，思维导图与学习支架是同一事物的一体两面。该学习支架主要参照图额敏的论证模型设计而成，支架的构成要素主要由议论文写作的基本要素（论点、论据、论证）构成，另有数据材料、附加条件和限制条件次要要素将三个基本要素进行系统联系，构成议论文写作评改系统。

议论文写作评改学习支架主要为学生的初稿写作和作文评改提供指导和帮助，当学生在初稿创作中遇到困难时，可根据学习支架构成要素来分析自己的写作是否满足了议论文的要素要求，同时根据框架中的要素关系来梳理作文文本中所述的数据材料之间的逻辑关系，为阐明论点、丰富论述的数据资料、厘清数据关系并加以有效论证提供框架指导。在学生评改他人的作文文稿时，同样可根据评价的要素及要素间的逻辑关系对议论文的论点、论据、论证、数据材料进行审视和评价，并给出评改建议。

对于批判性思维的影响而言，在议论文初稿创作阶段，议论文写作评改支架可以指导学生对写作思维进行系统的梳理和建构，并对议论文中多个论据之间的关系进行逻辑把握。在议论评改阶段，议论文写作评改支架可以指导和帮助学生对他人的议论文文稿进行思维梳理，也可以说帮助学生运用学习支架对他人的写作思维进行系统清理，并发现他人写作思维序列中存在的优点和不足，这对培养学生的客观审慎的思维倾向具有促进作用，同时对训练和发展学生的批判性思维能力也具有积极作用。

（三）虚拟在线交流平台对批判性思维教学的促进作用分析

虚拟在线交流平台是基于计算机网络向使用者提供在线交流服务的一种网络交流平台，本书选用了 UMU 这一虚拟互动学习平台，UMU 是为满足师生在学与教过程中的交流互动提供交流空间的一款虚拟在线交流平台，该平台的使用终端可以选择电脑或智能手机。UMU 平台同时支持音频、视频、动画、图片、文字等类型信息，以满足使用者多模态信息交流需求。并且该平台同时支持实时交流和异步交流两种交流方式，以方便使用者的交流使用。

学生在议论文写作评改过程中，可在面对面交流基础上通过 UMU 互动学习平台与教师和同学进行讨论和交流，之所以选择 UMU 互动学习平台，是因为该平台可以同时满足使用者的同步交流（实时交流）和异步交流的需求，并且支持多模态的信息的交流和表征。学生通过 UMU 平台，可以对写作评改中遇到的问题进行及时交流和讨论，有助于对问题进行深入的理解和分析；特别是在小组评改和全班评改等环节，针对某一具体问题出现多种不同观点时，学生可以通过 UMU 平台进行深入的交流和论证。所以，应用 UMU 平台有助于学生更好地解决写作学习活动中遇到的问题，对于提升学生的议论文写作能力具有促进作用。

学生通过 UMU 互动学习平台进行写作交流时，与面对面交流形式相比，对于发展学生思维的优势主要体现在以下几个方面：一是学生通过 UMU 平台交流时，可以顺畅表达个人思维观点，不会因其他人的发言而被打断思路；二是学生在平台上进行思维表达时，会比现场交流发言更为谨慎，如文本输入会比语言表达耗时更长，这就为学生系统思考和理清思路提供更充足的时间。三是 UMU 平台可以对交流记录进行保存，方便交流人员对交流过程进行回顾和梳理，以供交流者反思之用。四是 UMU 平台可以满足异步交流需要，对于不能参与面对面现场交流的人员可以异地在线参与交流，对于不能实时参与交流的人员可以进行异步交流，对于未参与交流的人员也可以通过交流记录来了解交流内容、体会交流人员的个人观点和思维表达。总之，UMU 平台是在为使用者提供方便的基础上，促进了使用者之间的深度交流。

（四）《活动模型》对学生批判性思维发展的促进作用分析

《促进初中生批判性思维发展的在线学习活动模型》是面向初中阶段批判性思维在线学习活动设计人员提供教学指导的一种理论模型，该模型主要围绕问题解决活动进行了过程设计，活动过程分为情境创设、思维过程和实践过程三个层面，并对学生和教师进行了角色分工，同时也指出该活动的开展是建立在软件资源和硬件资源的基础之上的。

通过《活动模型》的框架式表征，可以明显地意识到促进初中生批判性思维发展学习活动的开展离不开问题的解决，问题解决是学习活动的承载。同时还可以看出，创设问题情境是问题解决的前提和基础，是学习活动得以开展的学习氛围和动力源泉。学生和教师在促进批判性思维发展的学习活动中有着各自的角色分工，学生在小组学习中应该有明确的任务分工，以此来推动学习过程中的协作与沟通，同时学生拥有对自己及他人的学习表现进行评价的权利；教师在学习活动中负责创设情境、提供必要的学习支架、制定活动规则，以及对学生的学习进行评价等工作,是学生学习活动的组织者、设计者和指导者。

活动模型中将思维活动过程划分为问题确定、因素分析、厘清要素、提出方案和系统评估等几个环节,从问题解决的视角分析,思维活动过程的本质是围绕问题解决对有关数据或信息进行分析、辨别、判断、评估的过程,在这一过程中一方面能够培养学生审慎、客观、求真、创新的批判性思维倾向,另一方面也能通过分析和解决问题来训练和发展学生的批判性思维技能。整个学习活动的设计是对问题解决进行的思维化处理,更是通过问题解决这一活动载体实现了对批判性思维训练的过程化和模型化,能够有效指导相关学习活动的设计和实施。

三 关于教学机理的总结和概括

前面已经对技术应用效果和教学机理进行了初步的分析和阐释,基本对教学实践中"运用技术改善批判性思维教学"给出了学理阐释,为了能够将这一研究成果上升到理论高度,仍需对教学机理进行凝练和提升,使其更具有理论价值和实践指导性。

(一) 基于技术发挥作用的本质视角

关于总结和概括教学机理,我们尝试通过以下路径来整理分析,主要分为以下几个步骤(如表7-2所示):首先,我们来梳理在促进初中生批判性思维发展的教学活动中具体应用了哪些技术?其次,运用这些技术解决了哪些教学问题?再次,深入分析在问题解决过程中技术发挥了什么样的作用?最后,探究技术发挥作用的本质,并尝试对技术的作用本质进行概括。

表7-2 技术促进批判性发展的本质概括

技术类别	解决的问题	如何解决	内在本质	本质概括
"一写三改一反思"活动环节	主动表达、自主交流空间不足	搭建交流平台、增加交流讨论机会	搭建交流平台、形成认知冲突、激发思维	思维交流、系统反思

续表

技术类别	解决的问题	如何解决	内在本质	本质概括
思维导图	指导写作评改思路	帮助厘清写作要素的关系框架	思维可视化、由内隐到外显、理清思路、促进及时反思、思维表达	思维显性化、系统反思清理、思维结构化
在线交流平台	促进深度学习交流	搭建交流平台、改变交流环境、打破时空限制、便于反思回顾	调整了交流氛围、方便交流（思维表达）、方便系统整理聊天记录、便于系统反思	思维显性化、改变环境、系统反思清理
活动模型	指导在线学习活动	帮助厘清问题解决的思维过程、环节关系	厘清思维逻辑过程，便于系统设计	思维显性化、思维结构化

通过表7-2对技术促进初中生批判性思维发展本质的整理，可以看出技术促进初中生批判性思维发展的内在本质与学习过程中所要解决的问题及技术如何帮助问题解决密切相关，正是根据这样一个逻辑思路对教学机理进行了尝试性的总结和凝练。

在表7-2中可清晰地看出，从技术促进批判性思维发展的本质视角，对教学实践中应用到四种学习技术分别进行了概括。首先，对于"一写三改一反思"活动环节的技术作用本质可概括为"思维交流"和"系统反思"两个方面；其次，对于思维导图的技术作用本质可概括为"思维显性化"、"系统反思清理"和"思维结构化"三个方面；再次，对于在线交流平台的技术作用本质可概括为"思维显性化"、"改变环境"和"系统反思清理"三个方面；最后，对于活动模型的技术作用本质可概括为"思维显性化"和"思维结构化"两个方面。通过对上述四种学习技术作用本质的梳理，可用技术促进学生"思维显性化"、"思维结构化"和"反思系统化"对教学机理进行基本概括。

（二）基于议论文写作评改的学习问题解决视角

在教学实践研究过程中，主要以基于问题的学习理论来指导议论文写作评改活动的设计与实施，故可将议论文写作评改的学习过程比喻成问题解决的过程。无论是在初稿创作还是相互评改环节，都是围绕学习过程中遇到的问题进行问题确定、针对问题提出解决方案、通过质疑交流来确定问题解决方案、对问题解决过程进行系统反思，学生通过以上逻辑步骤来完成议论文的写作评改的同时，也训练和发展了自身的批判性思维水平。所以，可将技术促进批判性思维发展的教学机理概括为"问题确定——提出方案——质疑交流——系统反思"四个逻辑步骤（如图 7-1 所示）。

图 7-1　教学机理示意图

第二节　基于技术的批判性思维教学实践路径

前面提出的批判性思维教学机理，基本明确了批判性思维教学活动环节与功能效果，也进一步厘清了批判性思维教学促进学生批判性发展的作用机理和内在本质，可以说是在打开批判性思维教学这个黑箱之前出现的一缕曙光，为探究批判性思维教学之奥秘奠定了基础。在批判性思维教学机理的启发和指导下，我们尝试构建技术促进批判性思维教学的实践路径（如图 7-2 所示），为有效开展批判性思维教学实践提供参考和指南。

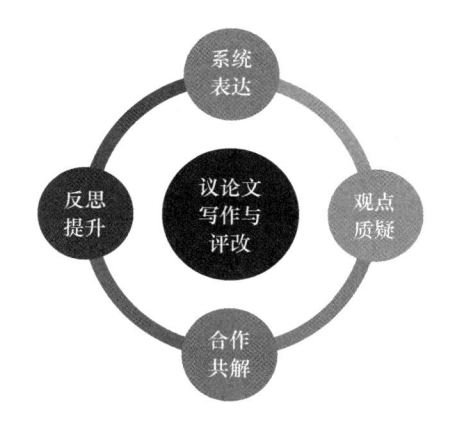

图 7 - 2　批判性思维教学的实践路径示意图

一　创设问题学习情境

问题是思维的对象,问题解决是思维训练的有效承载,批判性思维教学离不开问题解决这一教学承载,基于问题的学习方式成为批判性思维教学主要方式,所以创设问题学习情境是开展批判性思维教学的必要前提,可以起到激发和活跃思维的作用。

学习情境的创设离不开学习技术的支持,可简单地理解为学习方式方法的选择和教学媒体的运用。问题学习情境的创设,首要的是选择合适的学习方式方法,如基于问题的学习、探究式学习、讨论式学习、主题创作式学习等;确定了学习方式之后,接下来就要设计学习任务,学习任务是呈现在学习者面前的具体"问题",当学生接受到学习任务之后便切身处于问题学习的情境之中;为了追求问题情境的真实性、临场感,尽量创设真实的问题环境,当受到教学条件限制时可考虑运用数字化网络技术和虚拟现实(VR)、增强现实(AR)技术等来补充学习者的问题情境的临场感受,目的就是促使学生更好地进入问题学习情境。

二　确定个体思维的系统表达方式

思维是潜在于个体的大脑和心理内部的,思维表达是使内在的思维外化的过程。个体思维的系统表达就是将个体内部思维活动的过程和结果完整地外显出来,便于让他人了解和清楚这一思维活动。思维的表达方式即个体以什么样的形式来表达自己的思维，让别人能够更好地了解个体的内心想法。一般情况下，思维的表达方式主要有语言、文字、绘画、动作等，思维的系统表达就是运用上述表达方式来形成一个作品，相对完整地对思维活动进行诠释或呈现。

在教学活动中，对学生思维的系统表达方式的确定即意味着规定了学习结果汇报的形式，亦可理解为是对教学评价的方式或方法的确定。为了有效开展批判性思维教学实践活动，应结合教学内容和教学对象的特点与特征，选择合理的思维系统表达方式，如报告、作文、绘画、演讲、辩论、对话、舞蹈等，通过上述思维表达方式来系统表达个体思维，供教师和同学进行借鉴和批判。概言之，就是树立起批判性思维训练中批判的对象或靶子，以供批判性思维教学之用。

三　为促进学生质疑批判搭建交流平台

在个体思维的系统表达后，教师应鼓励学生对他人思维的合理性进行评价和质疑，并发表自己的观点和看法，促使学生产生认知冲突并引发学生之间围绕不同观点进行交流乃至争鸣，这种交流和讨论对于训练和发展学生的批判性思维是十分必要的。

所以，为师生之间、生生之间的学习交流搭建平台显得意义重大，如何从学习交流平台的角度来促进批判性思维教学更是教学实践研究领域的重点和热点。为此，应选择恰当的学习技术来搭建学习交流平台，如面对面的交流环境、在线交流平台、虚拟学习空间等，尽量丰富学习交流的方法和途径，满足师生们学习交流在空间、时间、媒介、方式等方面的需求。

四　营造质疑、多元、协同的学习氛围

学生围绕问题解决来进行学习时，需要师生、生生之间构建起学习小组（或称之为学习共同体）在合作分工的基础上来共同分析和解决问题，在问题的分析和解决过程中需要集小组成员的集体智慧。所以应该鼓励学生在问题解决时积极主动思考，为问题解决提供更多的方案和策略以贡献个人的智慧。同时，还应重视培养学生审慎、客观地对待他人

的观点或看法，能够理性地对他人观点进行质疑或批判，做到不盲目、不盲从，为问题的有效解决奠定基础。

在合作过程中，难免会出现对问题的不同观点或看法，特别是面对复杂的劣构问题时会出现更多不同的观点和主张，因为劣构问题本身就不存在"正确的"或"最好的"解决办法，这就需要培养学生的多元意识，使其意识到对待事物的认知和做法并非是唯一的，事物的属性也并非是非此即彼的，而是多元共存的，这也正是唯物辩证主义的核心观点。

五　鼓励学生进行学习反思

反思是对过去经历的事情的一种再认识，学习反思即是学习者对之前的学习活动进行系统的回顾，从中总结经验、发现不足，针对不足进行分析归因并提出完善修改方案。学习反思过程的本质与批判性思维关系密切，学习反思本身就是一种批判性思维训练方式，所以说通过学习反思来训练和提升批判性思维是有效的，而且是可行的。

在批判性思维教学中，应鼓励学生及时进行学习反思，主要有过程中的学习反思和过程结束后的学习反思两种方式。通过学习反思，来重新审视学习过程中存在的问题或不足，对问题的成因进行分析和归纳，并尝试给出解决方案，以此来改善学习质量，同时也是对批判性思维的锻炼和提升。

第三节　基于技术的批判性思维教学建议

一　搭建技术平台，促进学生的深度交流

经研究发现，批判性思维教学离不开学习交流，并且深度的学习交流对锻炼和发展学生的批判性思维具有促进作用。因为学生与教师或同学进行学习交流的本质是思维表达和交流的过程，这一过程对学生而言，能够起到活跃思维、表达思维、反思思维等作用，这些均对训练和发展学生的批判性思维具有促进作用。

就当前中小学的学科教学的实际而言，师生对学习交流的重视程度虽比之前具有一定的改善，但仍有较大的提升空间。例如，在写作教学

过程中，师生之间和同学之间的学习交流显得十分少见，这对于写作教学效果的负面影响是不言而喻的。究其原因，一方面是师生对学习交流的重视程度不高，导致了师生对学习交流的兴趣不浓；另一方面便是缺少必要的技术平台，学习交流只能局限于面对面或课堂之上，在一定程度上制约了师生间交流的途径。

针对上述问题现象，应充分借助信息化的教育技术方法和手段，为师生搭建学习交流平台，以满足师生们的交流需求。可通过网络社交软件来创建教学博客和微博、教学微信群、教学讨论组，以及通过虚拟在线交流技术来搭建如 UMU 网络学习交流平台等，这样可以打破传统学习交流对师生的时间、空间等限制，方便师生自主选择时间、地点来进行同步的和异步的学习交流，以此来促进师生的深度交流并促进学生批判性思维。

二　加强教师培训，普及信息技术的应用

强教必先强师，教师是教学活动的设计者、组织者和实践者，教师的专业能力和水平直接影响着人才培养质量和教学效果，是教育教学活动中的重要主体要素。扎实的理论基础、熟练的教学实践技能和信息技术应用能力是确保教师胜任其教育教学工作的根本保障，所以教师培训工作对教师专业发展和课程与教学改革显得十分必要。

就当前我国批判性思维教学研究现状而言，还处于起步阶段，仅有的个别教学实践活动也只是对西方批判性思维教学理论与方法的照搬或模仿，尚未形成本土化的教学理论、教学实践方法与路径，教师普遍缺少相关的理论基础和实践经验，更别提如何运用技术来促进学生批判性思维发展的实践研究，导致教师在批判性思维教学活动中显得迷茫和无计可施。广大一线教师亟须在批判性思维教学方面得到专业化的培训和提升，特别是如何借助信息化技术手段的优势来改变当前尴尬的窘境，已经成为当前亟待解决的问题。

鉴于此，应大力加强针对教师群体的批判性思维教学培训工作，主要从教学基础理论、教学模式、教学方法、教学策略、资源开发、教学设计、教学组织、教学评价、学习技术的选择与应用等方面对教师进行

系统的专业培训，使广大教师不仅具备基本的批判性思维教学理论，而且在教学实践活动中能够恰当选择和使用教学方法和策略等，并能够积极主动投身于批判性思维教学实践研究工作中来，切实助推我国的批判性思维教学工作不断前进和提升。

三 重视资源开发，满足信息化教学需要

常言道："巧妇难为无米之炊。"一般用来比喻再有能力的人，如果做事时缺少必要的条件，那么就很难取得成功。教学资源是指用于教学活动的资源，是开展教学活动的基础和依托。如若将教学活动比喻成做饭一事的话，那么教学资源就如同做饭用的粮米，可见教学资源对开展教学工作的重要意义。

若想有序开展批判性思维教学实践工作，必然要从设计和开发教学资源这一基础性工作入手，加之当前批判性思维教学刚刚起步且有效的教学资源十分匮乏，重视和加强教学资源的开发和建设工作就显得更为必要和合理，特别是开发建设一批信息化的批判性思维教学资源，以满足信息化的教学需求。

在教学资源的设计、开发等环节，应根据批判性思维教学的特质来选择素材和开发平台，以满足教学中的情境创设、协同合作、交流讨论和反思总结之需。特别是在教育信息化迅猛发展的教育改革背景下，应进一步重视信息技术网络、数字化学习媒体设备的运用，开发和建设一批数字化的教学资源，以供数字化的批判性思维教学所用。

四 打造教学案例，深化批判性思维教学

教学案例是对教学实践的一种描述，它以丰富的表达方式向人们呈现含有教师和学生典型的思想、行为及情感的事例。教学案例主要具备以下几个特点，一是教学案例描述的是现实发生的事例，具有真实性；二是教学案例具有典型性，能够给读者以启迪和体会；三是教学案例具有指导性，可供学习者借鉴或模仿。

我国的批判性思维教学实践工作方兴未艾，广大教育者和研究人员满腔热忱地投身于这项事业中，由于起步晚且缺少经验，师生们多处于

情绪高涨却又无从下手的尴尬局面，所以对教学典型案例的需求和渴望显得尤为强烈。

在建设批判性思维教学案例方面，应充分考虑适用的人群、学习内容和学习特征等相关因素。所以，要力争在教学内容方面建成覆盖语文、数学、外语、物理、化学、政治、历史等多学科的教学案例，同时在适用人群方面应兼顾小学、初中、高中、大学等多个学段，并且包括数字化学习和个性化学习在内的多种学习方式，供广大师生和教育研究人员借鉴和研究。

五 完善评价工具，推动评价工具本土化

教学评价工具是供教学评价使用的工具性材料，为师生进行教学评价提供工具支持。科学、恰当的评价方式是对教学过程和效果进行合理、准确判断的前提和依据，有助于向师生提供真实有效的学习反馈，可供教学设计的调整与完善、教学研究的数据统计与分析之用。

当前国内普遍借用国外的批判性思维评价量表，主要以美国加利福尼亚大学和康奈尔大学研发的批判性思维量表为主，仅有个别研究人员对上述量表进行简单的增删式微调，本质上应用的还是西方研究者的思想和方法。由于东西方的文化存在差异，导致人们的文化基础、思维习惯都有所不同，所以应该着手研制适合我国青少年人群且具有本土化特色的批判性思维教学评价工具。

在研制和开发本土化的批判性思维教学评价工具时，应该结合不同年龄阶段的认知发展特点，并且将评价工具与学科教学内容联系起来，充分体现评价工具的阶段化和学科化等特点。同时，目前的评价工具的类型显得特别单一，除思维量表外很少看到其他类型的评价工具。鉴于此，还应该进一步丰富评价工具的类型，尝试开发以试题、学习作品、访谈记录等为载体的评价工具，并将评价工具新型信息化处理，满足不同教学内容和使用者的教学需要。

第八章

研究总结

本书通过对批判性思维教学相关理论的系统梳理，建构出了促进初中生批判性思维发展的在线学习活动模型，并在此基础上基于议论文写作评改学习活动开展总结出了研究的基本结论，在研究上取得了一定的创新，同时也发现了尚存的不足，进而对后续研究进行了展望。

一 研究的结论

围绕"如何运用技术促进学生批判性思维发展"这一问题，笔者开展了文献梳理、调查研究、理论建构和教学实践研究等系列研究工作。研究过程主要围绕研究内容逐步展开，并对开篇提出的问题进行了回答。

本书在理论研究的基础上，着重面向初中八年级学生开展了三轮教学实践研究，研究工作围绕议论文写作评改学习活动展开。教学实践中，通过运用学习技术方法和手段来对学习活动进行干预，旨在实现初中生批判性思维发展水平和议论文写作能力的显著提升，最后总结提出了技术促进学生批判性思维发展教学机理和实践路径。

通过系统研究，主要得出以下几点结论。

结论一：当前初中生的平均批判性思维发展水平不高、意识不强，个体间发展水平差异显著，"相关因素分析、厘清问题要素和系统评改方案"三个方面是初中生批判性思维发展的短板。通过有针对性地设计议论文写作评改学习活动，可以对上述问题加以解决。

结论二：设计和实施"促进初中生批判性思维发展的学习活动"应以基于问题解决的学习理论和活动结构理论为基础，结合恩尼斯 FRISCO

模型要素来设计具体学习活动环节，并以此建构了"促进学生批判性思维发展的学习活动模型"；在模型指导下设计的"一写三改一反思"议论文写作评改学习活动设计对学生批判性思维发展具有促进作用。

结论三：在学习活动中，思维导图和虚拟在线交流平台的应用能够促进学生对思维的系统表达、观点质疑、合作共解和反思提升，进而促进学生批判性思维的发展。

结论四：技术的作用主要体现在促进学生"思维显性化"、"思维结构化"和"反思系统化"，帮助学生从"问题确定、提出方案、质疑交流、系统反思"等几个维度来分析和解决问题，以此实现学生的批判性思维水平和议论文写作能力的共同提高。

二 研究的创新之处

目前，关于"技术改善学习"的相关研究还不是很成熟，但已经达成基本共识：技术本身不会改善学习，但科学有效地对技术加以应用便会促进学习者学习质量的改善。正是在上述观点和理念的指引下，我们尝试将技术改善学习的研究指向"学科教学"这一基础教育课程改革的主战场，并且将研究问题聚焦"批判性思维教学"这一教学黑箱，是对基础教育阶段的批判性思维教学的一次尝试。

鉴于目前相关研究尚处于起步阶段，本书在相关理论和实践方面进行了一些大胆的尝试，姑且可以理解为是一种研究上的创新，具体可概括为以下几个方面。

一是面向基础教育阶段初中生群体开展了技术促进学生批判性思维发展的教学实践研究。目前关于批判性思维的研究多属于理论研究，结合教学开展实践研究仅处于起步阶段，并且多集中在大学阶段或社会成年群体，针对初中生的教学实践研究十分少见。结合教育信息化发展和基础教育课程改革深化的需要，将信息技术手段应用于面向初中生的批判性思维教学更是少之又少。可见，本书可谓是在教育信息化背景下、针对初中生批判性思维发展问题、借助学科教学来开展的一次技术改善学习的研究尝试，为相关研究提供参考和借鉴。

二是建构了"促进初中生批判性思维发展的在线学习活动模型"。在批判性思维教学刚刚起步的今天，教师们还处于教学研究的探索阶段，可供教师借鉴和参考的教学模式和方法并不多见。本书通过理论建构和实践检验，提出了"促进初中生批判性思维发展的在线学习活动模型"，可为教师设计和实施相关教学活动提供模型参考。

三是总结了技术促进学生批判性思维发展的机理。在技术改善学习的相关研究中，更多追求的是运用技术手段后的教学效果，很少对技术改善学习的内在机理进行探究和解释。本书通过三轮教学实践，总结归纳了技术促进学生批判性思维发展的教学机理，并对机理做了进一步的概括，为后续批判性思维教学实践的技术选择与应用奠定基础。

三 研究的不足

通过对研究过程和结果进行系统反思，发现本书仍然存在以下两点不足。

一是研究周期有待进一步加长。研究发现批判性思维的教学周期较长，需要进行长期的系统教学才能够获得显著性的教学效果，通过本书的研究数据显示，16周的教学时长基本满足了批判性思维教学周期的需要。由于受到初中阶段写作教学内容和时间安排的局限，未能对研究内容进行更长周期的教学迭代实验，可能会在某种程度上制约研究结论的总结和理论成果的提升。

二是研究内容所涉及学科过于单一。由于研究者对其他学科知识的驾驭能力有限，以及实验学校参与实践研究教师的个人意愿等原因，本书仅仅围绕初中语文学科的议论文写作与评改，未能针对语文学科，乃至其他学科的知识内容开展教学实践研究，这对研究结论的普适性、教学机理与实践路径的推广范围会有一定的限制和影响。

四 研究的展望

基于前面对本书总结出的创新和不足，分别从微观、中观到宏观提出三点研究展望。

一是立足多个学科开展技术促进学生批判性思维发展的教学迭代研究。在议论文写作评改教学实践研究的基础上，拓展到其他学科领域来开展教学实践研究，争取立足多学科协调开展技术促进学生发展的批判性思维教学实践研究，在此基础上进行归纳总结和理论提升，形成更高价值的理论成果和实践策略。

二是逐步建立起技术促进学生批判性思维发展的教学课程体系。课程内容作为实施教学活动的依托，更是教学实践研究的内容承载，可见课程建设与教学研究之间的关系密切，二者相互促进相互影响。因此，随着教学实践研究的不断深入，应逐步建立起促进学生批判性思维发展的基础教学课程体系，这既是教学研究结果的积累，更为进一步开展教学研究奠定基础。

三是加快形成批判性思维型学习文化。随着批判性思维教学实践研究成果的不断丰富和推广，使人们对批判性思维教学的认识进一步加深，特别是在广大的师生群体中，希望能够尽快打破传统的接受式的学习文化，加快建立起批判性思维型学习文化，积极主动地参与批判性思维教学活动，在发展自身的批判性思维水平的同时，提升整个民族的思维品质。

参考文献

中文文献

学术著作

陈琦、刘儒德：《当代教育心理学》，北京师范大学出版社 2007 年版。

高文：《教学模式论》，上海教育出版社 2001 年版。

马正平：《中学写作教学新思维》，中国人民大学出版社 2002 年版。

裴娣娜：《发展性教学论》，辽宁人民出版社 1998 年 8 月版。

皮连生：《智育心理学》，人民教育出版社 1996 年 4 月版。

盛群力、郑淑贞：《合作学习设计》，浙江教育出版社 2006 年版。

石中英：《教育哲学》，北京师范大学出版社 2007 年 6 月版。

王道俊、郭文安：《主体教育论》，人民教育出版社 2005 年版。

辛自强：《问题解决与知识建构》，教育科学出版社 2005 年版。

张焕庭：《教育辞典》，江苏教育出版社 1989 年版。

朱智贤、林崇德：《思维发展心理学》，北京师范大学出版社 1986 年版。

［美］贝斯特：《认知心理学》，黄希庭等译，中国轻工业出版社 2000 年版。

［美］Linda Torp、Sara Saga：《基于问题的学习——让学习变得轻松而有趣》，刘孝群、李小平译，中国轻工业出版社 2004 年版。

［苏联］列夫·谢苗诺维奇·维果斯基：《思维与语言》，李维译，浙江教育出版社 1997 年版。

［美］鲍里奇：《有效教学方法》，易东平译，江苏教育出版社 2002 年版。

［美］杜威：《我们怎样思维·经验与教育》，姜文闵译，人民教育出版社2005年版。

［美］理查德·保罗、琳达·埃尔德：《批判性思维工具》，侯玉波、姜巧琳等译，机械工业出版社2013年版。

［美］约翰·宾：《研究性学习》，张仁铎译，江苏教育出版社2004年5月版。

学术期刊

彼得·费希万等：《作为普通人类现象的批判性思维——中国和美国的视角》，《北京大学学报》2009年第1期。

崔允漷：《追问"核心素养"》，《全球教育展望》2016年第6期。

戴维·希契柯克：《批判性思维教育理念》，《高等教育研究》2012年第11期。

董玉琦、包正委、刘向永、王靖、伊亮亮：《CTCL：教育技术学研究的新范式（2）》，《远程教育杂志》2013年第2期。

董毓：《批判性思维三大误解辨析》，《高等教育研究》2012年第11期。

冯莹倩、徐建东、王海燕：《异步在线交流中促进学生批判性思维的提问模型构建》，《现代教育技术》2013年第6期。

关兴丽：《论墨家的批判性思维》，《社会科学辑刊》2001年第2期。

郭炯、郭雨涵：《技术支持的批判性思维培养模型研究》，《电化教育研究》2014年第7期。

郭炯、郭雨涵：《学习支架支持的批判性思维培养模型应用研究》，《电化教育研究》2015年第10期。

何克抗：《从Blending Learning看教育技术理论的新发展》，《中小学信息技术教育》2004年第4期。

何克抗：《建构主义的教学模式、教学方法与教学设计》，《北京师范大学学报》（社会科学版）1997年第5期。

侯器：《语文学习支架搭建的实践操作》，《现代中小学教育》2012年第5期。

胡航、董玉琦：《技术怎样促进学习：基于三类课堂的实证研究》，《现代远程教育研究》2017年第3期。

黄翎斐、胡瑞萍：《论证与科学教育的理论和实务》，《科学教育》2006年第292卷。

黄荣怀、刘黄玲子：《协作学习的系统观》，《现代教育技术》2001年第1期。

黄荣怀、马丁、郑兰琴等：《基于混合式学习的课程设计理论》，《电化教育研究》2009年第1期。

姜宇、辛涛等：《基于核心素养的教育改革实践途径与策略》，《中国教育学刊》2016年第6期。

孔企平：《西方"问题解决"理论研究和数学课程改革走向》，《课程教材教法》1998年第9期。

李克东：《信息技术环境下基于协作学习的教学设计》，《电化教育研究》2000年第4期。

李克东、赵建华：《混合学习的原理与应用模式》，《电化教育研究》2004年第7期。

李艺、冯友梅：《支持素养教育的"全人发展"教育目标描述模型设计——基于皮亚杰发生认识论哲学内核的演绎》，《电化教育研究》2018年第12期。

李艺、钟柏昌：《谈"核心素养"》，《教育研究》2015年第9期。

林崇德：《构建中国化的学生发展核心素养》，《北京师范大学学报》（社会科学版）2017年第1期。

林崇德：《思维心理学研究的几点回顾》，《北京师范大学学报》（社会科学版）2006年第5期。

刘儒德：《论批判性思维的意义与内涵》，《高等师范教育研究》2000年第1期。

刘儒德：《批判性思维及其教学》，《高等师范教育研究》1996年第4期。

吕国光：《教师批判性思维倾向量表（TCTS）的修订》，《黄冈师范学院学报》2007年第6期。

罗朝猛：《日本如何将核心素养培育落地》，《中国教师》2017年第9期。

罗清旭：《批判性思维的结构、培养模式及存在的问题》，《广西民族学院学报》（自然科学版）2001年第7卷第3期。

罗清旭、杨鑫辉：《〈加利福尼亚批判性思维倾向问卷〉中文版的初步修订》，《心理发展与教育》2001 年第 9 期。

马志强、孔丽丽、曾宁：《国内近十年混合式学习研究趋势分析——基于 2005—2015 教育技术领域学位论文》，《现代远距离教育》2015 年第 6 期。

马志强：《问题解决学习活动中批判性思维发展的特征》，《现代远程教育研究》2013 年第 2 期。

毛刚：《学习分析作为元认知反思支架的效能研究》，《中国电化教育》2018 年第 9 期。

穆肃、曾祥跃：《远程教学中基于问题学习的设计与实施》，《电化教育研究》2011 年第 4 期。

依朝敏：《高中地理教学中的论证式教学探微》，《教育科学论坛》2007 年第 10 期。

潘瑶珍：《科学教育中的论证教学》，《全球教育展望》2018 年第 6 期。

邵秀英、刘敏昆：《浅谈混合学习中教师角色的转变》，《中国教育信息化》2015 年第 22 期。

谭和平、李其维：《略论思维的可训练性》，《华东师范大学学报》（教育科学版）1998 年第 4 期。

田世生、傅钢善：《Blending Learning 初步研究》，《电化教育研究》2004 年第 7 期。

王国华、聂胜欣、袁梦霞、俞树煜：《使用问题解决法促进批判性思维发展的研究——基于交互文本的分析》，《电化教育研究》2016 年第 5 期。

王海燕、冯莹倩等：《促进学生批判性思维的 QICT 模型教学应用探讨》，《电化教育研究》2013 年第 10 期。

王建、李如密：《批判性思维与创新思维的辨析与培育》，《课程教材教法》2018 年第 6 期。

王建军、文剑兵、林凌等：《初中课堂教学中的学习机会：表现与差异》，《全球教育展望》2016 年第 9 期。

王楠：《在线学习活动设计模型研究》，《中国远程教育》2014 年第 4 期。

王坦:《论合作学习的基本理念》,《教育研究》2002 年第 2 期。

王巍萍、南潮:《美国"21 世纪技能"评估指标解读及启示》,《湖北师范大学学报》(哲学社会科学版) 2017 年第 6 期。

王星乔、米广春:《论证式教学:科学探究教学的新图景》,《中国教育学刊》2010 年第 10 期。

吴惠青:《基于问题学习中的师生角色及师生关系》,《教育发展研究》2003 年第 5 期。

吴亚婕、陈丽等:《批判性思维培养教学模式的探究》,《电化教育研究》2014 年第 11 期。

武宏志:《论批判性思维》,《广西大学学报》(社会科学版) 2004 年第 11 期。

武志宏:《批判性思维:多视角定义及其共识》,《延安大学学报》(社会科学版) 2012 年第 2 期。

谢幼如:《网络环境下基于问题学习的课程设计》,《电化教育研究》2007 年第 7 期。

辛涛、姜宇等:《论学生发展核心素养的内涵特征及框架定位》,《中国教育学刊》2016 年第 6 期。

徐锦霞、钱小龙:《数字化学习的新进展:学习文化与学习范式的双重变革》,《远程教育杂志》2013 年第 5 期。

徐美娟:《论基于问题学习中问题的设计》,《基础教育研究》2007 年第 3 期。

徐敏:《晒晒写作议论文中的那些"老毛病"》,《学语文》2018 年第 5 期。

杨学敬、徐斌艳:《问题解决内涵的重构——来自 PISA 的启示》,《教育科学》2007 年第 4 卷第 23 期。

伊亮亮、董玉琦:《CTCL 范式下微视频学习资源的开发与应用》,《电化教育研究》2015 年第 8 期。

尹相杰、董玉琦、胡航:《CTCL 视野下的小学数学概念转变的实证研究》,《现代教育技术》2018 年第 2 期。

余亮、黄荣怀:《活动理论视角下协作学习活动的基本要素》,《远程教育杂志》2014 年第 1 期。

俞树煜、王国华、聂胜欣等：《在线学习活动中促进批判性思维发展的问题解决学习活动模型研究》，《电化教育研究》2015 年第 7 期。

袁广林：《大学何以培养创新人才：批判性思维视角》，《高校教育管理》2012 年第 9 期。

曾文婕：《关于学习哲学的方法论思考》，《中国教育科学》2018 年第 1 期。

曾文婕：《我国学习文化研究二十年：成就与展望》，《现代远程教育研究》2016 年第 5 期。

张娜：《联合国教科文组织的核心素养研究及其启示》，《教育导刊》2015 年第 7 期。

张文兰、刘斌：《信息技术与批判性思维研究的现状及启示》，《电化教育研究》2010 年第 1 期。

张宗梅：《从教育公平视角看小组合作学习》，《扬州大学学报》（高教研究版）2013 年第 S1 期。

赵德芳：《批判性思维与创造性思维的比较分析》，《湛江师范学院学报》2011 年第 2 期。

赵建华、李克东：《基于协作学习的教学设计》，《现代远距离教育》2000 年第 2 期。

郑晓丽、赖文华等：《争论式教学支架对学生知识加工的影响——基于翻转课堂的实验研究》，《开放教育研究》2018 年第 5 期。

郅庭瑾、程宏：《国外中小学教学研究：争议与启示》，《教育研究》2010 年第 12 期。

郅庭瑾：《为思维而教》，《教育研究》2007 年第 10 期。

郅庭瑾：《为智慧而教——超越知识与思维之争》，《全球教育展望》2007 年第 7 期。

钟启全：《问题学习：新世纪的学习方式》，《中国教育学刊》2016 年第 9 期。

钟启泉：《"批判性思维"及其教学》，《全球教育与展望》2002 年第 1 期。

周子房:《写作学习支架的设计》,《语文教学通讯》2015年第7—8期。

祝智庭:《远程教育中的混合学习》,《中国远程教育》2003年第10期。

[美]罗伯特·E. 斯莱文:《合作学习与学生成绩》,王宏宇译,《外国教育资料》1993年第1期。

学位论文

Belland, B. R. Distributed Cognitionsasa Lensto Understandthe Effects of Scaffolds: The Role of Transfer of Responsibility [J]. EducationalPsychologyReview, Vol. 23, No. 4, 2011, pp. 577 – 600. 转引自李沛云《支架式教学法在高中物理概念教学中的应用研究》,硕士学位论文,鲁东大学,2018年。

"Providing assistance to students on an as-needed basis with fading of assistance as their competence increase." 转引自闫寒冰《信息化教学的助学事件研究》,博士学位论文,华东师范大学,2003年。

Technology challenge Grants, http://projects. edtech. sandi. net/projects/index. html. 转引自闫寒冰《信息化教学的助学事件研究》,博士学位论文,华东师范大学,2003年。

鲍梦玲:《促进批判性思维的儿童哲学课程》,硕士学位论文,华东师范大学,2015年。

陈骏宇:《批判性思维及其培养研究》,硕士学位论文,上海师范大学,2004年。

陈琳:《学习技术及其在程序设计课程中的应用研究》,硕士学位论文,扬州大学,2009年。

杜虹宇:《初中语文合作学习探究》,硕士学位论文,渤海大学,2018年。

丰淑敏:《基于论证式教学的高中生物教学设计与实践研究》,硕士学位论文,闽南师范大学,2018年。

付晓丽:《基于问题的深度学习研究》,硕士学位论文,河南师范大学,2017年。

韩欢:《上海市×小学农民工随迁子女小组合作学习研究》,硕士学位论文,华东师范大学,2014年。

韩葵葵:《中学生的科学论证能力——结构、评测、发展及培养》,博士学位论文，陕西师范大学，2016 年。

黄程琰：《大学生批判性思维倾向的量表编制及实测》，硕士学位论文，西南大学，2015 年。

黄芳：《大学生批判性思维能力培养方式实践探索》，博士学位论文，上海外国语大学，2013 年。

黄剑：《基于批判性思维的高中议论文写作教学研究》，硕士学位论文，南京师范大学，2017 年。

凌荣秀：《基于批判性思维培养的高中生物论证式教学实践研究》，硕士学位论文，南京师范大学，2018 年。

刘佳霞：《支架式教学模式在高中体育教学中的应用》，硕士学位论文，石河子大学，2018 年。

刘晓艳：《基于问题的学习模式（PBL）研究》，硕士学位论文，江西师范大学，2002 年。

罗清旭：《批判性思维理论及其测评技术研究》，博士学位论文，南京师范大学，2002 年。

马宪春：《学习技术系统设计》，博士学位论文，华东师范大学，2004 年。

任昕：《问题解决活动中批判性思维训练的应用研究》，南京师范大学，2015 年。

潘瑶珍：《科学教育中的论证教育》，博士学位论文，华东师范大学，2013 年。

祁林亭：《混合式学习环境下网络协作学习效果影响因素是实证研究》，硕士学位论文，华中师范大学，2017 年。

田健：《基于问题学习中（PBL）中信息化教学资源的选择与应用研究——以"农远"模式三环境下开展的 PBL 为例》，硕士学位论文，西北师范大学，2010 年（原文引自：technology and systematical reform，http：//www.tecweb.org/eddvel/reform12.html）。

王江：《初中生的"认知冲突"在生物教学中的应用研究》，硕士学位论文，四川师范大学，2018 年。

吴晓霞：《论证式教学在高中化学教学中的应用研究》，硕士学位论文，重庆师范大学，2018 年。

徐非：《当代"小先生制"课堂教学的个案研究》，硕士学位论文，山东师范大学，2017年。

徐永珍：《基于问题学习理论在作文教学中的应用研究》，硕士学位论文，南京师范大学，2003年。

闫寒冰：《信息化教学的助学事件研究》，博士学位论文，华东师范大学，2003年。

于璐：《列昂捷夫的活动理论及生态学诠释》，博士学位论文，吉林大学，2011年。

张浩：《高中地理教学中认知冲突策略设计与应用研究》，博士学位论文，河南大学，2018年。

张茜：《透视"小组合作学习"》，硕士学位论文，华东师范大学，2007年。

赵玉洁：《基于问题的中学历史教学研究》，博士学位论文，华东师范大学，2017年。

钟晓晴：《初中课堂小组学习效果提升的实践研究》，硕士学位论文，深圳大学，2018年。

周子房：《写作学习环境的建构——活动理论的视角》，博士学位论文，华东师范大学，2012年。

朱锐：《批判性思维与创新思维关系研究》，博士学位论文，中央民族大学，2017年。

邹畅：《思维可视化在初中作文教学中的应用》，硕士学位论文，贵州师范大学，2017年。

祖宁：《自主学习环境下协作学习资源设计与应用研究》，硕士学位论文，华中师范大学，2018年。

其他文献

陈君华：《"批判"的核心究竟是什么?》，http://blog.sina.com.cn/s/blog_6555b94b0102uz04.html，2014年7月21日。

《国外学生"核心素养"有哪些》，http://www.sohu.com/a/226160292_280010，2018年3月21日，浏览时间：2018年5月28日。

黄朝阳：《创新离不开批判性思维》，《人民日报》2010年6月11日。

教育部：《2017年全国教育事业发展统计公报》，http：//www. moe. gov. cn/jyb_ sjzl/sjzl_ fztjgb/201807/t20180719_ 343508. html，2018年7月19日，浏览时间：2018年10月26日。

黎加厚：《关于"Blended Learning"的定义和翻译》，[2008 - 06 - 10]，http：//www. jeast. ne/jiahou/arehives/000618. html。

谢小庆：《审辩式思维在创造力发展中的重要性》，http：//blog. sina. com. cn/s/blog_ 4cce63730102fwzc. html，2014年6月8日，浏览时间：2017年6月20日。

张广林：《揭秘学生发展核心素养的全球经验》，《现代教育报》2016年9月27日。

中华人民共和国教育部：《教育部关于全面深化课程改革落实立德树人根本任务的意见》，2017年1月9日，http：//blog. sina. com. cn/s/blog_ 674113d30102wth8. html，浏览时间：2018年5月28日。

英文文献

学术著作

Barrows, H. S. & Kelson. A Problem-based learning: A total Approach to Education, Illinos University Press, 1993.

Buzan, T. & Buzan, B. The Mind Map Book: How to Use Radiant Thinking to Maximize Your Brain's Untapped Potential. New York: Plume, 1993.

Coelho, E. Learning Together in the Multicultural Classroom, Ontario: Pip Pin Publishing Cooperation, 1996.

Davidson, J. E. & Sternberg, R. J. The Psychology of Problem Solving. Cambridge: Cambridge University Press, 2003.

Ennis, R. H. & Millman, J. Cornell Critical Thinking Test Level X Fifth Edition. USA: The Critical Thinking. Co. 2005.

Goodsell, A. S. Collaborative Learning: A Sourcebook for Higher Education, National Center on Postsecondary Teaching, Learning, and Assessment, University Park, PA, 1992.

Hammond, J. Scaffolding: Teaching and Learning in Language and Literacy

Education, Primary English, 2001.

Hirsch E. Cultural Literacy: What every American Should Know, Boston: Houghton Mifflin, 1987, p. 56.

Jimenéz-Aleixandrh, M. P. & Erduran, S. Argumentation in Science Education, Leeds: Springer Nether lands, 2008, pp. 107 – 133.

Johnson, D. W. , Johnson, R. T. & Holubec, E. J. , Cooperation in the Classroom, Boston: Allyn and Bacon, 1998.

National Science Council. Inquiry and the National Science Education Standards, Washington. DC: National Academy Press, 2000.

Paul, R. W. , Critical Thinking: How to Prepare Students for A Rapidly Changing World, Santa Rosa. CA: Foundation for Critical Thinking, 1995.

Polya, G. , How to Solve It: A New Aspect of Mathematical Method, Princeton, N. J. , Princeton University Press, 1945.

Thanh, P. T. H. , Implementing cross-culture pedagogies: Cooperative learning at Confucian Heritage Cultures, Springer Science & Business Media, 2013, p. 2.

学术期刊

Aimee de Noyelles & Beatriz Reyes-Foster, Using Word Clouds in Online Discussions to Support Critical Thinking and Engagement [J]. Online Learning, No. 9, 2015, pp. 185 – 196.

All, A. C. & Havens, R. L. , Cognitive/concept mapping: A teaching strategy for nursing. Journal of Advanced Nursing, No. 25, 1997, pp. 1210 – 1219.

Alma, P. N. , The Use of Mind Mapping Technique in Descriptive Text, *Journal of English an Education*, Vol. 3, No. 2, 2013, pp. 12 – 13.

Bailin, S. , R. Case, J. Coombs & L. Daniels, Common Misconceptions of Critical Thinking [J]. *Journal of Curriculum Studies*, No. 3, 1999.

Barron B. , Achieving coordination in collaborative problem-solving groups [J]. The Journal of the Learning Sciences, Vol. 9, No. 4, 2000, pp. 403 – 436.

Bean, J. C. , Engaging Ideas: The Professor's Guide to Integrating Writing,

Critical Thinking and Active Learning in the Classroom, San Francisco: Jossey-Bass, 1996, pp. 105 – 108.

Bricker, L. A. & Bell, P. Conceptualizations of argumentation from science students and the learning sciences and their implications for the practice of science education [J]. *Science Education*, Vol. 92, No. 3, 2008, pp. 473 – 498.

Cavagnetto, A. R., Argument to Foster Scientific Literacy: A Review of Argument Interventions in K-12 Science Contexts, *Review of Educational Research*, Vol. 80, No. 3, 2010, pp. 336 – 371.

David Wood, Jeromes. Bruner & Gail Ross, The Role of Tutoring in Problem Solving Journal of Child [J]. *Psychology and Psychiatry*, No. 2, 1976.

De La Paz, S., Ferretti, R., Wissinger, D., Yee, L., & MacArthur, C. Adolescents' disciplinary use of evidence, argumentative strategies, and organizational structure in writing about historical controversies. Written Communication, Vol. 29, No. 4, 2012, pp. 412 – 454.

DeLoach, S. B. & Greenlaw, S. A. Do electronic discussions create critical thinking spillovers. Contemporary Economic Policy, Vol. 1, No. 23, 2005, pp. 149 – 163.

Driscoll, M. Blended learning: Let's get beyond the hype [J]. *Learning and Training Innovations*, 2002, pp. 1 – 3.

Dyson, B., Griffin, L. L. & Hastie, P. A. Sport education, tactical games, and cooperative learning: theoretical and pedagogicalconsiderations [J]. Quest, Vol. 56, No. 2, 2004, pp. 226 – 240.

Fan, Y. S. Thinking Maps in Writing Project in English for Taiwanese Elementary School Students. Universal Journal of Educational Research, Vol. 4, No. 1, 2016, pp. 36 – 57.

Garrison, D. R., Anderson, T., Archer, W., Critical Thinking, Cognitive Presence, and Computer Conferencing in Distance Education [J]. *American Journal of Distance Education*, No. 1, 2001, pp. 7 – 23.

Garrison. D. R., Critical Thinking and Adult Education: A Conceptual Model for Developing Critical Thinking in Adult Learners [J]. *International Journal of Lifelong Education*, Vol. 10, No. 4, 1991, pp. 287 – 303.

Garrison, D. R., Critical Thinking and Self-Directed Learning in Adult Education: An Analysis of Responsibility and Control Issues [J]. *Adult Education Quarterly*, Vol. 3, No. 42, 1992, pp. 136 – 148.

Guskey, T. R. Cooperative mastery learning strategies [J]. *The Elementary School Journal*, Vol. 91, No. 1, 1990, pp. 33 – 42.

Halil, B. A. & Serap, S., The Effects of Blended Learning Environment on the Critical Thinking Skills of Students, *Procedia-Social and Behavioral Sciences*, No. 1, 2009, pp. 1744 – 1748.

Hill, J. & M. Hannafin, Teaching and learning in digital environments: the resurgence of resource-based learning [J]. ETR & D, Vol. 49, No. 3, 2001, p. 46.

Huang, M. Y., Tu, H. Y., Wang, W. Y., Chen, J. F., Yu, Y. T., & Chou, C. C., Effects of c ooperative learning and concept mapping intervention on critical thinking and basketball skills in elementary school, *Thinking Skills and Creativity*, No. 23, 2017, pp. 207 – 216.

Huff, M. T., A comparison study of live instruction versus interactive television for teaching MSW students, *Research on Social Work Practice*, Vol. 4, No. 10, 2000, pp. 400 – 416.

Irvine, L. M. C., Can concept mapping be used to promote meaningful learning in nurse education? *Journal of Advanced Nursing*, No. 21, 1995, pp. 1175 – 1179.

Joiner, R. & Johnes, S., The effects of communication medium on argumentation and the development of critical thinking [J]. *International Journal of Education Research*, Vol. 39, No. 39, 2003, pp. 861 – 871.

Kek, M. Y. C . A., Huijser, H., The power of problem-based learning in developing critical thinking skills: preparing students for tomorrows digital futures in today's classrooms [J]. *Higher Education Research & Development*, Vol. 30, No. 3, 2011, pp. 329 – 341.

Kim, M. C. & Hannafin, M. J., Scaffolding Problem Solving in Technology-Enhanced Learning Environments (TELEs): Bridging Research and Theory with Practice [J]. *Computers & Education*, No. 56, 2011, pp. 403 – 417.

Kotcherlakota, S., Zimmerman, L., & Berger, A. M. (2013). Developing scholarly thinking using mind maps in graduate nursing education. Nurse Educator, Vol. 38, No. 6, pp. 252 – 255.

Kuhn, D., Science as argument: implications for teaching and learning scientific thinking [J]. Science Education, Vol. 77, No. 3, 1993, pp. 319 – 337.

Kuhn, D., Thinking as argument [J]. Harvard Educational Review, Vol. 62, No. 2, 1992, pp. 155 – 179.

Lawson, A. E., How do humans acquireknowledge, and what does that imply about the nature of knowledge? [J]. *Science & Education*, 2000. 9, pp. 577 – 598.

Lee, Gyoungho, Jaesool., What Do We Know about Students' Cognitive Conflict in Science Classroom: A Theoretical Model of Cognitive Conflict Process [J]. In: Proceedings of the Annual Meeting of the Association for the Education of Teachers in Science. Costa Mesa, CA, 2001.

MacGregor, J. Collaborative learning: Reframing the classroom [J]. Collaborative learning: A sourcebook forhigher education, 1992, pp. 37 – 40.

Mcneil L., Using talk to scaffold referential questions for English language learners [J]. *Teaching & Teacher Education*, Vol. 28, No. 3, 2012, pp. 396 – 404.

Mento, A. J. & Jones, R. M. Mind Mapping in executive education: applications and outcomes. The Journal of Management Development, Vol. 18, No. 4, 2012, 1 – 25.

Nancy, N., Ruth, Z. Ruth, Z. Using Bloom's Taxonomy to Teach Critical Thinking Skills to Business Students [J], *College & Undergraduate Libraries*, 2008. 7, pp. 159 – 172.

Newell, G. E., Learning from writing: Examining our assumptions, English

Quarterly, 1986, Vol. 4, pp. 291 – 302.

Noroozi, O. , Weinberger, A. , Biemeans, J. A. B. , Mulder, M. , & Chizari, M. Argumentation-Based Computer Supported Collaborative Learning (ABC-SCL): A Synthesis of 15 Years of Research [J]. *Educational Research Review*, Vol. 2, No. 7, 2012, pp. 79 – 106.

Nussbaum, E. M. Scaffolding Argumentation in the Social studies Classroom [J]. Social Studies, Vol. 93, No. 3, 2002, pp. 79 – 85.

Pennebaker, J. w. , Czajka, J. A. , Cropanzana, R. , & Richards, B. C. Levels of thinking, *Personality and Social Psychology Bulletin*, Vol. 16, 1990, pp. 743 – 757.

Perkins, C. & Murphy, E. , Identifying and measuring individual engagement in critical thinking in online discussions: An exploratory case study, *Educational Technology & Society*, Vol. 1, No. 9, 2006, pp. 298 – 307.

Quitadamo, I. J. & Kurtz, M. J. , Learning to improve: Using writing to increase critical thinking performance in general education biology, CBE—Life Sciences Education, Vol. 6, No. 2, 2007, pp. 140 – 154.

R. E. Maye C. Stieh & 7C. Greeno. , Acqietion of understanding and skill in relation to subjects preparation and meaningfulness of instruction [J]. *Journal of Educational Psycholgy*, 1995.

Riazi, M. & M. Rezaii. , Teacher and peer scaffolding behaviors: Effects on EFL students' writing improvement [C] /CLESOL 2010: Proceedings of the 12thNational Conference for Community Languages and ESOL, 2011, pp. 55 – 63.

Sampson, V. , Walker, J. & Dial, K. Learning to write in undergraduate chemistry: The impact of Argument-Driven Inquiry. Paper presented at the 2010 Annual International Conference of the National Association of Research in Science Teaching (NARST), Philadelphia, PA.

Schellens, T. , Van Keer, H. , De Wever, B. & Valcke, M. , Tagging thinking types in asynchronous discussion groups: effects on critical thinking, *Interactive Learning Environments*, Vol. 1, No. 17, 2009, pp. 77 – 94.

Shamma, A. N., The use of mind mapping to develop writing skill in UAE school, *Education Business and Society: Contemporary Middle Eastern Issue*, Vol. 4, No. 2, 2011, pp. 120 – 133.

Singh, H. & Reed, C., A white paper: Achieving success with blended learning. Los Angeles: Centra Software, 2001.

Slavin, R. E., "Cooperative learning and Cooperativeschool", *Educational Leadership*, Vol. 45, No. 3, 1987, pp. 7 – 13.

Steven Higgins & Vivienne Baumfield. A Defence of Teaching General Thinking Skills [J]. *Philosophy of Education*, No. 3, 1998.

Swain, M. & S. Lapkin, Interaction and second language learning: Two adolescent French immersion students working together [J]. *Modern Language Journal*, Vol. 82, No. 3, 1998, pp. 320 – 337.

Swart, R. Critical thinking instruction and technology enhanced learning from the student perspective: A mixed methods research study, *Nurse Education in Practice*, 2017, pp. 30 – 39.

Swartz, R. J., Teaching students how to analyze and evaluate arguments in history, *The Social Studies Journal*, Vol. 99, No. 5, 2008, pp. 208 – 216.

Teaching Assoc., POBox3106, Marrickville, New South Wales, 2204, Australia, 2001. Ten-DamG & VolmanM. Critical Thinking as a Citizen-ship Competence: Teaching Strategies [J]. *Learning and Instruction*, Vol. 14, No. 4, 2004, pp. 1 – 379.

Tsai, C. C., A review and discussion of epistemological commitments, metacognition, and critical thinking with suggestions on their enhancement in internet-assisted chemistryclassrooms [J]. *Journal of Chemical Education*, Vol. 78, No. 7, 2001, pp. 970 – 974.

Tseng, H. C., Chou, F. H., Wang, H. H., Ko, H. K., Jian, S. Y. & Weng, W. - C. (2011), The effectiveness of problem-based learning and concept mapping among Taiwanese registered nursing students, *Nurse Education Today*, Vol. 8, No. 31, 2011, pp. e41 – e46.

Voss, J. F. & Means, M. L., Learning to reason viainstruction in argumentation [J]. *Learning and Instruction*, Vol. 1, No. 4, 1991, pp. 337 – 350.

Wang, B. Q. Discuss the Cultivation of College Students' Network Self-Critique Ability—Taking the Blog Platform as an Example, *Educational Exploration*, No. 5, 2011, pp. 95 – 98.

Weillie, L., Chi-Hua, C., I-Chen, L., Mei-Li, L., Shiah-Lian, C. & Tien-li, L. The longitudinal effect of concept map teaching on critical thinking of nursing students, *Nurse Education Today*, No. 33, 2013, pp. 1219 – 1223.

Wheeler, L. A., The influence of concept mapping on critical thinking in baccalaureate nursing students, *Journal of Professional Nursing*, Vol. 6, No. 19, 2003, pp. 339 – 346.

Williams, L. & Lahman, M. Online discussion, student engagement, and critical thinking, *Journal of Political Science Education*, (2011) 7, 2, pp. 143 – 162.

Yarik, S. Does cooperative learning improve students' learning outcomes [J]. *Journal of Economic Education*, Vol. 38, No. 3, 2007, pp. 259 – 277.

Yeh, S. S. Tests worth teaching to: Constructing state-mandated tests thatemphasize critical thinking [J]. *Educational Researcher*, Vol. 30, No. 9, 2001, pp. 12 – 17.

Zeiser, P. A., Teaching Process and Product: Crafting and Responding to Student Writing Assignments, *Political Science and Politics*, Vol. 32, 1999, pp. 593 – 595.

其他文献

Bean, J. C. Engaging Ideas: The Professor's Guide to Integrating Writing, Critical Thinking, and Active Learning in the Classroom [D]. San Francisco: Jossey-Bass, 1996.

Douglas, L. Holton. Constructivism + Embodied Cognition = Enactivism: Theoretical and Practical Implications for Conceptual Change. [C]. AERA Conference, 2010.

Engestrom Y. Learning by Expanding: An Activity – Theoretical Approach to Developmental Research [D]. Helsinki, Finland: Orienta-Konsultit,

1987. 7, pp. 15 – 16.

Facione, P. A., The Del Phi Report-critical Thinking: A Statement of Expert Consensus for Purposes of Educational Assessment and Instruction [R]. Millbrae CA: The California Academic Press, 1990.

Foundation for Critical Thinking, To Analyze Thinking We Must Identify and Question its Elemental Structures [OL]. http://www.criticalthinking.org/ctmodel/logic-model1.htm 2007. 浏览时间：2018 年 3 月 27 日。

Meyers, C. Teaching Students to Think Critically [D]. San Francisco: Jossey-Bass, 1986.

Singh, H. & Reed, C. A White Paper: Achieving Success with Blended Learning [DB/OL]. http://www.centra.com/download/whitepapers/blendedlearning.pdf, 2001.

Valiathan, P., Blended Learning Models [DB/OL]. www.learningcircuits.org/ 2002/. 转引自李克东、赵建华《混合学习的理论原理与应用模式》，《电化教育研究》2004 年第 7 期。

后　　记

批判性思维作为创新人才必备的思维品质，被确定为学校教育目标之一，已然成为学界关注的热点。于广大教师而言，批判性思维教学属于新生事物，教师尚不能胜任批判性思维教学工作。教师在开展批判性思维教学工作时，主要存在以下问题：一是设计教学活动时缺少理论模型的参考，二是对批判性思维教学的机制机理模糊不清，三是开展教学实践缺少路径指引。基于上述问题，我们认为，人们对批判性思维教学的"黑箱"还尚未打开。

运用技术解决教育中的问题是教育技术学的学科宗旨和使命担当，导师董玉琦教授带领团队长期致力于技术改善学习的理论与实践研究，强调教育实证研究的意义和价值，提倡研究者重视归纳的研究路线，并开创性地提出了 CTCL 学习技术理论，本成果是在董玉琦教授的指导下开展系统研究而取得的。批判性思维作为人类高阶认知的重要组成要素，是高质量人才应具备的综合素质的具体体现，如何运用学习技术来促进学生批判性思维的发展，已然成为学界关注的热点和难点问题。

确定选题之前，作者对批判性思维教学并不了解，但凭借多年高校教学与科研的经验和直觉，认为批判性思维是高质量人才应该具备的思维能力和品质。随着研究的深入，逐渐发现批判性思维构成要素之复杂、其精准测量之困难、其教学周期之长等一系列难题，着实为研究的开展带来了难度。为了克服困难，作者在阅读大量文献的基础上，专门购置了原版的《康奈尔批判性思维量表》，并进行了翻译校对等工作；为满足教学实践研究需要，与实验学校进行了深度的交流与合作，进行了长期的教学实验研究。

随着研究的深入，对教学研究的系统性和复杂性有了深层的认识和理解。开展教学研究，需要教师、学生、教育管理者的协同与配合，更离不开家长和社会的理解和支持，需要利益相关者的共同努力；为了保证教学实验的科学性和有效性，需要严格控制相关变量和约束条件，这对教学的设计与实施提出了较高的标准和要求。同时，通过研究笔者认知到，教育科学研究的有效开展，不仅需要研究者的精力投入，更重要的是需要研究者的智慧倾注。关于批判性思维教学的研究，贯穿于我博士学习生涯的始终，其中融入了导师的心血和团队的智慧，著作的完成是团队群体智慧的结晶。本研究对当前批判性思维教学现状进行了实地调查、构建了促进批判性思维发展的在线学习活动模型、挖掘了技术促进批判性思维发展的教学机理，由于受研究时间和个人能力等客观原因局限，研究成果仅仅是基础教育阶段批判性思维教学研究的一次尝试，研究中存在的问题或不足还请各位批评指正。

研究内容的确定及研究过程的设计离不开导师董玉琦教授的指导，著作能够顺利出版印刷得益于学校科研处工作人员和学院领导与同事的支持及中国社会科学出版社张林老师热心帮助，在此深表谢忱！

作者于吉林师范大学田家炳书院

2021 年 7 月 25 日